弁護士懲戒の状況と分析
―守秘義務と利益相反―

共著　溝口　敬人（弁護士）
　　　清水　俊順（弁護士）
　　　藤川　和俊（弁護士）

JN113454

新日本法規

推薦のことば

　「機関誌『自由と正義』は、後ろからめくる」という弁護士が大半といいます。「自由と正義」の巻末には、各弁護士会の行った懲戒処分が、理由の要旨を付して公告されており、ある人は興味本位で、ある人は他山の石として、真っ先にこの懲戒処分公告に目を通すというわけです。実は、私もその一人であり、どのような行為がどのような理由で懲戒処分になっているのかを知りたいため、真っ先に開いています。その中に知っている弁護士の名前が出てくるとハッとしますし、理由の要旨を見ると「どうしてあの人が」と身につまされます。この「自由と正義」の懲戒公告を分類した書籍も出版されていますが、実に多様な非行内容で懲戒に至っていることに驚きます。

　また、日弁連では、1年間にわたる日弁連綱紀委員会、懲戒委員会および綱紀審査会の議決中から参考とすべき事例を抽出して「弁護士懲戒事件議決例集」を毎年刊行していますが、ここには懲戒せずの議決も登載されており、間一髪セーフになった事案は、我が身に置き換えて自戒の糧とすることができます。また、その数は少ないのですが、弁護士会ではセーフであったのに綱紀審査会で逆転した事案は、弁護士の世界の常識に一般社会の常識との乖離がないのかを自省することが求められているように思います。

　このような中、弁護士倫理における世界共通のコア・バリューである守秘義務と利益相反に関して懲戒処分を受けた事例のうち直近8年間の「自由と正義」で公告された85例および直近17年間の「弁護士懲戒事件議決例集」に登載された懲戒せずの処分を含む105例を広範に分析し、そこに潜む理論的な問題を詳細に解説した本書が出版されたのは、まさに弁護士の長年の渇を癒やすものだと思います。

　守秘義務は、刑法134条に規定される刑罰の裏付けのある重要な義務ですが、弁護士法23条や弁護士職務基本規程23条にも重複して規定されたため、一部の弁護士には弁護士職務基本規程のみが規律規範と思い込むなどの混乱が見られます。また、主にアメリカの弁護士倫理の影響を受け、秘密の範囲や義務解除事由の規律のあり方等の問題状況が深化しており、今後の動向を注視していく必要がある重要な倫理規範となっています。他方、利益相反については、法律を含むわが国社会の複雑高度化とともにその重要性がいよい

よ増し、遺言執行者を含む財産管理職、第三者委員会を含む不祥事調査等実にさまざまな現代的課題が間断なく登場しています。そして、いまやソロの弁護士が全体の2割前後にまで縮小し、大半の弁護士が共同事務所に所属していること、その共同事務所が巨大化を進め、所属する弁護士の移籍も頻繁になっていることも、利益相反問題の難しさを倍加させています。

　本書の執筆者である溝口敬人、清水俊順、藤川和俊の3弁護士は、いずれも弁護士倫理の最先端を走っている斯界の第一人者であるとの声望が高く、二大弁護士倫理である守秘義務と利益相反について、わかりやすくかつ実践的な解説をするにこの人をおいてほかにないといわれる方々ばかりです。本書を手に取られた方には、折に触れて本書を熟読され、依頼者ひいては市民に信頼される弁護士になるための要諦を学んでいただければ幸いに思います。

　ここに私は本書を江湖に広く推薦する次第です。

　2023年8月

　　　　　　　　　　　　　　　　　　　　　高中　正彦

はじめに

　本稿は、弁護士の守秘義務（秘密とプライバシー等）と利益相反の問題について、『自由と正義』の懲戒事例及び『弁護士懲戒事件議決例集』（以下『議決例集』といいます。）の議決例を広く対象として拾い上げて一覧表に整理した上で、実際の懲戒実務の状況を明らかにし、弁護士の行動準則を少しでも明らかにしようと試みたものです。

　『自由と正義』の懲戒事例は、実際の懲戒実務の状況を知る上で極めて有益なものですが、これまでその分析や研究をしたことはあまりなかったように思います。また、『議決例集』は、広く公刊されていないためなかなか目に触れにくく、その分析や研究もあまりされていないように思いますが、懲戒事由が否定された事案や懲戒事由があるが情状により懲戒しない事案（これらは『自由と正義』の懲戒事例には掲載されません。）も含めて議決例の全文が掲載されていますので、懲戒になるか否かの限界を検討し、弁護士倫理に関する弁護士の行動準則をより明らかにできる可能性があります。これらは弁護士のみならず、弁護士倫理に関心をもつ大学等の研究者や法曹を目指す法科大学院生等にも極めて有益であると思います。

　そこで、本稿では、弁護士倫理の中核である守秘義務（秘密とプライバシー等）と利益相反の問題について、可能な限り直近の懲戒事例や議決例を拾い上げることとし、懲戒の状況は『自由と正義』2016年1月号から2023年3月号までに掲載された懲戒事例（85事例）を、懲戒の分析は『議決例集』第8集（2005年）から第24集（2021年）までの日本弁護士連合会の懲戒委員会、綱紀委員会及び綱紀審査会の議決例（105事例）を検討の対象としました[1]。

　第1章が「秘密・プライバシー等に関する懲戒の状況と分析」、第2章が「利益相反に関する懲戒の状況と分析」、第3章が遺言執行者等の「直接の規定がない利益相反に関する懲戒の状況と分析」を扱っています。各章では、懲戒の状況において『自由と正義』の懲戒事例について主に各弁護士会における懲戒実務の状況を明らかにし、懲戒の分析において『議決例集』の議決例の分析検討を『解説弁護士職務基本規程（第3版）』を踏まえて行っています。秘密・プライバシー等に関しては、不当表現・過激表現等に関するものが相当数ありますが、秘密・プライバシー等の秘匿・開示に関する検討を中心に

置いたため対象外としています。

　なお、本稿の執筆者は、日本弁護士連合会の弁護士倫理委員会の副委員長であり（藤川は副委員長を退任）、本稿について同委員会において一応の議論を経ていますが、意見にわたる部分はもとより執筆者の個人的な見解です。主な執筆担当は、第１章が溝口、第２章が溝口と清水、第３章が藤川です。

　本稿が、懲戒実務に対する会員の理解を深める一助となり、各弁護士会における倫理研修や日々の弁護士業務、さらには研究者や法科大学院生等にも活用いただければ幸いです。

　最後に、本稿の出版を快く引き受けていただいた新日本法規出版株式会社、出版に向けた社内手続や編集作業を迅速に進めていただいた宇野貴普氏には、心から感謝申し上げます。

---

*1)　懲戒事例の出典は『自由と正義』の懲戒公告であり、議決例の出典は『弁護士懲戒事件議決例集』です。それらの著作権は日本弁護士連合会にあり、無断転載が禁止されています。

2023年８月

溝口敬人、清水俊順、藤川和俊

執筆者紹介

◇弁護士　溝口　敬人（みぞぐち　けいと）

みぞぐち法律事務所

（経　歴）

1983年4月　弁護士登録（東京弁護士会所属・35期）

1997年4月　中央大学法学部講師

2005年4月　中央大学法学部客員教授（2015年3月退任）

2008年4月　東京弁護士会・弁護士倫理特別委員会委員長（2010年3月退任）

2015年7月　日本弁護士連合会・弁護士倫理委員会副委員長（現任）

（著　作）

「守秘義務は誰に対して負う義務か」（髙中正彦・石田京子編『新時代の弁護士倫理』（有斐閣，2020年）所収）

「倫理研修」（『日弁連研修叢書　現代法律実務の諸問題（平成29年度研修版）』（第一法規，2018年）所収）

『改訂　弁護士倫理の理論と実務（事例で考える弁護士職務基本規程)』（共著，日本加除出版，2013年）

◇弁護士　清水　俊順（しみず　としのぶ）

弁護士法人サン総合法律事務所

（経　歴）

1996年4月　弁護士登録（大阪弁護士会所属・48期）

2016年4月　大阪弁護士会・弁護士倫理委員会委員長（2018年3月退任）

2017年4月　京都大学法科大学院非常勤講師（2020年3月退任）

2018年7月　日本弁護士連合会・弁護士倫理委員会副委員長（現任）

（著　作）

「弁護士の責務」（髙中正彦・石田京子編『新時代の弁護士倫理』（有斐閣，2020年）所収）

◇弁護士　藤川　和俊（ふじかわ　かずとし）

藤川和俊法律事務所

（経　歴）

1997年4月　弁護士登録（広島弁護士会所属・49期）

2014年4月　広島弁護士会副会長（2015年3月退任）

2016年4月　広島大学大学院法務研究科教授（2019年3月退任）

2019年7月　日本弁護士連合会・弁護士倫理委員会副委員長（2023年6月退任）

2023年6月　日本弁護士連合会・民事裁判手続に関する委員会委員長（現任）

（著　作）

「弁護士にとって最高の広告とは？」（髙中正彦・石田京子編『新時代の弁護士倫理』（有斐閣，2020年）所収）

「守秘義務の対象及び「正当な理由」」『自由と正義』2018年8月号

本書の編集方針

　事例の○番号（例えばA①）は一覧表の懲戒事例及び議決例の整理番号であり、議決例については問題となった行為と争点に関する判断を要約しています。

　当事者等の記載は、被懲戒者をY、懲戒請求者をX、関係者をA、B、C…と統一しています。

　「法」は弁護士法、「職」は弁護士職務基本規程（「基本規程」ということがあります。）、「倫」は（旧）弁護士倫理の略語であり、「解説第3版」は『解説弁護士職務基本規程（第3版）』、「条解第5版」は日弁連調査室編著『条解弁護士法（第5版）』をいいます。また、「民集」は最高裁判所民事判例集、「判タ」は判例タイムズ、「判時」は判例時報の略語です。

　懲戒の状況において、懲戒事例の『自由と正義』の掲載号は被懲戒者への配慮から記載をしていません。

　懲戒の分析の【関連する事例】に付した頭書の○×△の記号は、○が懲戒事由なし、×が懲戒（懲戒審査相当を含みます。）、△が懲戒事由があるが情状により懲戒しない、という一応の区分です。

目　　次

第1章　秘密・プライバシー等に関する懲戒の状況と分析

第2章　利益相反に関する懲戒の状況と分析

第3章　直接の規定がない利益相反に関する懲戒の状況と分析

第1章　秘密・プライバシー等に関する懲戒の状況と分析

第1節　懲戒の状況（自由と正義）

1　依頼者の秘密等の漏示

（1）　問題となる態様

依頼者の秘密[1]等の漏示については、便宜、ア　秘密等の利益相反的な利用、イ　相手方への秘密等の漏示、ウ　第三者への秘密等の漏示、及び、エ　秘密等の公開の4つに分けて整理する。

ア　秘密等の利益相反的な利用

A①は、X法人が継続的な法律相談業務等の委託先（顧問先）でありながら、X法人の従業員の代理人として、X法人に対し、その業務等の処理の過程で知ったX法人に関する情報を利用して、業務監査を要求し、告発をして記者会見で告発内容を公表し、労働審判の申立てをした事例である。職27条1号・2号の利益相反にも抵触する実質を有する秘密等の利用（開示）であるが、職23条違反とした。「継続的な法律相談業務等の処理の過程で知ったX法人に関する情報」の利用や公表等を問題とするので、端的に依頼者の秘密を問題としているものと思われる。

A②は、雇主と従業員から一緒に相談を受け、相談途中で両者の利益相反の可能性を認識したにもかかわらず、相談を続けて従業員から情報を得て、雇主の代理人として当該従業員に対する損害賠償請求をした事例である。依頼者の秘密の保持の問題もあると思われるが、職27条2号違反とした。

A③は、XのAに対する訴訟においてAの代理人となったところ、XからBに関して、7年余り前に相談を受ける過程で送信を受けたXの陳述書原稿を、Xの許諾なしに証拠として提出した事例である。職23条違反とした。Xの陳述書原稿の詳細は不明であるが、Bに関する相談のものであるので、依頼者のほか依頼者以外の秘密が含まれているものと思われる。

---

[1]　「誰々の秘密」という場合に、「誰々が打ち明けた」という情報源に着目した秘密と、「誰々に関する」という対象に着目した秘密とを区別して考えるのが有益であるが、ここでは単に「誰々の秘密」としておく。

　A①～③は、相手方の代理人としての職務を行っており、依頼者の秘密を利益相反的に利用（開示）した事例である。A④は、中立公平な第三者的職務を行った後、そこで得た秘密を一方当事者の代理人としての職務で利用（開示）した問題に関する事例である。

　　イ　相手方への秘密等の漏示

　A④は、A社から元依頼者X社に対する訴訟において、A社の要請に応じて、X社の代理人として活動してきた経緯や職務上知り得た事実をかなり詳細に記載した陳述書を作成交付し、A社がこれを証拠提出した事例で、職23条違反とした。「X社の代理人として活動してきた経緯や職務上知り得た事実をかなり詳細に記載した陳述書」の提出を問題とするので、依頼者の秘密のほか依頼者以外の秘密も含まれていると思われる。

　A⑤は、依頼者の債権回収のための情報提供を前提とした交渉の相手方に対し、依頼者から受任した別件訴訟に関する第一審判決等の訴訟資料を送付したことについて、法23条及び職23条の違反とした。依頼者から受任した「訴訟に関する第一審判決等の訴訟資料」を問題とするので、これも依頼者以外の秘密も含まれているものと思われる。

　A⑥は、元依頼者に対する別件訴訟について、元依頼者を敗訴させるためにその相手方に協力し、元依頼者からの受任事件に関連する弁護団内部の討議資料等を陳述書により開示した事例で、法23条違反とした。問題となった情報は、依頼者を対象としたり依頼者から開示を受けたりしたものではなく、弁護団内部の討議資料等である。このような情報であっても、守秘義務が問題となりうる場合があることを考えさせられる事例である。

　A④～⑥は、相手方の代理人としての職務（利益相反行為）はしていないが、依頼者からの受任事件に関して得た情報を相手方に提供した事例である。

　　ウ　第三者への秘密等の漏示

　A⑦は、法律事務所の職員でもなく依頼者にすぎない者に対し、同人と全く無関係のAから受任した事件処理のために作成した書面の原稿を提供した事例で、法23条及び職23条の違反とした。「Aから委任事件処理のために知り得た数多くの情報」を開示したことを問題とするので、依頼者（A）以外の秘密も含まれているものと思われる。

　A⑧は、受任した刑事事件の被疑者から子Xへの現金差し入れの連絡を依頼され、Xの子（孫）の通う小学校宛てに被疑者の逮捕・勾留を推認できる内

容の文書を送付した事例で、Xらのプライバシーの権利の侵害を非行とした。依頼者（被疑者）の逮捕・勾留を推認させる事実の開示が問題となっているが、依頼者（被疑者）の秘密の開示（職23条）ではなく、Xらのプライバシーの権利の侵害を非行としている。これは依頼者の依頼による文書送付で開示の同意を得ているが、文書の内容や送付方法に問題があり、Xらのプライバシーの権利の侵害が問題となったものと思われる。

　A⑨は、依頼者から受任事件遂行のため提供を受けた依頼者及び相手方に関する資料を、依頼者に無断で第三者に提供したことについて、法23条及び職23条の違反とした。依頼者以外（相手方）に関する秘密を開示したため、職23条のほか法23条の違反としているものと思われるが、処分理由の要旨では、依頼者に無断での開示を問題としており、依頼者以外の同意を問題としていない。

　A⑩は、弁護人が、（1）被告人Xが路上で職務質問を受けた際に、第三者が周囲にいる状態で、警察官に対し、Xが刑事事件の公判中である旨を伝えたこと、（2）第三者のAに、Xと（1）事件の打合せの日を告げたこと、（3）第三者のBに、携帯電話の宅下げを受けてXから預かった趣旨を越えて、携帯電話の中にBらの画像があることを伝えたことについて、法23条及び職23条に違反するとした事例である。

　詳細内容が不明であるが、（1）は、警察官にXが刑事事件の公判中である旨を伝えたことについて、（警察官に伝えたこと自体ではなく）第三者が周囲に路上にいる状態が問題とされたようである。（2）及び（3）は、第三者のAやBがXと一定の関係がある者と思われるが、Xの同意なく、またXの預託の趣旨を越えて、AやBに伝えたことが問題とされたようである。

　　エ　秘密等の公開

　A⑪は、相談を受けた事件の具体的な相談内容や証拠の内容についての文章をホームページに掲載した事例で、法23条及び職23条の違反とした。依頼者の秘密のほか依頼者以外の秘密も含まれている可能性がある。

　A⑫は、接見交通等刑事弁護人としての職務を遂行する過程で知った依頼者の秘密を、同人を被疑者とする別の刑事事件に関するマスコミ取材で述べた事例で、職23条違反とした。

　A⑬は、自費出版書籍に、依頼者及び相手方を識別可能な係属中の訴訟に関する情報を掲載した事例で、法23条及び職23条の違反とした。依頼者の秘

密のほか依頼者以外（相手方）の秘密も含まれている。

（2）　懲戒の根拠条文

まず、懲戒の根拠条文に関しては、A⑤⑦⑨～⑪⑬が法23条と職23条の両方の違反を挙げる。いずれも依頼者の秘密のほか依頼者以外の秘密も問題となっている。職23条のほかに法23条を根拠条文とする趣旨が、依頼者の秘密のみを問題としていて単に重ねて法23条を挙げただけなのか、依頼者以外の秘密も併せて問題としたため法23条を挙げたのかは明確でない。

A①③④⑫は職23条違反のみを挙げる。ただし、A①⑫は依頼者の秘密のみが問題となっているが、A③とA④では問題となった秘密に依頼者以外の秘密も含まれているように思われる。また、A⑥は法23条のみを挙げるが、依頼者の秘密でない（相手方の秘密でもない）情報が問題となっている。

これに対し、A⑧はプライバシーの権利を挙げ、A②は職27条2号を挙げる。

（3）　秘密の内容

次に、秘密の内容に着目すると、守秘義務違反としたのはA①③④～⑦⑨～⑬である。このうち、依頼者の秘密のみが問題となったものはA①⑫であり、他のA③④～⑦⑨～⑪⑬は、問題となった秘密に依頼者の秘密のほか依頼者以外の秘密も含まれているように思われる。

これらの懲戒事例をみると、守秘義務違反の認定において、秘密の内容は必ずしも依頼者の秘密に限定しているわけではなく、依頼者以外の秘密も排除していないものが多いと思われる。

2　依頼者以外（相手方）の秘密等の漏示

依頼者以外（相手方）の秘密等の漏示については、便宜、（1）　依頼者への開示、（2）　相手方への連絡方法、（3）　相手方関係者への連絡、及び、（4）　相手方の秘密等の開示の4つに分けて整理する。

（1）　依頼者への開示

A⑭⑮⑯は、戸籍や住民票等の依頼者に対する開示の問題である。

A⑭は、濫用の可能性のある依頼者への交付が非行とされた。

A⑮は、（1）Aから相手方Xの住所の調査の依頼のみを受けて、Xの住民票写しの職務上請求をしたこと、（2）XがAを刑事告訴していたこと等を十分に知悉していながら、AにXの現在の住所を教えた事例である。（1）は、Aか

ら具体的な事件の委任を受けていないで（単に住所調査の依頼のみで）住民票写しの職務上請求をしたことが非行とされ、（2）は、Aが刑事告訴をした相手方Xに報復行為等をしかねない状況が問題とされた。

　A⑯の日弁連懲戒委は、原弁護士会の「戸籍全部事項証明書の記載事項をAらに開示した」という認定を「戸籍全部事項証明書を机上に置いてAらと打合せを行った」と修正した上で、戸籍事項証明書を利用した打合せを受任事件の業務に必要な範囲内のものとして懲戒しないとした。

　A⑰は、弁護士会照会の回答（相手方の診療内容）を依頼者に開示するに当たって目的外使用を防ぐための措置を講じなかったこと等を問題とする。

　これらは、弁護士は依頼者に対し事件処理に関する報告義務（職36条）があるが、情報提供をすると依頼者が濫用する可能性がある場合や取得情報の利用目的が限定されている場合には、プライバシー保護や目的外利用禁止の観点から、依頼者に対する報告にも一定の限界があり得ることを考えさせる事例である。

（2）　相手方への連絡方法及び連絡内容

　A⑱は、相手方への連絡方法につき、プライバシーや名誉に関する事実を内容として含む記載のある葉書を用いたことを問題とする。

　A⑲は、相手方に対し、その勤務先に、相手方の婚約不履行等に関する事実を記載した書面を郵送しFAX送信をした事例であるが、送付等の必要性や方法が問題とされている。

　A⑳も、相手方に対し、その勤務先に、依頼者に無関係で相手方の不利益になり得る事項や法律上正当化できない謝罪要求等を記載した書面を法律事務所名等の記載された親展のゴム印を押した封筒で送付した事例であるが、書面の内容のほか送付等の必要性や方法が問題とされている。A⑳は、職5条（信義誠実）及び職14条（違法行為の助長）を問題とするので、依頼者の要求に法律上の根拠がないのを承知の上で行い違法行為を助長した面があるようである。

　A㉑は、相手方に対し、依頼者を通じて勤務先の上司に、相手方のプライバシーや社会的評価を低下させる事実を含む通知書をPDFデータとして渡した際、パスワードなどのロックをかけず、上司に対し秘密保持に関する注意などをしなかった事例である。相手方への連絡方法が問題となっているが、そもそも依頼者を通じて相手方の上司にPDFデータで渡すこと自体にも

問題があると思われる。

　A㉒は、相手方の弁護士に対し、相手方が家族に秘匿したい勤務先等の情報をその資料を添付してファクシミリで送信した事例である。相手方の秘密を利用して有利な約束を引き出そうとしたもので、相手方の秘密を不当に交渉の手段として用いたことが問題とされている。

　これらは、相手方への連絡内容にプライバシーに関するものがある場合において、葉書を利用することを問題とし、また、勤務先への連絡につきその必要性や方法を問題としている。いずれも相手方の秘密に対する守秘義務を問題とするのではなく、相手方のプライバシーへの配慮を問題としている。

（3）　相手方関係者への連絡

　A㉓は、不貞行為に基づく損害賠償請求訴訟の相手方の父に対し、訴訟を提起したこと等を記載した通知書を送付したことが法23条違反とされたが、そこでは通知の必要性及び相当性が問題とされている。

　A㉔は、相手方の父に対し、相手方との子の堕胎、認知を巡る紛争に関する事実を記載した書面を送付した事例であるが、送付の必要性や方法が問題とされている。

　A㉕は、相手方の配偶者に対し、相手方の不貞行為による慰謝料請求訴訟に関する事実を記載した書面を送付した事例であるが、送付の必要性が問題とされている。

　A㉖は、相手方の母に対し、傷害事件の示談交渉において、加害者とされる相手方が事実関係を争い、加害事実も明瞭でないにもかかわらず、加害事実を既定の事実とした被害弁償への協力を依頼する等の書面を送付し、発言をした事例であるが、送付内容や送付先が問題とされている。

　A㉗は、離婚訴訟の相手方の勤務先に対し、離婚訴訟中である旨を記載して、証拠収集の必要性及び相当性が乏しい源泉徴収票の送付を求める書面を郵送した事例である。相手方の勤務先に対する不必要な秘密の開示が問題とされている。

　A㉘は、相手方との監護者指定事件の審判書全文を、子の通園先である幼稚園に送付したことが法23条等違反とされたものであるが、電話連絡などの他の手段があったこと、普通郵便で園長親展とせずに送付し秘匿情報のマスキングもしなかったことといった方法のまずさが指摘されている（なお、日弁連は酌むべき情状があるとして懲戒しないと変更している。）。

　これらは、相手方の関係者への連絡について、連絡の必要性や方法を問題としている。A㉓〜㉖は、相手方の親や配偶者に対し、相手方の窮状に付け込んだ格好で連絡をした事情が伺え、連絡の必要性や相当性を問題としている。

　なお、A㉓㉘は、法23条違反を根拠とした（A㉘は、日弁連において情状から懲戒しないとした。）が、他は具体的な根拠条文等を挙げていない。

（4）　相手方の秘密等の開示

　A㉙は、交通事故の加害者の代理人としての交渉過程において、被害者である相手方に対し、説明する必要性が乏しいのに、第三者の架空請求等が問題となって訴訟が継続している事実につき事件番号等まで記載した書面を送付した事例である。原弁護士会は法23条違反としたが、日弁連（懲戒委）は秘密開示の正当な理由は認められないが開示の必要性等を考慮して非行とまではいえないとした。

　A㉚は、相手方の同意に基づく診療録写しの入手について、相手方が同意を撤回したにもかかわらず、入手した診療録写しを返還せずに、相手方宛の書面作成に利用し、相手方からの訴訟で証拠として利用した事例である。相手方の同意撤回を無視した相手方の秘密の利用（開示）が問題とされており、相手方との守秘義務自体の問題とはされていない。

　A㉛は、相手方との口外禁止条項付きの裁判上の和解をしたにもかかわず、相手方からの被害回復を勧誘する書面を多数の第三者に送付した事例である。業務広告に関する規程6条違反のほか、口外禁止条項の趣旨を没却させたことが問題とされており、相手方との守秘義務の問題とはされていない。

　A㉜は、依頼者と相手方との秘密保持契約に基づいて開示を受けた相手方の情報を、フェイスブック上のグループチャットに投稿した事例で、弁護士仲間のグループチャットに手柄話のように投稿したものと思われる。秘密保持契約は依頼者と相手方とのものであるが、これに基づく秘密保持義務は依頼者の代理人弁護士も遵守すべき立場にあり、依頼者及び相手方からの秘密保持に関する弁護士への信頼を裏切るものである。

　A㉚は相手方の同意撤回を無視した相手方の秘密の使用（開示）が問題とされ、A㉛は口外禁止条項の趣旨を没却させたことが問題とされ、A㉜は依頼者と相手方の秘密保持契約に反する秘密開示が問題とされたものである。

　A㉝は、Xが秘匿したい秘密が記載された綱紀委員会の議決書を、所属弁

護士会のメーリングリストに投稿したことが非行とされた事例である。（1）
は一切マスキングをしておらず、（2）は固有名詞等にマスキングをしたが、
いずれも非行とされている。弁護士とXとの関係や議決書を投稿した事情等
が不明である。

3　秘密の利用

　A㉞は、秘密の開示を伴わない利用が問題となったインサイダー取引（金
融商品取引法違反）である。職23条の秘密の利用が問題となる事例である[*2]
が、職23条は挙げられておらず、金融商品取引法違反のインサイダー取引を
指摘している。

　A㉟は、依頼会社が相手方（懲戒請求者）に和解金を支払う旨の訴訟上の
和解をしたが、依頼会社の従業員の依頼を受けて、同じ相手方に対する損害
賠償請求訴訟を提起し、依頼社会の代理人として知り得た情報を基に、その
相手方の依頼会社に対する和解金請求権を仮差押えした事例である。

　これは、依頼者がその秘密の不当利用を問題としたものではなく、相手方
が秘密の不当利用を問題としたものである。依頼会社の代理人として、相手
方に対し和解金を支払う旨の和解をしておきながら、そこで知り得た情報を
基に、別の依頼者から受任して、その相手方の依頼会社に対する和解金請求
権を仮差押えし、和解金の支払を止める結果としたことが非行とされたもの
である。自らが関与した和解における相手方の和解金支払に関する期待を、
当該事件の代理人として知り得た秘密を基に、別の依頼者の事件を利用して
無にしたものであり、職23条が想定している依頼者の秘密を不当に利用した
という事例ではない。

4　その他
（1）　裏面使用による資料交付

　A㊱は、依頼者との打合せの際に、他の依頼者の顔写真等が印刷された裏
面を使用して作成した資料を依頼者及びその通訳人に交付したことについ
て、職18条違反とした事例である。過失による漏示であるために、職18条違
反とされたものである。

[*2]　解説第3版60頁では、「利用」の例として「依頼者の秘密を利用して、特定の時期に自己が保有
　　する株式を売却して利益を得たり、損失を免れること」が挙げられている。

　A㊲は、依頼者の管理組合の元理事長から、一件記録を複写目的での交付を事務職員を通じて求められた際に、記録の一部の裏面に他の事件の依頼者の個人情報が印刷されていることを確認せずに承諾して、事務職員を通じて一件記録を元理事長に交付したことについて、職18条違反とした事例である。

（2）　刑事事件記録の目的外交付等

　A㊳〜㊶は、いずれも刑事事件記録に関する一連の事件である。

　A㊳㊴は、刑事事件の弁護人として検察官から開示を受けた刑事事件記録を、刑事訴訟法（281条の4第1項の目的外使用禁止）の規律に関する認識が十分でなく、被告人に交付したままにし、また民事事件の代理人弁護士に交付した事例である。

　A㊵㊶は、民事事件の代理人として、刑事事件の弁護人に刑事事件記録の送付を依頼し、送付を受けた記録を証拠提出した事例である。

　いずれも守秘義務違反ではなく、職18条等の違反とされている。

　A㊷は、刑事事件の弁護人として、検察官から開示を受けた証拠の複製を、何らマスキングすることなく必要な範囲を超えて被告人以外の第三者に交付した事例である。開示証拠の複製等の交付等に関する規程4条1項及び職18条の違反とされた。

（3）　裁判官時代の秘密等の公開

　A㊸は、裁判官として知り得た秘密を月刊誌に掲載したことの問題であり、弁護士の守秘義務の問題とは異なる。懲戒の具体的な根拠条文は明示されていない。

【一覧表A】　秘密・プライバシー等に関する懲戒事例（自由と正義）

※Y：被懲戒者、X：懲戒請求者、関係者：A・B・C…
※法：弁護士法、職：弁護士職務基本規程、倫：旧弁護士倫理

	態　様	秘密等	処　分	非行内容
1	依頼者の秘密等の漏示			
	（（1）ア　秘密等の利益相反的な利用）			
A1	依頼者（顧問先）に対する業務監査要求、告発、記者会見、労働審判申立て	依頼者（顧問先）の継続的相談で知った情報	業務停止3月（他に3つの非行）職23条	Yは、X法人からの継続的な法律相談業務等の処理の過程で知ったX法人に関する情報を利用して、X法人に勤務するAらの代理人として2013年9月2日付け書面においてX法人に対してその業務監査を要求し、また、Aらの代理人として同月25日付け告発書において知事に対してX法人に関する告発を行い、同年11月11日頃には記者会見を行って上記告発の内容を公表し、さらに、同年12月5日にAの代理人としてX法人を相手方とする労働審判の申立てを行った。 　Yの行為は、職23条に違反し、法56条1項に定める弁護士としての品位を失うべき非行に該当する。
A2	依頼者（相談者）からの情報を元にした訴訟提起	依頼者（相談者）の相談時に得た情報	戒告職27条2号	Yは、Xがその雇主Aと共にYの事務所に来て行った相談において、XがYが自己の被害についての相談に応じてくれる立場の者と思いこれを信頼して詳細な話をし、Yも少なくともXの業務に関して顧客から受けた被害等についての相談を含むものと認識していたところ、相談の途中でXがそのような被害を受けておらず将来AからXに対する損害賠償請求の可能性があるとの考えを持つに至ったにもかかわらず、その可能性を詳しく説明することなく相談を続けてXから情報を

				得て、2015年11月9日、Aの代理人として Xに対して上記相談内容に密接に関連する損害賠償請求を行った。 　Yの行為は、職27条2号に違反し、法56条1項に定める弁護士としての品位を失うべき非行に該当する。
A 3	元相談者を相手方とする訴訟での証拠提出	元相談者との相談過程で送信を受けた陳述書原稿	戒告 職23条	Yは、2016年7月6日にXがAを被告として提起した訴訟においてAの訴訟代理人となったところ、Xの許諾なしに、同人がBに関しYに対して相談する過程で作成し2009年4月21日にYに送信した陳述書原稿を証拠として提出して利用した。 　Yの行為は、職23条に違反し、法56条1項に定める弁護士としての品位を失うべき非行に該当する。
	((1)イ　相手方への秘密等の漏示)			
A 4	元依頼者の相手方への陳述書の作成交付	元依頼者の受任事件の活動経緯等に関する事実	業務停止3月 （他に1つの非行） 職23条	Yは、A社がX社に対して提起した訴訟において、A社の要請に応じて、YがX社の代理人として活動してきた経過や職務上知り得た事実をかなり詳細に記載した陳述書を2016年10月26日付けで作成し、A社はこれを証拠として裁判所に提出した。 　Yの行為は、職23条に違反し、法56条1項に定める弁護士としての品位を失うべき非行に該当する。
			業務停止	Yは、Aが提起したXに対するAとB社との間の土地の売買契約が虚偽表示で無効であり、転得者のXは善意の第三者ではないとして上記土地の所有権移転登記の抹消登記手続を求める訴訟につきXから受任し、上記売買契約は有効であり、

A5	相手方への別件訴訟資料の送付	依頼者の受任事件の訴訟資料	1月（他に3つの非行） 法23条 職23条	仮に虚偽表示であったとしてもXは善意の第三者であるとして争い、第一審で敗訴した後、XからXの債権の回収を図るため情報提供を前提としたC社との交渉を受任したところ、Xとの間で情報提供の目的、方法、対価等の具体的条件を協議することなく、2014年2月12日にC社に対し無条件で上記訴訟に関する第一審判決書等の訴訟資料を送付した。 　Yの行為は、法23条及び職23条に違反し、法56条1項に定める弁護士としての品位を失うべき非行に該当する。
A6	元依頼者に対する別件訴訟での陳述書作成による協力	受任事件に関連する弁護団内部の討議資料等の秘密	戒告 法23条	Yは、Xらが宗教法人Aに対して提起した損害賠償請求訴訟においてXらの代理人を務めていたが、上記訴訟が終結した後の2011年1月31日に、XらがA法人の信者Bを監禁したとしてBから提起された損害賠償請求訴訟において、かつての依頼者であるXを敗訴させるためにBに協力し、A法人に対する訴訟に関連してYが職務上知った弁護団内部での討議資料等の秘密に該当する事実について、正当な理由なくして、Yの発言が記載されたルポライターであるC作成の陳述書及びY作成の陳述書2通によって漏示した。 　Yの行為は、法23条に違反し、法56条1項に定める弁護士としての品位を失うべき非行に該当する。
（（1）ウ　第三者への秘密等の漏示）				
				Yは、自らが経営する法律事務所の正職員でもパート職員でもなく単なる事件依頼者にすぎないXに対し、Xとは全く

A7	第三者への書面原稿等の開示	依頼者の受任事件に関する事実	戒告（他に1つの非行）法23条職23条	無関係の第三者Aから受任した事件処理のために作成すべき書面の原稿をファックス送信して書面の内容をすべて提供し、Aから委任事件処理のために知り得た数多くの情報を開示し、また、Yの依頼者のメールアドレス等の個人情報を開示して、自分に成り代わってXにメール送信をさせた。 　Yの行為は、法23条及び職23条に違反し、法56条1項に定める弁護士としての品位を失うべき非行に該当する。
A8	孫の小学校への書面送付	依頼者（被疑者）の逮捕勾留を推認させる事実	戒告プライバシー	Yは、弁護人を受任した建造物侵入被疑事件及び窃盗被疑事件の被疑者Aから、子であるXに現金を差し入れてもらうよう連絡を取ってほしい旨の依頼を受けたが、Xの戸籍の附票の写しや住民票の写しを取り寄せて住所を調査した上で手紙を郵送するなどの方法を取ることなく、2015年10月22日、AからXの子Bらが通うと聞いた小学校宛てに、小学校の関係者には、Xの実父であり、Bらの祖父でもあるAが、上記事件の罪で逮捕され、警察署に勾留されている事実を推認することができる内容の文書を送付し、Xらのプライバシーの権利を侵害した。 　Yの行為は、法56条1項に定める弁護士としての品位を失うべき非行に該当する。
A9	依頼者提供資料の第三者への提供	依頼者及び相手方に関する資料	戒告法23条職23条	Yは、Xから受任していた貸金返還請求事件等の遂行のため提供を受けたXにおける回収方法や受任事件の相手方であるAの生年月日、銀行口座情報等が記載された10年以上前に作成された資料を、2016年11月22日頃、Xに無断で、かつてAの隠し財産を作るために手を貸したと述べるBに提供した。

				Yの行為は、法23条及び職23条に違反し、法56条1項に定める弁護士としての品位を失うべき非行に該当する。
A10	第三者への告知等	依頼者の刑事事件に関する事実	業務停止1月（他に1つの非行） 法23条 職23条	（1）　Yは、2017年12月、Xから委任を受けて刑事事件の弁護人に就任していたところ、2018年2月6日、XがYの事務所前の路上において職務質問を受けた際に、第三者が周囲にいる状態で、警察官に対し、Xが刑事事件の公判中である旨を伝えた。 （2）　Yは、第三者であるAに対し、Xと上記（1）の事件の打合せを行うこと及びその日を告げた。 （3）　Yは、2018年5月、違法な職務質問に関する動画を取り出し証拠として提出する範囲で使用するため、勾留されていたXが保有する携帯電話2台の宅下げを受けた後、これを預かった趣旨を越えて、第三者であるBに対し、上記携帯電話の中にBらの画像があることを伝えた。 　Yの行為は、いずれも法23条及び職23条に違反し、法56条1項に定める弁護士としての品位を失うべき非行に該当する。

（（1）エ　秘密等の公開）

A11	ホームページ掲載	依頼者の相談内容等、依頼者の誹謗中傷	業務停止3月（他に1つの非行）	Yは、2013年6月18日付けで、Xのことであると特定することが可能な情報とともに、弁護士としてXから相談を受けた事件の具体的な相談内容や証拠の内容についての文章を自身の事務所名で開設したホームページ上に掲載し、また、同年9月12日付けで、上記文章に加筆して、Xを誹謗中傷する内容の文章を掲載して、第三者が自由に検索、閲覧できる状

			法23条 職23条	態にしていた。 　Yの行為は、法23条及び職23条に違反し、法56条1項に定める弁護士としての品位を失うべき非行に該当する。
A 12	別件刑事事件でのマスコミ取材への応答	接見交通等刑事弁護人として知った依頼者の秘密	戒告 職23条	Yは、Aの刑事事件についてその弁護人を務めた者であるところ、Aを被疑者とする別の刑事事件に関するマスコミの取材に対し、2016年12月頃、Aの同意を得ていないにもかかわらず、自己が弁護人を務めた上記刑事事件における接見交通等刑事弁護人としての職務を遂行する過程で知ったAについての社会通念上一般に知られたくないと思われる内容の事柄を述べた。 　Yの行為は、職23条に違反し、法56条1項に定める弁護士としての品位を失うべき非行に該当する。
A 13	自費出版書籍への掲載	依頼者及び相手方を識別可能な係属中の訴訟に関する情報	戒告 法23条 職23条	Yは、Aらの訴訟代理人として、故人Bへの注意義務違反があったことを理由に法人Cに対して提起した損害賠償請求訴訟の係属中である2017年8月に、書籍を自費出版で刊行するに当たり、Aら及び法人Cとの関係者であるXから事前の同意を得ることなく、AらとBの姓をマスキング処理しただけで、Xと法人Cとの関係、Xの勤務先や職種などXを容易に識別することができる情報及びAらやBの名前、AらとBの関係などAらを識別できる可能性が高い情報が記載された上記訴訟の訴状と主張整理案を掲載し、また、上記訴訟以外にYが受任した訴訟6件に関し、その訴訟当事者及び関係者から事前の同意を得ることなく、その関係

				者の氏名や勤務先などその関係者が識別できる情報及びYの依頼者の名前や住所などその依頼者を識別できる情報が記載された訴状、判決書、控訴理由書等を掲載した。 　Yの行為は、法23条及び職23条に違反し、法56条1項に定める弁護士としての品位を失うべき非行に該当する。
2　依頼者以外（相手方）の秘密等の漏示				
（（1）　依頼者への開示）				
A 14	依頼者への相手方等の住民票・戸籍のコピー交付	相手方の住民票・戸籍等に関する情報	戒告	Yは、2014年2月26日頃、依頼者夫婦から、隣地に居住するX及びその夫との間のトラブル並びに差出人が不明の脅迫めいた内容の手紙が2通送られてきて、そのうち1通をXの母らしき人物にひったくられて破られる等のトラブルがあったことの説明を受け、これらのトラブルについての対応を受任し、Xの自宅には居住していないXの母らしき人物を特定すること及び差出人不明の2通の手紙の差出人を調査して特定することを目的として、同月27日頃から3月27日頃にかけて、順次Xの夫の住民票、戸籍全部事項証明書、Xの父の戸籍全部事項証明書、Xの母の住民票をそれぞれ職務上請求により取得し、同日頃から同年4月2日頃までのいずれかの日に、Xの夫の住民票及び戸籍全部事項証明書並びにXの父の戸籍全部事項証明書をそれぞれコピーした上で、上記目的とは無関係または関連性の極めて薄い情報を含めてマスキング等を一切することなく、依頼者に交付した。

				Yの行為は、法56条1項に定める弁護士としての品位を失うべき非行に該当する。
A15	住所調査のみの依頼者への相手方の住所の告知等	相手方の現在の住所の情報	戒告	（1）　Yは、Aとの間で委任契約を締結していないにもかかわらず、AからXの住所調査の依頼のみを受けて、2020年8月20日、Xの現在の住所の住民票の写しを職務上請求した。 （2）　Yは、上記（1）の住民票の写しを入手後、XがAを刑事告訴していたこと等を十分に知悉していたにもかかわらず、安易に、Xの現在の住所をAに教えた。 　Yの行為は、いずれも法56条1項に定める弁護士としての品位を失うべき非行に該当する。
A16	依頼者に対する相手方の戸籍全部事項証明書の記載事項の開示	相手方の戸籍全部事項証明書の記載事項	（原弁護士会）戒告	Yは、AからXに対する損害賠償請求事件等について受任し、2013年4月、上記事件に関して職務上請求によりXの戸籍全部事項証明書を取得したが、Aから知らされていたAらが従前に行った行為からすれば、Aらがプライバシー侵害行為に及ぶ具体的な予見可能性があり、同年5月頃のAらとの打合せの際に、Xのプライバシーに対し、より慎重な配慮が求められていたにもかかわらず、上記戸籍全部事項証明書の記載事項をAらに開示した。その結果、Aらは上記記載事項を利用して、Xに対し畏怖を与えるメールを複数回にわたって送信するとともに、Xの母Bの自宅を訪れ、虚偽の事実を申し向けてBを畏怖させる行為に及んだ。 　Yの行為は、法56条1項に定める弁護

士としての品位を失うべき非行に該当する。

※日弁連裁決の要約では、下線部分につき「Xの戸籍全部事項証明書を机上に置いてAらと打合せを行った」と修正して整理されている。

				（日弁連）懲戒しない	

　Yが、上記戸籍全部事項証明書を利用して打合せを行ったことは、受任事件の事実関係の検討に必要な範囲内であり、弁護士として必要な業務を行ったものである。また、Yは、同証明書を机上に置いて打合せを行っているが、その方法を不適切であるということはできない。

　なお、原弁護士会は、Aらの「それまでに行った行為の品性の下劣さを考えるならば、同人らが本件のごときプライバシー侵害行為に及ぶ具体的な予見可能性は」あったという。Aらの「それまでに行った行為」とは、AらがXになりすまして同人の知人らにわいせつメールを送付した行為を指すが、Aらは当該行為等によって勤務先から懲戒解雇され、その解雇無効を主張して復職することを望んでいたところ、かかる者らがXらにさらに嫌がらせメールを送付し、あるいは、Xの実母の自宅を訪問して嫌がらせをすることは、懲戒解雇無効を主張するAらには不利に働くもので、復職を希望する者としては通常はあり得ない行為であり、そのような行為は予見できなかったというべきである。

　弁護士は、戸籍全部事項証明書の職務上請求が認められた法の趣旨に鑑み、取り寄せた同証明書については、受任事件

				の業務に必要な範囲内で利用し、みだりに戸籍に記載された者のプライバシーを侵害することのないように慎重に取り扱うべきことは当然であるが、本件において、Yが、職務上請求により取り寄せたXの戸籍全部事項証明書を利用して行った打合せは、弁護士業務に必要な範囲を超えておらず、その利用方法も不適切とはいえない。また、AらがXの戸籍の記載事項を利用して非違行為に及ぶとの具体的な予見可能性があったとはいえないことから、Yが戸籍全部事項証明書を利用して行った依頼者らとの打合せに関し、弁護士の品位を失うべき非行があったということはできない。
A 17	依頼者への弁護士会照会回答の開示（依頼者の目的外使用の防止）	相手方の診療情報	業務停止6月（他に1つの非行）	Yは、X社のA社に対する貸金返還請求訴訟事件等においてA社の代理人を務めていたところ、A社の監査役でありX社の取締役でもあったBが監査役としての適格を有しているかなどの判断資料とすることを目的として、2013年9月頃に申し出た弁護士会照会によって得たBの診療情報をA社に対して開示するに当たり、上記診療情報が上記目的のために取得されたものであり、かつ、Bのプライバシーに関わる情報なのであるから、A社によって目的外使用されることを防ぐための措置を何ら講じなかった。Yは、X社の代理人からの通知書等により、A社が上記診療情報を目的外使用していることを知ったのであるから、A社に対し目的外使用をやめるよう要請するなどの措置を採ることができたにもかかわらず、何らの措置も採らなかった。

				Yの行為は、法56条 1 項に定める弁護士としての品位を失うべき非行に該当する。
((2)　相手方への連絡方法及び連絡内容)				
A 18	相手方への葉書送付	相手方のプライバシーや名誉に関する事実	戒告	Yは、Xに対し、第三者が容易に目にし得る葉書による連絡を正当化できるだけの特段の事情が認められないにもかかわらず、2017年 4 月22日及び同年 5 月 2 日に、Xらから同人の夫Aと不倫関係にあるとして高額の支払を要求される等していたBを代理して、また、同年 8 月23日に、Aを代理して、Xのプライバシーの中核事項に及ぶものや名誉を毀損するものを内容として含む記載のある葉書を各送付した。 　Yの行為は、法56条 1 項に定める弁護士としての品位を失うべき非行に該当する。
A 19	相手方勤務先への書面送付・FAX送信	相手方の婚約不履行等に関する事実	戒告	Yは、AからXに対する婚約不履行等による損害賠償請求事件を受任し、2015年10月 8 日、Aと同居していたマンションから退去して居住地が不明であったXに対し、その勤務先会社の所在地宛てに、Aから上記事件を受任したことや慰謝料を請求することに加え、婚約して同居するようになった経緯やパートナー関係が破綻するに至った経緯等を具体的に記載した通知書を内容証明郵便で発送したが、必要性について十分な検討をせず、また、他に取り得る方法がないかどうかを全く検討しないまま、同日、上記通知書と同じ内容の書面を勤務先会社宛にファクシミリで送信した。

				Yの行為は、法56条１項に定める弁護士としての品位を失うべき非行に該当する。
A 20	相手方の勤務先への書面送付	依頼者に無関係で相手方の不利益になり得る事実等	戒告 職５条、14条	Yは、Aの代理人として、Xの住所等の調査を行わず、また、XにAの要求に対する法律上の義務がないことを承知していたにもかかわらず、2018年11月５日、Xに宛てた、Aとは無関係であるがXの不利益になり得る事項や明らかに法律上正当化できないAへの謝罪要求等を記載した通知書を、Yの氏名、法律事務所名、法律事務所の住所等が印字され、親展のゴム印が押印されている封筒にて、Xの勤務先に送付した。 　Yの行為は、職５条及び第14条に違反し、法56条１項に定める弁護士としての品位を失うべき非行に該当する。
A 21	相手方の勤務先へのＰＤＦデータの交付	相手方のプライバシーに属する事実等	戒告	Yは、AとXとの間の紛争において、Aの代理人に就任したところ、Xのプライバシーに属する事実及び社会的評価を低下させる事実を含むX宛の通知書を作成しPDFデータとして保存して、Aを通じてXの勤務先の上司に渡し、その際、パスワードなどのロックをかけず、上司に対し秘密保持に関する注意などをしなかった。 　Yの行為は、法56条１項に定める弁護士としての品位を失うべき非行に該当する。
				Yは、Aから、Xに対する貸金請求事件を受任したところ、Xの代理人であるB弁護士に対し、Xが家族に秘匿しておき

A 22	相手方代理人へのFAX書面送付	相手方が家族に秘匿したい勤務先等の情報	戒告 職5条	たいと考える勤務先等の情報とXの家族の住所情報を記載して、Xの勤務先等の資料を添付した文書をファクシミリにて送信し、Xから支払に関し有利な約束を引き出そうとした。 　Yの行為は、職5条に違反し、法56条1項に定める弁護士としての品位を失うべき非行に該当する。
((3)　相手方関係者への連絡)				
A 23	相手方の父への書面送付	相手方の不貞行為による損害賠償の訴訟提起に関する事実	戒告 （他に1つの非行） 法23条	Yは、2015年7月2日、Aの代理人としてXを被告とする損害賠償請求訴訟を提起したところ、同日、通知をする必要性、相当性が認められないにもかかわらず、Xの父親宛に、XがAの夫と交際していること、Xを被告とする不貞行為に基づく損害賠償請求訴訟を提起したこと等を記載した通知書を送付した。 　Yの行為は、法23条に違反し、法56条1項に定める弁護士としての品位を失うべき非行に該当する。
A 24	相手方の父への書面送付	相手方との子の堕胎、認知を巡る紛争に関する事実	戒告	Yは、2013年1月25日、Aから、Aが懐胎した子の堕胎、認知を巡るXとの紛争の処理を受任し、同日、上記紛争が発生しているという具体的事実とXの態度をAが非難する内容を記載したX宛ての内容証明郵便を作成してXに送付したが、併せて、同日、上記内容証明郵便の写しを封入した封筒を、Xの父であるBの宛名で、Bの現住所及び旧住民票上の住所に、また、Bが経営するC社及びD社の各宛名で、Bの個人名及び親展を記載せずに両社の住所に、各送付した。

				Yの行為は、法56条1項に定める弁護士としての品位を失うべき非行に該当する。
A 25	相手方の配偶者への書面送付	相手方の不貞行為による慰謝料請求訴訟に関する事実	戒告	Yは、Aの代理人として、Xを被告とする不貞行為に基づく慰謝料の支払を求める訴訟を提起していたところ、Xの配偶者Bから事情を聴取しなければならない必要性が全くないにもかかわらず、Bに対し、2012年7月27日、AとXが裁判で係争している事実を知らせ面談を申し入れる旨の内容証明郵便を送付した。 Yの行為は、法56条1項に定める弁護士としての品位を失うべき非行に該当する。
A 26	相手方の母への書面通知書送付、発言	相手方が争う加害事実を既定事実とした被害弁償の依頼	戒告	Yは、傷害事件の被害者から示談交渉事件を受任したところ、被害者において加害者であると主張するA自身が事実関係を認めず、また、Aによる加害の事実が一般に疑いを容れない程度に明瞭になっていたとは言い難い状況にあったにもかかわらず、2019年5月22日、Aの母親であるXに対し、Aが被害者に対して傷害を与えたことは既定の事実であるかのように記載し、また、Aの対応が不誠実であることや前科前歴等の有無などが問題となる旨の記載をした通知書を送付して被害弁償への協力を依頼し、また、同月31日、XがYに対して被害弁償に応じない旨述べたことに対し、Xに対し、被害弁償や前科前歴の有無が検察官の最終処分に影響するなどと述べて、Aが上記傷害事件を犯していることを当然の前提とする発言をした。

			Yの行為は、法56条1項に定める弁護士としての品位を失うべき非行に該当する。
A27	相手方の勤務先への書面送付	相手方が離婚訴訟中である事実	戒告	Yは、A及びX間の離婚請求事件におけるAの訴訟代理人であったところ、AとXが離婚訴訟中である旨記載した上、証拠収集の必要性及び相当性を認めるに足りる事情がなかったにもかかわらず、Xの源泉徴収票を送付するよう求める書面をXの勤務先に郵送した。 　Yの行為は、法56条1項に定める弁護士としての品位を失うべき非行に該当する。
A28	第三者への審判書の送付	相手方との監護者指定事件の審判書全文	（原弁護士会）戒告 法23条等	Yは、Aの代理人として申し立てた、Aの夫であるXを債務者としたAとXの子Bらの監護者指定等申立事件の審判前の保全処分事件について、2016年8月26日、本案審判確定までの間、Bらの監護者をいずれもAと仮に定め、XはAに対しBらを仮に引き渡せとの保全処分を命ずる審判を受けたが、同月27日、Y及びXの代理人C弁護士が立ち会っていた場ではBらがAに引き渡されなかったことから、Yから、Cに対して1週間以内の引渡しを要請する等していたところ、その際、D幼稚園に通園していたBの同月29日以降の通園先がE幼稚園であることを知ったため、同月28日、電話連絡をするなど他に代替方法があったにもかかわらず、普通郵便で、E幼稚園園長親展とせず、Xに係る秘匿情報をマスキングもしないで、上記審判の審判書全文を、E幼稚園に対し送付した。

				Yの行為は、法23条等に違反し、法56条1項に定める弁護士としての品位を失うべき非行に該当する。
			（日弁連）懲戒しない	Yに法23条の守秘義務違反があったとする原弁護士会の認定に誤りはないが、Yに酌むべき事情を認め、反省が顕著で、園長以外の第三者に審判書の内容が開示された事実が見受けられず実害が発生していないことに鑑み、原処分を取消し懲戒しないとする。

（（4）　相手方の秘密等の開示）

A29	相手方への第三者の訴訟係属を記載した書面送付	第三者の架空請求等が問題の訴訟係属の事実	（原弁護士会）戒告　法23条	本件は、交通事故による損害賠償請求事件の加害者側代理人であったYが、被害者及びその治療に当たったXに対して送付した本件文書において、秘密保持義務違反、営業妨害、権限踰越等があるとの理由で懲戒請求された事案であるところ、原弁護士会は、これらのうち、秘密義務違反について、法23条及び職23条に規定する「秘密」とは、一般人に知られていない事実であって、本人から見て特に秘匿しておきたいと考える性質の事項に限らず、一般人の立場から見て秘匿しておきたいと考える性質の事項と解した上で、本件文書に記載されているXについての別件訴訟の係属裁判所、係属部、裁判官、（反訴を含む）事件番号、原告被告の氏名及び架空通院、不正請求が問題となったという事実はいずれも「秘密」に該当するものであり、Xについて架空通院、不正請求が問題となって訴訟が係属している事実まで被害者に説明する必要があるというのは困難であるとして、

				本件文書を被害者に送付したことは守秘義務違反に当たると認定して、Xを戒告の処分に付した。
※議決例集B29		（日弁連）懲戒しない		本件文書に記載されている別件訴訟の係属裁判所、係属部、裁判官、事件番号、原告被告の氏名及び架空通院、不正請求が問題となったという事実はいずれもXについての「秘密」に該当し、また、職23条は「正当な理由」がある場合には秘密秘事義務が解除される旨を規定するところ、秘密秘事義務が弁護士の職務上の義務として最も基本的かつ重要な義務であることからすれば、「正当の理由」の存否は安易に解釈されてはならず、Yが本件文書に前記内容の記載をしたことは直ちに「正当な理由」があったと認めることはできない。 　しかしながら、本件においては、Xの施術については一括対応を行わないという方針が保険会社によって決定され、被害者に対して伝えられていたのであるから、Yは、被害者に対して一括対応できないことの理由を示す必要があり、そのためには、Xについて架空通院、不正請求を内容とする訴訟が具体的に存在することを指摘せざるを得なかったとの事情があり、かかる事情を総合的に考慮すれば、Yが本件文書に前記内容の記載をしたことは、弁護士としての品位を失うべき非行とまではいうことはできない。 　よって、Yを戒告にして原弁護士会の処分を取り消し、Yを懲戒しないこととする。 　なお、Yが本件文書に前記内容の記載

				をしたことに「正当な理由」がない以上は、弁護士として品位を失うべき非行に当たるとして、戒告処分を相当とする意見が一定数あったことを付言する。
A 30	同意撤回後の医療照会による相手方診療録の使用（書面作成、証拠使用）	相手方の診療録	戒告	Yは、Xから自転車転倒事故により負傷したとして共済保険の補償を求められていたA組合連合会から委託を受け、Xに関する過去の事故に関しても医療照会を実施することを企図し、Xはそれに対する同意書を提出していたものの、2016年12月20日にXが医療照会への同意を撤回し、Yの事務所の事務員がそのことをA組合連合会及びA組合連合会から調査依頼を受けた調査会社Bに連絡していたにもかかわらず、その後にB社が上記同意書に基づいて診療所から取得した診療録の写しをB社から受領したまま診療所又はXに返還せず、2017年2月7日付けのX宛ての書面の作成に上記診療録の写しを使用し、また、XのA組合連合会に対する保険金請求訴訟において、A組合連合会の代理人として、上記診療録の写しを証拠として使用した。 　Yの行為は、法56条1項に定める弁護士としての品位を失うべき非行に該当する。
				Yは、証券会社であるX社の販売するファンドを購入したAから、X社らに対する損害賠償請求訴訟を受任したところ、2013年12月4日、X社がAに対し和解金を支払うこと、「原告は、本件及び本和解条項の内容の一切を第三者に口外しないことを確認する」との条項等を含む

A 31	多数の第三者に対する勧誘書面の送付	相手方との口外禁止条項付きの裁判上の和解内容	戒告	裁判上の和解をして秘密保持義務を負ったにもかかわらず、弁護士の業務広告に関する規程6条に違反し、面識のない上記ファンドの購入者十数名に対し、上記訴訟で知り得た情報や上記和解を解決実績として記載した2014年1月21日付け書面を送付して被害回復を勧誘し、加入を受けた上記ファンドの購入者らから事件を受任してX社に対する訴訟を提起し、口外禁止条項の趣旨を没却させた。 　Yの行為は、法56条1項に定める弁護士としての品位を失うべき非行に該当する。
A 32	フェイスブック上のグループチャットへの投稿	依頼者との秘密保持契約に基づき開示された相手方の情報	戒告	Yは、A社とX社との間の訴訟についてA社訴訟代理人であったところ、この訴訟に関連して、A社及びX社が締結した秘密保持契約に基づきX社が2018年9月18日に秘密情報として開示した売上げに関する金額の情報について、その翌日、Yを含めた複数の弁護士が閲覧可能であったフェイスブック上のグループチャットにおいて、その概算額を記載したメッセージを投稿した。 　Yの行為は、法56条1項に定める弁護士としての品位を失うべき非行に該当する。
A 33	所属弁護士会のメーリングリストへの投稿	綱紀委員会の議決書	戒告	（1）　Yは、2021年8月31日、Xの住所及び氏名、Xの親の氏名、紛争の具体的内容、委任関係、懲戒請求の内容等が記載されている綱紀委員会の議決書を、一切のマスキングを施さずに所属弁護士会のメーリングリストに投稿した。 （2）　Yは、2021年9月1日、上記（1）の議決書の固有名詞等にマスキングを施して、所属弁護士会のメーリングリスト

				に投稿した。 　Yの行為は、いずれも法23条に違反し、法56条1項に定める弁護士としての品位を失うべき非行に該当する。
3	秘密の利用			
A 34	自己保有株式の売り付け	顧問先の機関の公募増資決定	業務停止1月 金融商品取引法	Yは、A社の顧問弁護士であったところ、A社との法律顧問契約の履行に関し、A社の業務執行を実質的に決定することのできる機関においてA社が公募増資を行うことを実質的に決定した旨の重要事実を認識したにもかかわらず、法定の除外事由がないのに、上記重要事実の公表までである2013年11月15日に、自己が保有するA社の株式合計2000株を売り付け、金融商品取引法に違反するインサイダー取引を行った。 　Yの行為は、法56条1項に定める弁護士としての品位を失うべき非行に該当する。
A 35	依頼者と相手方との和解情報の別件事件への利用	依頼者と相手方との和解情報	戒告 （他に1つの非行）	Yは、XからA社に対する入居一時金の返還請求訴訟において、2017年10月31日、A社の代理人としてXに425万円を支払う旨の訴訟上の和解を成立させたが、その前日である同月30日、A社の従業員らの代理人として、Xに対し、合計770万円を求める損害賠償請求訴訟を提起した上、A社の上記代理人として知り得たことを奇貨として、その立場において独自に得た情報を基に、同年11月27日、その損害賠償請求権を被保全債権として、上記のXのA社に対する和解金請求権について債権仮差押えの申立てを行った。 　Yの行為は、法56条1項に定める弁護士としての品位を失うべき非行に該当する。

4	その他			
((1)	裏面資料による資料交付)			
A 36	裏面使用 の資料交 付	他の依頼 者の顔写 真等	戒告 職18条	Yは、Xから損害賠償請求事件を受任していたところ、Xと打合せをする際、事務職員に対して資料を印刷して作成するよう指示し、上記事務職員が裏面に他の依頼者の顔写真等が印刷された用紙を使用して資料を作成したが、その裏面に秘密情報等が印刷されていることを確認することなくX及びその通訳人に交付した。 　Yの行為は、職18条に違反し、法56条1項に定める弁護士としての品位を失うべき非行に該当する。
A 37	裏面使用 の記録交 付	他の依頼 者の個人 情報	戒告 職18条	Yは、A管理組合から受任した事件に関する一件記録において、その一部は裏紙を利用したものもあり、その裏紙には他の事件の依頼者に関する個人情報が印刷されていたにもかかわらず、Yの法律事務所の事務職員から、上記一件記録をA管理組合の理事長であったXに対し複写目的で交付することの承諾を求められた際に、上記一件記録の内容を確認せずに承諾を与え、2014年6月27日、上記事務職員を通じてXに対し上記一件記録を交付した。 　Yの行為は、職18条に違反し、法56条1項に定める弁護士としての品位を失うべき非行に該当する。
((2)	刑事事件記録の目的外交付等)			
				（1）　Yは、A弁護士らと共に2009年9月1日に発生した交通事故に関する被告

A 38	刑事事件記録の被告人及び被害者代理人弁護士への交付	刑事事件記録	戒告 職18条 刑訴法281条の4第1項	人Bの刑事事件を受任し、検察官から刑事事件記録を開示されたが、刑事訴訟法において弁護人の開示証拠の適正管理義務が定められ、日弁連の開示証拠の複製等の交付等に関する規程において開示証拠の複製等を被告人に交付等するときは目的外の交付等の禁止及びその罰則について規定した刑事訴訟法の規定の内容を説明しなければならない等の規定があるにもかかわらず、2010年2月25日、Bに対し、個別の条文やその具体的な内容の説明をしないまま、上記記録の一部の写しを郵送し、刑事裁判終了後3年以上が経過した2015年7月1日頃まで返還を受けなかった。 （2）　Yは、上記事故により死亡した被害者の父親であるXがBに対して提起した損害賠償請求訴訟におけるBの代理人であるC弁護士から刑事事件を検討したいと要請されたA弁護士が、刑事訴訟法上開示証拠の目的外の交付等が禁止されているにもかかわらず、2012年5月15日に、マスキングの処理等秘密の保持への配慮もなく上記事件の処理に当たり入手した刑事事件記録全てをC弁護士に送付するに際し、A弁護士から記録送付について全て報告を受けて了承し、2014年10月29日に返還を受けるまで2年5か月以上にわたり放置した。 　Yの（1）の行為は、職18条に違反し、これらの行為は、いずれも法56条1項に定める弁護士としての品位を失うべき非行に該当する。

| A 39 | 刑事事件記録の被告人及び被害者代理人弁護士への交付 | 刑事事件記録 | 戒告 職18条 刑訴法281条の4第1項 | （1）　Yは、A弁護士らと共に2009年9月1日に発生した交通事故に関する被告人Bの刑事事件を受任し、検察官から刑事事件記録を開示されたが、刑事訴訟法において弁護人の開示証拠の適正管理義務が定められ、日弁連の開示証拠の複製等の交付等に関する規程において開示証拠の複製等を被告人に交付等するときは目的外の交付等の禁止及びその罰則について規定した刑事訴訟法の規定の内容を説明しなければならない等の規定があるにもかかわらず、2010年2月25日、Bに対し、個別の条文やその具体的な内容の説明をしないまま、上記記録の一部の写しを郵送し、刑事裁判終了後3年以上が経過した2015年7月1日頃まで返還を受けなかった。
（2）　Yは、上記事故により死亡した被害者の父親であるXがBに対して提起した損害賠償請求訴訟におけるBの代理人であるC弁護士から刑事事件を検討したいと要請され、刑事訴訟法上開示証拠の目的外の交付等が禁止されているにもかかわらず、2012年5月15日に、マスキングの処理等秘密の保持への配慮もなく上記事件の処理に当たり入手した刑事事件記録全てをC弁護士に送付し、2014年10月29日に返還を受けるまで2年5か月以上にわたり放置した。
　Yの（1）の行為は、職18条に違反し、これらの行為は、いずれも法56条1項に定める弁護士としての品位を失うべき非行に該当する。 |
| | | | | （1）　Yは、Aを加害者とする交通事故 |

| A 40 | 刑事事件記録の民事訴訟での証拠提出 | 刑事事件記録 | 戒告

職18条
刑訴法281条の4第1項 | につき、XらがAに対して提起した損害賠償請求訴訟において、B弁護士と共にAの訴訟代理人となったが、検察官開示証拠に関する刑事訴訟法の規定を十分認識せず、上記訴訟の受任後の調査を怠ったまま、上記交通事故につきAを被告人とする刑事事件における弁護人のC弁護士らに対して刑事訴訟記録の送付を依頼した。
（2）　Yは、2012年5月16日頃、C弁護士らから上記記録の送付を受けたところ、上記訴訟において、民事訴訟における文書送付嘱託などの証拠収集手続を講じることなく、上記記録中の刑事訴訟法281条の4第1項で目的外利用を禁止され、かつ上記刑事事件の公判期日で取り調べられなかった証拠を含む複数の文書をそのまま書証の申出として提出した。また、Yは、上記文書の一部を証拠に用いることについてAから個別の了解を得ること等をしなかった。
（3）　Yは、上記訴訟の期日において、Xから上記（2）において書証の申出として提出した文書の一部に関し入手元について質問を受けた際、事実に反して入手元はAと答えた。
　Yの（1）の行為は、法2条、職7条及び37条に、（2）の行為は、職18条及び36条に、（3）の行為は、職5条に違反し、いずれも法56条1項に定める弁護士としての品位を失うべき非行に該当する。 |
| | | | | （1）　Yは、Aを加害者とする交通事故につき、XらがAに対して提起した損害 |

| A 41 | 刑事事件記録の民事訴訟での証拠提出 | 刑事事件記録 | 戒告 刑訴法281条の4第1項 | 賠償請求訴訟において、B弁護士と共にAの訴訟代理人となったが、検察官開示証拠に関する刑事訴訟法の規定を十分認識せず、上記訴訟の受任後の調査を怠ったまま、上記交通事故につきAを被告人とする刑事事件における弁護人のC弁護士らに対して刑事訴訟記録の送付を依頼した。
（2）　Yは、2012年5月16日頃、C弁護士らから上記記録の送付を受けたところ、上記訴訟において、民事訴訟における文書送付嘱託などの証拠収集手続を講じることなく、上記記録中の刑事訴訟法281条の4第1項で目的外利用を禁止され、かつ上記刑事事件の公判期日で取り調べられなかった証拠を含む複数の文書をそのまま書証の申出として提出した。また、Yは、上記文書の一部を証拠に用いることについてAから個別の了解を得ること等をしなかった。
（3）　Yは、上記訴訟の期日において、Xから上記（2）において書証の申出として提出した文書の一部に関し入手元について質問を受けた際、B弁護士が事実に反して入手元はAと答えたのに対し、これを否定しなかった。
　Yの（1）の行為は、法2条、職7条及び37条に、（2）の行為は、職18条及び36条に、（3）の行為は、職5条に違反し、いずれも法56条1項に定める弁護士としての品位を失うべき非行に該当する。 |
| | | | | 　Yは、Aの刑事事件に関する弁護人で |

A 42	開示証拠の被告人以外への交付	検察官からの開示証拠	戒告 開示証拠の複製等の交付等に関する規程4条1項 職18条	あったところ、2018年9月13日、検察官から開示を受けた証拠の複製の全てを何らマスキングすることなくその必要な範囲を超えてBに送付し、その結果、上記事件に関する証拠隠滅や証人威迫のおそれを生じさせ、Cの名誉並びにC及びDのプライバシーを侵害した。 　Yの行為は、開示証拠の複製等の交付等に関する規程4条1項及び職18条に違反し、法56条1項に定める弁護士としての品位を失うべき非行に該当する。
((3)　裁判官時代の秘密等の公開)				
A 43	月刊誌への掲載	少年審判の決定全文、担当裁判官として知り得た事実	業務停止3月	Yは、殺傷事件について、非行を行った少年Aの保護事件を担当した裁判官であったところ、退官して弁護士登録をした後、発行部数が多数に上る著名な月刊誌に掲載されることを意図して、Aの生育歴等、既に家庭裁判所所長が開示していた少年審判の決定要旨より詳しい認定事実の記載された決定全文を提供し、上記決定の全文は2015年4月に出版された上記月刊誌に掲載された。 　Yは、Aが執筆した書籍が2015年6月に公刊されたことを受けて、非公開の審判廷におけるAの供述や態度等、上記事件の担当裁判官として初めて知り得た事実が少なからず記載された記事を執筆し、上記記事は同年7月に出版された上記月刊誌に掲載された。 　Yの行為は、いずれも法56条1項に定める弁護士としての品位を失うべき非行に該当する。

第2節 懲戒の分析（議決例集）

1 依頼者の秘密等の漏示

【関連する事例】

（証拠としての提出等）

△B①元依頼者の会社を相手方とする別事件で元依頼者の検面調書を証拠提出

△B②元依頼者を相手方とする別事件で元依頼者との交換書面を証拠提出

×B③元依頼者を相手方とする別事件で元依頼者から受領した書面を証拠提出

×B④元依頼者を相手方とする別事件で20年前の元依頼者手紙等を証拠提出

×B⑤元依頼者から受領した資料を相手方に協力した別件事件で証拠提出

×B⑥被告人の信書を相被告人弁護人に交付

×B⑦依頼者の余罪の証拠物を捜査機関に提出

（秘密等の公開）

○B⑧外部調査委員会の報告書と異なる依頼者公表へのマスコミ取材回答

×B⑨依頼者に対する誹謗中傷等をホームページに掲載

×B⑩辞任後の依頼事件の経緯等をブログに掲載

（その他）

△B⑪面識ない相談者からのメール内容を受任弁護士に問合せ

△B⑫在監中の被告人への訴訟活動方針の問合せを葉書で送付

（関連する議決例）

×B⑬ヘルプライン担当弁護士の通報者の実名通知

△B⑭成年後見人の照会回答を第三者に交付

×B⑮照会回答をシンポジウム資料として配布

（1）　概　要

依頼者の秘密等を漏示したことが問題となった議決例はB①～⑫である。

このうち、懲戒事由を否定したもの（○）がB⑧、懲戒事由を認めたものの情状面から懲戒しないとしたもの（△）がB①②⑪⑫である。懲戒ないし懲戒審査相当としたもの（×）がB③～⑦⑨⑩で、その内訳内容は、B③⑥が戒告、B⑩が業務停止1月、B⑨が業務停止3月、B④⑤⑦が懲戒審査相当である。

なお、B①②⑥⑪は、基本規程の施行前の事案である[*1)]。

関連する議決例としてB⑬～⑮がある。

（2）　問題となる態様

依頼者の秘密等の漏示が問題となった議決例は、その態様により、大きく、ア　証拠としての提出等、イ　秘密等の公開、ウ　その他の3つに分けることができる。

　　ア　証拠としての提出等

B①～④は、元依頼者を相手方とする別件民事訴訟において、依頼者の秘密等を含む書面等を証拠提出したものである。

B⑤は、元依頼者から相手方組合との訴訟のために受領した陳述書等の資料を、解任され同訴訟が取り下げられた後に別の原告が相手方組合に提起した同種訴訟において、相手方組合に協力した元依頼者の陳述書や証言を弾劾するために証拠提出したものである。

B⑥は、被告人の信書を相被告人弁護人に交付したものである。

B⑦は、依頼者の余罪の証拠物を捜査機関に提出したものである。

これらは、情状を考慮して懲戒しないとしたものがあるが、いずれも懲戒事由が認められている。

B①～④は、弁護士が味方として得た依頼者の秘密を、後日、その依頼者を相手方とする別件訴訟で提出したものであり、弁護士は、味方として得た依頼者の秘密については、その事件が終了した後でも（B④は20年前の秘密である）、秘密の保持が必要であり、特にその依頼者の不利益にその秘密を利用（開示）することは許されないことになる。

[*1)]　基本規程の施行前の倫20条（秘密の保持）は、「弁護士は、依頼者について職務上知り得た秘密を正当な理由なく他に漏らし、又は利用してはならない。」としており、職23条と（「正当な理由なく」の位置が違うが）同じ内容である。

　B⑤は、原弁護士会が職23条の「正当な理由」が認められないが品位を害する非行とまではいえないとした判断について、「正当な理由」がないにもかかわらず非行としないとするのであれば、秘密を公開することにつき他に代替手段がなくやむを得ないという高度の必要性が認められる場合に限られるが、本件では係る高度の必要性は認められないとした。これは、「正当な理由」と別の秘密開示が許される場合を認めたものではなく、懲戒としない情状についての判断であると思われる。

　B⑥⑦は、相被告人弁護人や捜査機関に交付・提出したものであるが、刑事事件特有の問題がある。

　　イ　秘密等の公開

　B⑧はマスコミ取材への回答、B⑨⑩はホームページやブログへの掲載が問題となったものであり、依頼者の秘密を公開した態様のものである。B⑧は外部調査委員会としての職責を誠実に果たそうとの意図に基づくものでマスコミ取材への対応の必要性が認められる上、開示内容も既に新聞等で公表された事実に付加して新たに非公知の事実を伝えたものではない。これに対し、B⑨⑩は秘密を公開する必要性は乏しい。

　　ウ　その他

　B⑪は相談者のメール内容を受任弁護士に問い合わせて依頼者の秘密を漏示したものであり、B⑫は在監中の被告人との打合せ方法について葉書を利用したことが問題となったものである。

（3）　懲戒理由の根拠条文等

　守秘義務違反を認めた議決例は、B①〜⑥⑨〜⑪である。このうち、戒理由の根拠条文について、B①③⑨⑪は法23条及び職23条（倫20条）を挙げる。B⑥は法23条のみを、B②④⑤は職23条（倫20条）のみを挙げる。なお、B⑧は守秘義務違反を否定したが法23条を検討している。

　これに対し、B⑩は根拠条文を明示せず、B⑫はプライバシー配慮が望まれるとしている。B⑦は最善弁護の問題としている。

　　ア　B①は、弁護人として入手した依頼者（被告人）の検察官調書を依頼者を相手方とする別件訴訟で証拠提出した事例で、法23条及び倫20条を根拠条文とした。

　B③は、依頼者から債務整理等のために取得した書面を依頼者に対する別事件で提出した利益相反の事例で、法23条及び職23条を根拠条文とした。原

弁護士会は、当該書面について、その存在及び内容は依頼者の立場からはもちろん一般人の立場から見ても秘匿しておきたい事項であり、秘密に該当するとした。

B⑨は、自己のホームページに特定可能な依頼事件の内容や誹謗中傷を掲載した事例で、原弁護士会が法23条及び職23条を根拠条文とした判断を相当とした。

B⑪は、面識のない相談者からのメール内容を相談者の弁護士に漏示した事例で、法23条及び倫20条を根拠条文とした。

B①③⑨⑪は、懲戒理由の根拠条文について、職23条（倫20条）のほか法23条も挙げている。B①⑪は依頼者の秘密のみが問題となっているように思えるが、B③⑨は依頼者のほか相手方の秘密も含まれている。法23条も根拠条文とする趣旨が、依頼者の秘密のみを問題としていて単に重ねて法23条を挙げただけなのか、依頼者以外の秘密も併せて問題としたため法23条を挙げたのかは不明である。

　イ　他方、B⑥は、被告人からの信書を相被告人の弁護人に交付した事例で、法23条（及び法１条２項の誠実職務遂行義務）を根拠条文とした。

B⑧は、守秘義務違反が否定された事例だが、外部調査委員会としての職責を誠実に果たそうとの意図に基づくマスコミ取材への回答について、既に新聞等で公表された事実に付加して新たに非公知の事実を伝えたものではなく、行為者を特定してされたものでないとして、守秘義務違反を否定した原弁護士会の判断を相当とした。原弁護士会では職23条でなく法23条を検討していた。

B②は、依頼者と弁護士との交換書面及び相手方代理人から受領した文書を依頼者を相手方とする別件訴訟で証拠提出した事例で、倫20条のみを根拠条文とした。

B④は、20年前に依頼者から受領した手紙やメモを依頼者を相手方とする別事件で書証提出した事例で、職23条のみを根拠条文とした。日弁連綱紀委は、手紙やメモの内容の大部分は既に関係者に知悉されていたもので秘密性は弱く、開示の範囲も限定されているとしたが、日弁連綱紀審は、20年前に依頼者が家族に関する諸問題について相談したという事実は、それ自体秘密として保護されるべきものであるとした。

B⑤も、元依頼者から相手方組合との訴訟のために受領した陳述書等の資

料を別事件に証拠提出したケースで、職23条のみを根拠条文とした。

　ウ　これに対し、B⑩は、自己のブログに依頼事件の経緯や評価等を掲載した事例である。原弁護士会が「代理人としての守秘義務」違反とするがその根拠条文を示さず、依頼者に不利な証拠提供をしたことが代理人としてあるまじき重大な非行として、依頼者への不利益行為の点を強調した判断を相当としたが、根拠条文は明示していない。

　B⑫は、在監中の被告人に葉書を送付して、弁護人の訴訟活動の方針を問い合わせた事例で、被告人との連絡方法に関して、被告人のプライバシーが問題とされている。

　B⑦は、依頼者（被告人）の余罪の証拠物をその同意を得ずに捜査機関に提出した事例で、守秘義務違反よりも刑事弁護人の最善の弁護活動の義務（職46条）の違反を指摘した。

（4）　秘密の内容

　ア　守秘義務違反を認めたB①～⑥⑨～⑪の議決例について、漏示した秘密の内容を情報源と対象に着目して検討する[2]。

　B①の秘密の内容は、弁護人として入手した依頼者（被告人）の検察官調書であるので、秘密の情報源は検察庁で、対象は依頼者である（ⓒ）。

　B②の秘密の内容は、依頼者と弁護士との交換書面及び相手方代理人から受領した文書であるので、秘密の情報源は依頼者と相手方代理人で、対象は依頼者及びその兄弟と思われる（ⓐ～ⓓ）。

　B③の秘密の内容は、依頼者から債務整理等のために取得した書面であるので、秘密の情報源は依頼者であるが、対象は依頼者及び第三者（債権者）である（ⓐⓑ）。

　B④の秘密の内容は、20年前に依頼者から受領した手紙やメモであるので、秘密の情報源は依頼者で、対象は依頼者及びその家族である（ただし、B④は依頼者が相談した事実自体を秘密として保護されるべきものとした。ⓐⓑ）。

　B⑤の秘密の内容は、元依頼者から相手方組合との訴訟のために受領した陳述書等の資料であるので、秘密の情報源は依頼者で、対象は依頼者及び関

---

[2]　秘密の内容については、その情報源と対象とを区別して考えるのが有益である。この観点からは、ⓐ依頼者を情報源かつ対象とする秘密、ⓑ依頼者を情報源とし依頼者以外を対象とする秘密、ⓒ依頼者以外を情報源とし依頼者を対象とする秘密、ⓓ依頼者以外を情報源かつ対象とする秘密の4つの類型に整理することができる。

係者であると思われる（ⓐⓑ）。

　Bⓖの秘密の内容は、内妻から取得した被告人の信書であるので、秘密の情報源は被告人（ないし内妻）であり、対象は被告人である（ⓐ）。

　Bⓘの秘密の内容は、自己のホームページに掲載した依頼事件の内容であるので、秘密の情報原は依頼者のほか弁護士自らであり、対象は依頼者及び相手方である（ⓐ〜ⓓ）。

　Bⓙの秘密の内容は、自己のブログに掲載した依頼事件の経緯や評価等であるので、秘密の情報源は依頼者（母親を含む）及び相手方で、対象も依頼者（母親を含む）及び相手方である（ⓐ〜ⓓ）。

　Bⓚの秘密の内容は、面識のない相談者からのメールであるので、秘密の情報源も対象も依頼者であるように思える（XがY弁護士にメール送信した事実やメール内容である特定の弁護士に和解交渉を委任しているという事実は、Xに関する秘密とみてよいのだろうと思われる。ⓐ）。

　そこでは、依頼者から取得した依頼者に関する情報（ⓐ）だけでなく、依頼者から取得した依頼者以外に関する情報（ⓑ）、依頼者以外から取得した依頼者に関する情報（ⓒ）のほか、依頼者以外から取得した依頼者以外に関する情報（ⓓ）も含めて、守秘義務違反を問題としている。

　これらの議決例をみると、守秘義務違反の非行事実の認定においては、秘密の内容を必ずしも依頼者を情報源かつ対象とする秘密（ⓐ類型）に限定しているわけではなく、これ以外の秘密も排除していないことが多いと思われる。

　　イ　法23条については、依頼者秘密に関する非限定説と限定説の対立[3]がある。また、職23条（職20条）は、「依頼者について」という文言があるため、秘密につき依頼者に関する何らかの限定があるものと理解されているが、これらの議決例においては、秘密の内容について、依頼者を情報源とする秘密又は依頼者を対象とする秘密という観点からこれを限定する扱いは採られていない。後述のように、綱紀委は、法23条の解釈に関して非限定説に立つことを明示しており（Bⓘⓙ）、懲戒委も原弁護士会の非限定説による判断を相当としている（Bⓢ）。

---

[3]　非限定説、限定説、折衷説については、解説第 3 版59頁参照。

　なお、職23条の「依頼者について知り得た秘密」の解釈について、その字義からすると、「依頼者を対象とする秘密」を意味するように思えるが、「第三者を情報源とする依頼者を対象とする秘密」も含むのか、また、「依頼者を情報源とする第三者を対象とする秘密」も含むのかの点を明確に意識した議決例は見当たらない。

（5）　関連問題

　ア　ヘルプラインの通報者

　守秘義務における「依頼者」をどう考えるか難しい問題を提起するのがヘルプラインの通報者の問題である。B⑬は、通報者の勤務先への実名通知について通報者の承諾が十分でないとして守秘義務違反（法23条、職23条）とした原弁護士会の判断を相当とした。

　問題となったヘルプライン制度は、通報者の勤務先が参画する協会が弁護士とヘルプライン関連事務の委託契約を締結したものであり、委託契約の当事者は協会であり勤務先は協会への参画者である。ヘルプライン制度を考える上では、勤務先が直接に弁護士と委託契約をする場合と実質的には変わりないので、「依頼者」をいうのであれば協会か勤務先であり、通報者は「依頼者」とはかなり様相が異なる。しかし、ヘルプライン制度においては、例外的に通報者の実名通報をするには通報者の同意を必要としており、通報を受けた弁護士に通報者の実名を秘密として保護する扱いとなっている[*4]。

　この秘密保護の扱いについて、通報者を「依頼者」に準じた者だと考えれば、法23条や職23条の守秘義務に含めて考えることが可能となる[*5]が、これと別の公益通報者保護法やこれを受けたヘルプラインの委託契約に基づく守秘義務だと考えることも可能である。

　イ　依頼者のない守秘義務

　B⑭は、成年後見人の弁護士が、弁護士会照会で得た照会結果（預金取引明細）を関係者（被後見人の子の一人）に交付した事例である。交付に当たって他の者が目にしないよう注意し抗議を受けた後すぐに回収したこと等から懲戒審査相当の議決を得られなかったが、不用意な目的外使用であるとの付

[*4]　公益通報者保護法の改正法が2020年6月8日に成立し、公益通報対応業務従事者に通報者を特定させる情報の守秘義務が罰則付きで新設された（改正法12条、21条）。

[*5]　法23条の依頼者秘密非限定説からは、通報者の実名は端的に法23条の秘密となるとすることも考えられる。

言がある。

　この事例自体の判断としては、弁護士会照会の目的外使用の問題として検討すれば足りるが、守秘義務の問題も内包している。弁護士が裁判所から成年後見人に選任された場合には依頼者がいるわけではない。弁護士である成年後見人が職務遂行上で取得した被後見人や関係者の秘密について守秘義務が働くことは恐らく異論がないと思われるが、秘密開示の要件（特に依頼者の同意による開示）をどのように考えるのだろうか。成年後見人以外にも裁判所から選任された財産管理者に広く生じうる問題である。

　これまで議論されていない問題であるが、考え方としては、選任した裁判所を依頼者に準じて同意による開示を考えるものと、同意解除の問題とせず当該職務遂行のための必要性や相当性をもとに開示を考えるものとがあるのではないかと思われる。

　　ウ　弁護士会照会

　B⑮は、受任事件に関して弁護士会照会で得た回答書をシンポジウム資料として配布した行為について戒告とした事例である。

　B⑮の議決例では、法23条を持ち出さずに、端的に弁護士会照会の目的外使用の問題として考えている。目的外使用の問題と考えれば、受任事件の依頼者の同意を得たとしても、照会回答を目的外に開示して良いということにはならない[6]。

2　依頼者以外（相手方）の秘密等の漏示

【関連する事例】
（依頼者への情報開示）
×B⑯相手方の住民票・戸籍等を依頼者に開示（依頼者が相手方に嫌がらせ）
×B⑰相手方の住民票・戸籍等を依頼者に開示（依頼者が相手方に嫌がらせ）

[6]　法23条の依頼者秘密に関する折衷説は、弁護士会照会結果を秘密に含めるが、そうすると、照会結果を目的外に開示するためには照会先である回答者の同意を得る必要があるとするのであろうか。また、その同意は、照会先のほか照会結果の情報対象者からも得る必要はないのであろうか。

×B⑱偽って聞き出した相手方携帯電話番号を依頼者に開示

×B⑲照会回答の相手方診療情報を依頼者に開示

（相手方への連絡方法及び連絡内容）

×B⑳相手方の勤務先アドレスに子の面接交渉等の協議に関するメール送信

△B㉑相手方勤務先宛てに不倫関係記載の通知書を送付

×B㉒相手方の勤務先宛てに婚約不履行に関する文書を送付

○B㉓相手方に葉書による通信代金等の督促状を送付

×B㉔相手方に葉書によるプライバシー等にかかわる通知を送付

（相手方の関係者への連絡及び連絡内容）

○B㉕相手方勤務先へのセクハラ申立てに関係の乏しい訴状等を添付

○B㉖相手方勤務先に離婚訴訟に関する勤務状況の電話問合せ

×B㉗相手方勤務先に不倫に関する慰謝料請求（使用者責任）の文書を送付

×B㉘相手方勤務先に離婚訴訟中である旨記載して源泉徴収票の送付依頼

×B㉙相手方等への連名書簡に相互に知られたくない情報を記載

（民事訴訟等での主張・証拠提出）

○B㉚相手方と担任教諭との連絡帳を民事訴訟で証拠提出

○B㉛家事調停で受領した相手方源泉徴収票等を別件訴訟で証拠提出

○B㉜相手方弁護士と依頼者の相談内容を証拠提出

○B㉝関係のない相手方の前科等の準備書面記載と書証提出

×B㉞撤回同意による相手方の診療録を使用、証拠提出

×B㉟第三者から取得の相手方・第三者間の口外禁止条項付和解書を証拠提出

（相手方の秘密等の開示）

×B㊱相手方から訴訟中の秘密保持契約により提供された営業秘密を開示

（1）概　要

相手方の秘密等を漏示したことが問題となった議決例はB⑯～㊱である。
このうち、B㉑㉓㉕㉖㉚～㉝は、懲戒しないとした。B㉚は基本規程の施行

前の事案である。ただし、B㉓㉕は軽率だとの意見が付され、B㉑は相当に問題があると指摘されている。B㉛は10名中5名の反対意見、B㉝は11名中4名の反対意見がある。B㉜は依頼者弁護士間の秘匿特権の明文規定がないことから懲戒しないとしたが、職71条（他の弁護士等に対する不利益行為）違反の可能性を指摘する。B㉖は、当初原弁護士会が懲戒しないとしたのに対し、日弁連綱紀審が懲戒審査相当とし（B㉖-1）、原弁護士会が戒告とした後、今度は日弁連懲戒委が懲戒しない（B㉖-2）として、判断が揺れ動いた。

　これに対して、B⑰⑱⑳㉒㉗～㉙は懲戒審査相当、B⑯㉔㉞は戒告、B⑲は業務停止6月（他に2つの非行あり）である。

　相手方の秘密等の漏示に関する議決例には多様なものがあるが、その態様は、大きく、（2）　依頼者への情報開示、（3）　相手方への連絡方法及び連絡内容、（4）　相手方の関係者への連絡及び連絡内容、（5）　民事訴訟等での主張・立証、及び、（6）　相手方の秘密等の開示の5つに分けることができる。

（2）　依頼者への情報開示

　弁護士は、依頼者に対し事件処理に関する報告義務がある（職36条）が、情報提供をすると依頼者が濫用する可能性がある場合や取得情報の利用目的が限定されている場合には、プライバシー保護や目的外利用禁止の観点から、依頼者に対する報告にも一定の限界が生じる。

　B⑯⑰は、相手方の住民票や戸籍等の情報を濫用の可能性のある依頼者に開示したところ、依頼者が相手方に嫌がらせをした事例である。いずれも、職務上請求で取得した住民票や戸籍等に記載された相手方の個人情報やプライバシーの保護を問題としており、相手方に対する守秘義務の問題とはしていない[7]。

---

[7]　日弁連HP掲載「弁護士法等Q＆A」（調査室）の「職務上請求書の取扱い」（Q11）においても、次のようにプライバシーの問題とする説明がされている。
　　Q：依頼を受けた訴訟事件について職務上請求書を利用して戸籍謄本や住民票の写しを取り寄せたところ、依頼者からその交付を求められました。依頼者に戸籍謄本等を交付してもよいでしょうか。
　　A：戸籍謄本や住民票の写しに記載されている情報はプライバシーに関わる個人情報です。したがって、裁判所に提出しないものについては、正当な理由がなければ、交付することは認められません。また、依頼者に交付する場合であっても、プライバシー侵害や人権侵害とならないよう注意することが必要です。このような取扱いは、日弁連から弁護士会に宛てた平成18年7月7日付け「戸籍謄本等の職務上請求書の取扱いについて（依頼）」でも要請されています。

　B⑱は、相手方の妻に虚偽の事実を告げて相手方の携帯電話番号を聞き出して、相手方と交際していた依頼者（女性）に教えた事例である。相手方の情報を入手した方法の悪性のほか、不適切な交際が問題となっている状況で交際相手の携帯電話番号を教えることがプライバシー侵害、さらに法23条の守秘義務違反とした。

　B⑲は、弁護士会照会で取得した相手方の診療情報を目的外使用を防ぐための措置をとらずに依頼者に開示したところ、依頼者が開示された診療情報を内容に含む通知を多数に送付した事例で、プライバシー保護のための措置が不十分とした。

（3）　相手方への連絡方法及び連絡内容

　ア　B⑳は、相手方との子どもの面接交渉等の協議に関して、相手方の勤務先サーバーで管理されるメールアドレスを推測してメール送信し、やめてほしい旨の要請を無視してメール送信を続けた事例である。秘密の漏示に関して、相手方勤務先のサーバー管理者によって管理・チェックされている限りにおいて、守秘義務を侵したとした。

　B㉑は、相手方勤務先に不倫に関する慰謝料請求の文書を送付したことが、民訴法103条の趣旨や運用実務からして相当に問題があるが懲戒を相当とするほどの非行ではないとした。

　B㉒は、相手方の不穏当な表現が含まれるプライバシー情報を記載した内容証明郵便を、開封される蓋然性が高い方法で相手方の勤務先本社に送付したことを非行とした。

　B㉓は、通信代金等の督促状を葉書にそのまま記載して送付した事例で、懲戒しないとしたが、プライバシー保護に欠け軽率であったとの意見が付せられている。

　B㉔は、相手方の秘密やプライバシー等に関する内容を葉書で通知した事例であり、よほど特殊な事情がなければ葉書で通知することは許されないとした。

　イ　懲戒事由の根拠条文等に関しては、B⑳は、相手方の勤務先サーバーで管理されるメールアドレスへのメール送信が法23条の守秘義務の問題とした。B㉑〜㉔は、相手方の勤務先への文書送付や相手方への葉書送付について、守秘義務ではなくプライバシー等の問題とした（B㉒はプライバシーと明示していないが、その実質的な内容はプライバシーである。）。

（4）　相手方の関係者への連絡及び連絡内容

　ア　B㉕は、相手方勤務先に対するセクハラ申立て[8]に当たって直接関係のない相手方個人情報が記載された訴状及び答弁書を添付した行為について、誠に軽率であるが懲戒を相当とするほどの非行ではないとした。

　B㉖は、日弁連綱紀審が懲戒審査相当として判断が揺れ動いたが、日弁連懲戒委は、相手方の勤務先総務人事部に架電し離婚訴訟の妻側代理人である旨を述べて相手方の勤務状況を問い合わせたことについて、訴訟上の立証のためで架電先も人事総務部で、架電内容も必要最小限のものだとして、懲戒しないとした。

　B㉗は、相手方の勤務先に対し、相手方（夫）の不倫関係につき勤務先に使用者責任を問う通知書を送付したことにより、相手方等のプライバシー等を侵害する結果となった事例である。なお、B㉗では、弁護士が夫の相手女性につき「枕営業」をしている等の不適切な表現を用いたことに関し、依頼者の心情に寄り添うあまりその正当な利益よりもその気持ちを重視し、他人の名誉やプライバシーに対する配慮を欠いたとし、依頼者の境遇に同情し心情に共感できることは重要な資質だが、他の法益との調整を図らなくてよいことではないと指摘する。

　B㉘は、相手方の勤務先に対し、離婚訴訟の係属裁判所、事件名、当事者及び進行状況を記載した文書で、訴訟の争点との必要性が乏しい相手方の源泉徴収票の送付を求めた事例について、プライバシーが憲法上の重要な権利で、離婚の係争中であることも含まれるとし、プライバシーの開示が正当化されるには、その必要性及び相当性を要するとした。

　B㉙は、相手方及び相手方が通院した整骨院の両名を名宛て人として送付した通知書と回答書が問題となった事例で、通知書には、整骨院に知られておらず相手方が知られたくない医師所見等が記載されており、回答書には、相手方に知られておらず整骨院が知られたくない別件訴訟の架空請求等が記載されていた。日弁連綱紀委は、「依頼者以外の秘密についても職務上の必要がないのに開示してはならないことは論を俟たない」とし、通知書で相手方の秘密を整骨院に伝えたこと、及び、回答書で整骨院の秘密を相手方に伝えたことを守秘義務違反とした。

---

[8]　妻が相手方である夫の勤務先でのセクハラ行為について、夫の勤務先に申立てをしたものであるが、妻が夫の勤務先にセクハラ申立てをすることが勤務先会社の制度上認められている。

　なお、これを受けて原弁護士会は法23条違反として戒告としたが、日弁連懲戒委は秘密開示の正当な理由は認められないが開示の必要性等を考慮して懲戒しないとした（A㉙）。

　イ　B㉕㉗は、相手方勤務先自体に対し、セクハラ申立てや使用者責任を問うとして、相手方の秘密等を含む文書を送付したものである。B㉕は軽卒とするが根拠条文を示さず、B㉗はプライバシーを問題としている。

　B㉖は、相手方の勤務先に対する電話での問合せについて、相手方のプライバシーを問題とし、問合せの必要性や方法が問題とされている。

　B㉙は、相手方と相手方が通院した整骨院に対する文書送付について、依頼者以外の秘密保持を問題とし守秘義務違反とした（明示されていないが法23条違反を前提とするものと思われる。）。

（5）　民事訴訟等での主張・証拠提出

　B㉚～㉟は、相手方の秘密やプライバシーについて、民事訴訟で主張や証拠提出をして開示した事例である。

　B㉚で問題となった証拠は、相手方とその児童の担任教諭との間で作成された連絡帳であり、その入手に殊更違法な行為はなく、証拠提出も訴訟の争点上必要な通常の立証手続であり、非難すべき点はないとした。

　B㉛は、家事調停で相手方から提出された源泉徴収票等を別件民事訴訟で証拠提出した事例について、原弁護士会が被告の防御に必要な行為であり相手方のプライバシー侵害も著しいものでないとした判断を相当とした。なお、委員10名中5名の反対意見は、証拠の必要性につき関連性がないか極めて希薄で正当化できないとした。証拠の必要性の評価については微妙な事案である。

　B㉜は、依頼者弁護士間の秘匿特権[9]が問題となった事例である。結論は、秘匿特権が我が国法制上一般的な制度として保障されていないことから非行としなかったが、「依頼者の利益を最大限実現すべき立場にある弁護士が、争点と関係性のある証拠を提出する行為について、原則として制限されるべきでない」とした上で、依頼者弁護士間の秘密保持の重要性を指摘し、相手方弁護士とその依頼者間の相談内容の秘密を証拠提出するについて、相手方たる依頼者の権利を侵害し、信義に反して他の弁護士とその依頼者との関係を

---

[9]　依頼者弁護士間の秘匿特権については、解説第3版66頁を参照。

不利益に陥れる行為として、職71条に違反するとの見解も十分成り立ち得る旨を指摘する。

B㉝は、民事訴訟で争点と関係のない相手方の前科等を記載した準備書面と新聞記事を提出したことについて、正当な訴訟活動として許されるものでないが、準備書面を陳述せず書証提出も撤回し、準備書面の記載も過激表現等もないこと等から非行にまでは当たらないとした原弁護士会の判断を相当とした。ただし、委員11名中4名の反対意見がある。

B㉞は、撤回された同意に基づく相手方の診療録を、相手方の訴訟の被告代理人として証拠提出したこと等をプライバシー侵害として戒告とした原弁護士会の判断を相当とした。

B㉟は、民事訴訟において、相手方と第三者との間の口外禁止条項のある和解書を第三者から入手したが、その後、第三者がその破棄を請求したにもかかわらず、それを知っていながら書証提出し本人尋問で使用した事例である。綱紀委は、当該第三者の公表されない権利を侵害するもので、これを正当化すべき事情もないとした。ここでは第三者の秘密の保持という観点ではなく、第三者の口外禁止条項に基づく公表されない権利を持ち出している点が特徴である。

（6）　相手方の秘密等の開示

B㊱は、依頼者と相手方との秘密保持契約に基づいて開示を受けた相手方の情報を、フェイスブック上のグループチャットに投稿した事例であり、開示により損害額の立証が容易になった高揚感を他メンバーに表出したものである。弁護士が依頼者と相手方が締結した秘密保持契約の趣旨を損なう行為をした場合には、法23条違反の成否にかかわらず、品位を失うべき非行となるとする。秘密保持契約は依頼者と相手方とのものであるが、これに基づく秘密保持義務は依頼者の代理人弁護士も遵守すべき立場にあり、依頼者及び相手方からの秘密保持に関する弁護士への信頼を裏切るものである。

（7）　依頼者以外（相手方）の秘密等の漏示に関する分析

　ア　法23条の解釈（依頼者秘密に関する非限定説と限定説）について、日弁連綱紀委は、B⑳において法23条の「守秘義務の対象・範囲は依頼者はもとより第三者の秘密やプライバシーにも及ぶことは当然とされている」と述べ、法23条の解釈につき依頼者秘密非限定説に立つ旨を明示する。B⑱でも非限定説の立場を明示し、B㉙でも「依頼者以外の秘密についても職務上の

必要性がないのに開示してはならないことは論を俟たない」とする。

　日弁連懲戒委も、B㊱において、「法23条は、文言上、守秘義務の対象を依頼者の秘密に限定していないところ、…事件の相手方が、他方当事者の代理人弁護士に対して、弁護士であることを信頼して開示した秘密については、事件の相手方の秘密であっても守秘義務の対象となる」とする。

　不要となった刑事事件記録の裏面白紙利用部分を（刑事事件と無関係の）依頼者に交付したことが問題となったB㊴でも、原弁護士会が「守秘義務の対象・範囲は依頼者はもとより第三者の秘密やプライバシーにも及ぶことは当然である」として法23条違反とした判断を相当とする*10)。

　これらの議決例を見ると、日弁連の懲戒実務は法23条の解釈について非限定説を採用しているように思える。

　イ　しかし、依頼者への情報開示が問題となった事例（B⑯⑰⑲）では、相手方の秘密の保持の問題として法23条を持ち出すのではなく、相手方のプライバシー保護への配慮（依頼者への嫌がらせ防止）を問題としている。相手方等への連絡が問題となった事例（B㉒～㉔㉖～㉘）でも、同様に相手方のプライバシー保護への配慮を問題としている。相手方の秘密等に関する民事訴訟等での主張・証拠提出の事例（B㉚～㉟）では、プライバシー保護（B㉟は公開されない権利）を念頭におきながら主張立証の関連性・必要性を問題としている。

　したがって、日弁連の懲戒実務において、非限定説をどこまで徹底して採用しているのか、また法23条の射程距離がどこまでなのかは、議決例を分析しても必ずしも明らかではない。

　ウ　相手方の秘密が問題となる事例においては、相手方の同意の有無による秘密開示の可否ではなく、相手方のプライバシー保護への配慮が問題とされており、依頼者の秘密の保持に関する取扱い（依頼者の同意がなければ原則として開示しない扱い。便宜これを「同意開示ルール」という。）とはかなり様相が異なっている。

---

*10)　なお、不要となった刑事事件記録は、交付した依頼者にとっては無関係の第三者に関するものであるが、弁護士にとってはかつて弁護人となった刑事事件の依頼者に関する記録であり、元依頼者の秘密やプライバシーである（ただし、被害者等に関する記録も含まれていると思われるが、それは依頼者以外の秘密やプライバシーである。）。

　とりわけ民事訴訟における相手方の秘密やプライバシーに関する主張や証拠提出については、当該証拠の入手につき違法性がないことを前提に、争点と関連性・必要性があれば、秘密等の開示が伴うものであっても許されると考えられており、相手方の同意は問題とされておらず、同意開示ルールは採用されていない[11]。

　これらの議決例では、相手方の秘密について守秘義務の例外という考え方は明示されておらず、相手方のプライバシー等との調整の問題として考えられているように思われる。

　また、相手方の秘密の保持の問題として法23条を持ち出すB⑳㉙においても、相手方の同意の有無による秘密開示の可否が問題となっているわけではない。

　すなわち、B⑳は、相手方への電子メール送信について、勤務先サーバーの管理者によって電子メールのログが管理・チェックされる限りにおいて守秘義務を侵したとしており、相手方への連絡方法を問題としており、B㉙も、相手方の1人の情報を他の相手方に開示する必要性を問題としているのであり、相手方のプライバシー保護への配慮が問題とされている。

3　秘密の利用

【関連する事例】
△B㊲元依頼者の預金口座の差押え
×B㊳顧問先の情報に基づくインサイダー取引（金融商品取引法違反）

（1）　元依頼者の預金口座の差押え
　B㊲は、元依頼者の違法な懲戒請求を不法行為とする損害賠償を命じる確

---

*11)　これは、相手方の秘密やプライバシーについて、民事訴訟上での主張や証拠提出により開示した場合であり、依頼者の秘密については別の考慮が必要になるものと思われる。すなわち、ある秘密が幾ら訴訟事件での関連性や必要性があったとしても、依頼者がたとえ訴訟事件で不利となってもその秘密を秘匿しておきたいということはあり得るのであり、そのような利益は保護されるべきであると思われるので、依頼者の秘密を主張や証拠提出により開示するには、原則として依頼者の同意が必要であり、訴訟事件での関連性や必要性だけで足りるものではないと思われる。

定判決に基づいて、受任事務の遂行過程で知った元依頼者の銀行預金に対して債権差押命令を申し立てた事例であり、職62条[12]の秘密の利用が問題となった。預金口座の差押えは、預金口座を特定せず支店単位で行うことから、秘密の開示がない秘密の利用が問題とされたものと思われる。

　原弁護士会は、差押えをこれ以上違法・不当な請求をされないための防衛手段とし、正当な理由を認めて懲戒しないとした。他方、日弁連綱紀委は、諸事情から非行に当たらないとしたが、差押えは債務名義による債権回収の手段の面もあるので正当な理由があったとはいえないとした。日弁連綱紀審は、原弁護士会と日弁連綱紀委の判断を相当としたが、委員10名中 5 名の反対意見がある[13]。

　注意すべきは、秘密の利用が可能となる正当な理由の有無に関する判断は分かれているが、依頼者との信頼関係を前提に知った秘密の利用に当たっては、正当な理由を防衛的なものに限定し、攻撃的なものには正当な理由を認めることに消極的であることがどの議決にも共通していることである。

　この事例は、元依頼者の不法行為による損害賠償を命じる確定判決に基づく差押えであるが、弁護士報酬の請求については、どう考えるのか難しい問題がある[14]。

（2）　インサイダー取引

　B㊳は、法律顧問契約の履行に関して得た顧問先の秘密に基づき株式のインサイダー取引をしたというもので、金融商品取引法違反となる事例である。この事例は、金融商品取引法違反の行為であるので、依頼者（顧問先）の同

---

[12]　職62条は、弁護士法人に関するもので職23条と同内容の条項である。
[13]　日弁連綱紀審の議決には付言があり、「民事執行法上の債権差押えが本来的には債権回収を実現するための制度であることに鑑みると、弁護士が職務上知り得た依頼者の銀行預金を対象として債権差押えを申し立てることは、それにより当該弁護士に対する業務妨害行為を抑止する事実上の効果があるとしても、依頼者との信頼関係を前提として知り得た秘密を依頼者の不利に利用しないとの信頼に反して自らの債権回収のために利用する行為といわざるを得ない。」とする。
　　5 名の反対意見は、「対象弁護士の行為について、たとえそれが自己防衛のために必要であったとしても、弁護士職務基本規程第62条に規定する執務上知り得た秘密を利用する『正当な理由』とはいえず、守秘義務は解除されない」とする。
[14]　解説第 3 版63頁は、この点に関して、「弁護士が依頼者に対して報酬請求訴訟を提起する場合は、自己防衛といえるか。弁護士が正当な報酬を請求しているのに依頼者がこれを不当に拒絶する場合は、弁護士自身の利益を確保する必要があり、秘密の開示が許されることもあろう。しかし、弁護士が攻撃する側に立つ場合であるから、弁護士が被疑者になったり、懲戒の対象となったりする場面とは必ずしも同じ利益状況にあるとは考えられないこともあり、秘密の開示には慎重な判断が必要である。」とする。

意は正当な理由とはならないものと解される[15]。

　金融商品取引法が適用されない不動産に関して、依頼者の秘密に基づき不動産取引をして利益を上げた場合に、依頼者の同意を得なければ職23条違反になるのであろうが、依頼者の同意が正当な理由となるのかは問題がある。

4　その他

【関連する事例】
（不要となった事件記録の裏面利用）
×B㊴他事件記録（刑事事件）の裏面利用した事件記録を依頼者に交付
×B㊵他事件記録（刑事事件等あり）の裏面利用した事件記録を依頼者に交付
×B㊶他事件記録（病歴等あり）の裏面利用した事件記録を依頼者に交付
×B㊷他事件記録（病名等あり）の裏面利用した想定問答集を依頼者等に交付
（刑事事件記録の証拠提出）
△B㊸調停事件で刑事事件記録を証拠提出
×B㊹民事訴訟で刑事事件記録を証拠提出

　秘密やプライバシー等に関するその他の議決例は、（1）不要となった事件記録の裏面利用、及び、（2）刑事事件記録の証拠提出の2つに分けることができる。

（1）　不要となった事件記録の裏面利用

　B㊴は、不要となった刑事事件記録コピーの裏面白紙部分に、依頼者の民事訴訟事件の書類を印刷して控えとして使用していたが、辞任に際しこの部分を廃棄せず依頼者に交付した行為が問題となった。原弁護士会は、手控え部分は刑事事件の記録で第三者の秘密やプライバシーに該当し、守秘義務

---

[15]　解説第3版60頁では、「利用」の例として「依頼者の秘密を利用して、特定の時期に自己が保有する株式を売却して利益を得たり、損失を免れること」が挙げられている。金融商品取引法違反の場合には、依頼者の同意が違法性を阻却するものとはならず、「正当な理由」にはならないものと解される。

の対象・範囲は依頼者はもとより第三者の秘密やプライバシーにも及ぶことは当然であり、漫然と依頼者に手控え部分を交付してその目に触れさせたもので、職18条、法23条に違反するが、故意ではないことを考慮し戒告とするとした。日弁連懲戒委は、この判断を相当であるとした。

　なお、B㊴の議決例は、日弁連懲戒委が法23条に関する依頼者秘密非限定説を採ることをうかがわせるものであるが、この事例は、原弁護士会が故意でないと認定しており、過失により秘密を漏示したものである。法23条が過失の場合を含むかは疑問があり、職18条（事件記録の保管等）違反とすれば足りた事案であろうとの指摘がある（解説第3版61頁）。

　B㊵も、裏面白紙使用を含む事件記録を、辞任に際し依頼者に交付した事例である。原弁護士会は情状により懲戒しないとし、日弁連懲戒委も異議申出を棄却したが、日弁連綱紀審は職18条違反として懲戒審査相当とした（なお、この後の原弁護士会は再度懲戒しないとした。）。

　B㊶も、同様の裏面白紙使用を含む事件記録を、辞任後に元依頼者側に交付した事例である。原弁護士会は、職23条及び法23条に違反し（裏面印刷を失念して交付したとしても職18条に違反）軽卒で非難を免れないが非行とまではいえないとした。日弁連綱紀委は、裏面使用の記録には病歴等のセンシティブな個人情報もあり、事件記録の交付を安易にして依頼者の秘密・プライバシーを漏えいさせたことを懲戒審査相当とした。

　B㊷は、他の依頼者の顔写真、氏名、生年月日、性別、国籍、居住地、在留資格、病名等が印刷された事件記録の裏面利用して事務職員が作成した想定問答集を依頼者及び通訳者に交付して打合せをしたが、終了後も回収をしなかった事例である。原弁護士会は、職18条違反と認定しながら品位を失うべき非行とまではいえないとした。日弁連懲戒委は、漏えいした情報が極めてセンシティブな内容で、個人情報の管理も杜撰であるという懸念を抱かせたこと自体を職18条違反の評価事情として考慮すべきであるとして、懲戒審査相当とした。

（2）　刑事事件記録の証拠提出

　B㊸は、刑事事件の被害者から加害者に対する調停事件において、加害者の代理人の弁護士として、加害者から受け取った刑事事件記録をマスキング等せずに証拠として提出した事例である。当該弁護士は刑事事件の弁護人で

ないが、刑訴法281条の4の趣旨に照らし配慮を欠く面があるが非行とまで
はいえないとした。

　B㊹は、民事訴訟において、刑事弁護人から送付を受けた刑事事件記録を
そのまま証拠提出したことが刑事事件記録の取扱いとして軽卒とされ、弁護
士に刑訴法違反をさせる結果を招来させたことも看過できないとして、戒告
とした原弁護士会の決定を維持した。

　B㊴～㊷で裏面利用した記録は、不要となった他の依頼者の事件記録であ
り、依頼者の秘密が含まれる。これに対し、B㊸㊹で提出した刑事事件記録
は、被告人や刑事弁護人から交付を受けたもので、他の依頼者の事件記録で
なく依頼者の秘密ではないが、刑事事件記録の取扱いに関する特有の問題が
ある。

5　依頼者の秘密と依頼者以外の秘密に関する整理と検討

（1）　依頼者の秘密と依頼者以外の秘密の取扱い

　懲戒議決例の分析に基づいて、依頼者の秘密と依頼者以外の秘密の取扱い
を整理すると、概ね次のようになると思われる。

　ア　職23条に「依頼者について」という文言があるが、守秘義務違反の
非行事実の認定においては、秘密の内容を必ずしも依頼者の秘密に限定して
いるわけではなく、依頼者以外の秘密も排除していないことが多い。

　イ　法23条に関する日弁連の懲戒実務は、非限定説を採用しており、職
23条の適用がない場合でも法23条の適用が生じうる。ただし、法23条の射程
距離は明確でなく、端的に依頼者以外のプライバシー保護の問題とする場合
が多くある。

　ウ　依頼者以外の秘密の保護は、法23条を適用する場合も含めて、依頼
者の秘密の保持に関する取扱い（同意開示ルール）*16)とは異なった扱いがさ
れており、開示の必要性や方法を問題としプライバシー保護への配慮を問題

---

*16)　職23条は「正当な理由なく」と規定し、正当な理由がある場合には守秘義務が解除される。
　　法23条但書きは「法律に別段の定めがある場合は、この限りでない。」とし、正当な理由を明示し
　　ていないが、刑法の秘密漏示罪（134条）では正当な理由がないことが犯罪構成要件とされており、
　　法23条に関しても、同様に、正当な理由がある場合には守秘義務が解除されると解されている（仙
　　台高判昭和46年2月4日判タ269号287頁。条解第5版169頁、解説第3版62頁）。依頼者の同意は、
　　正当な理由がある場合の典型である。

としている。

（2）　守秘義務に関する弁護士の行動準則

　このような整理から守秘義務に関する弁護士の行動準則を考える場合には、職23条のみを拠り所として依頼者の秘密の保持のみを考えるというのでは十分でなく、依頼者以外の秘密についても法23条の適用*17)を検討し、さらにプライバシーへの配慮も考えなければならないということになる。その意味では、職23条の存在意義がかなり縮小されたものとなっている。

　また、法23条の適用に関しては、日弁連の懲戒実務が非限定説の立場を採っているように思われるが、そこでは、依頼者以外の者の秘密の開示は、秘密主体である依頼者以外の者の同意がなければできないという同意開示ルールを採用しているのではなく、開示の必要性や方法の妥当性といったプライバシーへの配慮をすることで良いとしている*18)。この点は、限定説の立場を採った場合でも、依頼者以外の秘密について自由に開示してよいというのでなく、開示の必要性や方法の妥当性といったプライバシーへの配慮を必要とするのだと考えるのであれば、両説は、法23条を根拠にするか否かの違いがあるものの実質的な内容は同じとなるのではないかと思われる。

（3）　秘密保持の取扱いの違い

　それでは、依頼者の秘密と依頼者以外の秘密に関する秘密保持の取扱いの違いはどこから生じるのであろうか。

　依頼者以外の者の秘密については、法23条の依頼者秘密に関する非限定説と限定説の対立があるが、解説第3版（59頁）は、「日弁連綱紀委員会も最高裁も非限定説の立場を前提とするものととれるが、これでこの議論について決着がついたわけではない。これまで非限定説の立場をとっても、信頼関係を前提とする依頼者の秘密と信頼関係があるわけではない依頼者以外の秘密は、必ずしも明確に区別されて議論されてこなかった。今後は、両者の秘密が同質的なものなのか、特に守秘義務の例外が認められる範囲に違いが生じ

---

*17)　さらに刑法134条の秘密漏示罪の検討も要する。同条は、「その業務上取り扱ったことについて知り得た人の秘密」を対象としており、その文言上では依頼者の秘密への限定はない。

*18)　この考え方では、法23条の秘密保持には、信頼関係を前提とする依頼者の秘密保持と、信頼関係があるわけではない依頼者以外の秘密保持という性質の異なったものが含まれることになり、「正当な理由」の内容も、同意開示ルールの適用の有無も含め、大きく異なったものとなるのであろう。

るのかといった議論が必要であろう。」と指摘する[19]。

　この「信頼関係を前提とする依頼者の秘密と信頼関係があるわけではない依頼者以外の秘密」の違いに関しては、次のような考え方が述べられている。

　すなわち、「弁護士の職務は、依頼に基づき法律事務を行うことであり、誠実義務を基礎とする依頼者と弁護士との間の委託信任関係は、第三者との関係とは質的に異なる。弁護士が依頼者のために行う活動の過程で、第三者が弁護士を信頼して自身の秘密を開示したとき、その信頼は確かに尊重すべきものではあるが、弁護士の職務を考えたときには、第三者の信頼を保護することで依頼者のための活動を制約することになってはならないのではないか（第三者が依頼者本人に対して秘密を開示した場合と同様に扱うべきではないか）。第三者の秘密の保護は、プライバシー・名誉権等の問題として守秘義務とは切り分けるべきだと思われる。」[20]という考え方である。

（4）　依頼者の秘密の内容

　そうすると依頼者の秘密の内容はどのように考えるのだろうか。

　信頼関係を前提とする依頼者の秘密というのは、言い換えれば、弁護士が秘密保持することを依頼者が信頼する関係にある情報が秘密の内容となるということなのではないか。依頼者が秘密保持を信頼する秘密というのは、端的にいえば、依頼者が秘匿したい情報ということだと思われる。弁護士が保持すべき依頼者の秘密というのは、要は依頼者が秘匿したい情報[21]ということではないかと思われる。

---

[19]　条解第5版169頁も、次のように述べて、依頼者の秘密と依頼者以外の秘密との違いを指摘する。

　　「本条［法23条のこと。引用者］の解釈として考えるに、本条が文言上依頼者の秘密に限定していないことからすると、必ずしも依頼者の秘密に限定されるとは解されない。そして、少なくとも弁護士の職務であるが故に取扱うことができる情報については、その職務に対する信頼を維持する観点から、依頼者以外の秘密をも含むものと解される（…）。もっとも、限定説の説くように、守秘義務の本質は、依頼者の弁護士に対する信頼を保護するところにある。よって、依頼者と同様の信頼関係があるわけではない者の秘密をどの程度保護すべきかについては、後述する『正当な理由』の解釈の広狭に影響し、個別具体的事案に応じて検討する必要があると解される。」

[20]　手賀寛「守秘義務」『新時代の弁護士倫理』（有斐閣、2020年）50頁、同・ジュリスト1529号62頁。

[21]　「秘密」の意義については、「一般に知られていない事実であって、本人が特に秘匿しておきたいと考える性質の事項（主観的意味の秘密）に限らず、一般人の立場から見て秘匿しておきたいと考える性質の事項（客観的意味の秘密）をも指す」と説明されている（解説第3版55頁）。依頼者が秘匿したい情報が守秘義務の内容となると考えるのであれば、この説明を少し修正して、主観的意味の秘密でいう「本人」は依頼者と理解すべきであるし、客観的意味の秘密の「一般人の立場から見て」はその次に「依頼者にとって」を補って考えることになると思われる。

　とすれば、依頼者が秘匿したいのは、何も情報源や対象が依頼者である場合に限らない[22]。依頼者は、自ら打ち明けた第三者に関する情報を秘匿したいことがあるし、第三者が提供した依頼者に関する情報を秘匿したいこともある。また、弁護士が第三者から情報を取得することも、依頼者の協力や依頼者と第三者との関係があったからこそ可能なものであり、第三者が提供した第三者に関する情報であっても、依頼者が秘匿したい場合があり得るのではないかと思われる[23][24]。

　また、依頼者が秘匿したい秘密の保持は、依頼者との信頼関係を前提とするのであるから、依頼者に対する関係での義務（依頼者に対する義務）ということになる。この秘密の開示については同意開示ルールが適用になる[25]。

　これに対し、信頼関係があるわけではない依頼者以外の秘密は、プライバシーの問題として守秘義務とは切り分け、その開示は同意開示ルールではなく、開示の必要性や方法の妥当性といったプライバシーへの配慮をすることで良いということになる[26]。

---

[22]　手賀准教授は、「限定説・非限定説・折衷説の議論は、誰に関する情報・誰から得た情報について守秘義務を負うかの問題ではなく、誰に対する関係で守秘義務を負うか、すなわち、守秘義務は誰の利益・信頼を保護するかの問題と捉えるべきである。対立の本質は第三者の利益・信頼それ自体を守秘義務で保護する否かにあり、限定説・折衷説の「限定」の意義は、誠実義務を根拠に、依頼者が秘密保護の利益を有する情報「のみ」を（それが誰に関する情報であるか、誰から得た情報であるかは問題ではない）守秘義務で保護する点にある。」と指摘する（下線は引用者。前掲注20）の「守秘義務」50頁、ジュリスト1529号62頁）。この「依頼者が秘密保護の利益を有する情報」というのは、「依頼者が秘匿したい情報」と同じと思われる。

[23]　溝口敬人「守秘義務は誰に対して追う義務か」『新時代の弁護士倫理』（有斐閣、2020年）56頁。

[24]　例えば、複数の債権者が資力に疑問がある相手方企業から回収を図る中で、ある依頼者の代理人弁護士が相手方企業の隠し銀行口座の情報を相手方企業の元従業員から得た場合には、それを他の債権者に開示すれば依頼者の回収に不利となるので、その情報は第三者が提供した第三者（相手方企業）に関する情報であるが、依頼者が秘匿したい情報であり（回収が済むまでは）秘密となる。

[25]　依頼者が秘匿したい秘密には、自ら打ち明けた第三者に関する情報や第三者が弁護士に提供した依頼者に関する情報が含まれるとすると、同意開示ルールにより依頼者との関係では開示可能となるが、第三者に関する情報の開示にはプライバシーへの配慮が必要となるし、第三者が提供した情報の開示には情報源の秘匿の考慮が必要となる場合がある。依頼者の同意があって秘密を開示できる場合であっても、第三者のプライバシー保護を含めた一般法上の義務まで解除されることにはならない。同意開示ルールにおける依頼者の同意は、当該情報を処分するということではなく（依頼者は、第三者に関する情報を処分しないし、第三者に対する一般法上の義務を解除できない）、依頼者が秘匿したい情報を秘匿しなくて良い（開示して良い）という同意であり、依頼者との関係における秘匿の希望に関する問題にとどまる。

[26]　市川充「第三者情報の保護」『新時代の弁護士倫理』（有斐閣、2020年）58頁。

　多くの議決例の非行事実の認定において、守秘義務の秘密の内容を必ずしも依頼者を情報源かつ対象とする秘密に限定しているわけではなく、これ以外の秘密も排除していないこと、依頼者以外の秘密について開示の必要性や方法を問題としプライバシー保護への配慮を問題としていることは、このような観点から首肯できるのではないかと思われる。

（5）　守秘義務の根拠との関係

　　ア　弁護士と依頼者間のコミュニケーションの促進

　弁護士が依頼者のために適切な法律事務を行うためには、依頼者から自己に不利益な秘密を含めて様々な秘密を打ち明けてもらう必要がある。依頼者が打ち明ける秘密には、依頼者自身に関する事実のほか相手方や第三者に関する事実も含まれているのが通常であるし、ある事実が依頼者だけでなく同時に相手方や第三者に関する事実であることも少なくない。例えば、依頼者が打ち明けた夫や子に関する秘密は、同時に妻や親としての依頼者自身に関する秘密でもあるという面もある。

　また、弁護士が依頼者のために適切な法律事務を行うためには、第三者から秘密を打ち明けてもらうことも必要であるし、弁護士自らが調査して秘密を取得することもある。

　守秘義務は、このような弁護士と依頼者間のコミュニケーションの促進にとって欠くことのできない重要な基礎である。

　　イ　依頼者による法の遵守

　近時、守秘義務の根拠について、弁護士と依頼者間のコミュニケーションの促進のほか、法の遵守という社会的利益に資することが指摘されている。すなわち、「依頼者が弁護士の守秘義務を信頼してすべての事実を開示することにより、依頼者は、その意図する行為の合法性、妥当性についての正確な判断を弁護士から受けることができ、違法、不当な行為を事前に回避することが可能となる。弁護士の守秘義務は、依頼者による法の遵守を促す効果をもたらす。」[27]という社会的利益に資する。

---

[27]　柏木俊彦「弁護士の守秘義務」『法曹倫理』（商事法務、2015）109頁。
　　　日弁連綱紀審査会2016年12月13日議決（B32）も、依頼者と弁護士との間の相談内容の秘密が確保されることにつき、依頼者への適切な援助・助言のほか、「依頼者は、弁護士が依頼者の立場を代弁しつつ法に則った紛争解決に向けた活動をすることを期待でき、法令遵守が図られる」と指摘する。係る指摘は守秘義務にも妥当するものと思われる。

　この法の遵守という社会的利益に資するという点は、守秘義務を信頼して依頼者が不利益な秘密を含めて開示し、弁護士が依頼者に対し説明や説得をすることによるものであり、守秘義務が依頼者に対して負う義務であることから最も良く導き出される[*28]。

（6）　アメリカやドイツの守秘義務の考え方

　弁護士の守秘義務を依頼者に対する義務とし、依頼者が秘匿したい情報であれば、その情報源も対象も問わず広く守秘義務の内容となるという考え方は、アメリカのABA模範規則やドイツの連邦弁護士法の守秘義務の規律と共通する考え方であると思われる。

　ア　アメリカのABA模範規則

　アメリカのABA模範規則1.6条（秘密保持）の(a)項は、「法律家は、依頼者がインフォームド・コンセントを与えた場合、代理を遂行するために黙示的に認められる場合、または(b)項により開示が許される場合を除き、依頼者の代理に関する情報を漏らしてはならない。」とする[*29]。

　この守秘義務は、代理関係から生じる義務であるので、代理人の弁護士が本人たる依頼者に対して負う義務であることを前提とするものである。

　そして、同規則1.6条に付けられた注釈［3］では、「秘密保持規則は、たとえば、依頼者が秘密裏に相談した事柄だけでなく、その情報源にかかわら

[*28]　守秘義務の根拠に関して説明すれば、弁護士は、依頼者との関係では、事実関係を包み隠さず打ち明けてもらってより適切な法律事務を提供できるようにし（コミュニケーションの促進）、さらに意図する行為の合法性（妥当性）に関する正確な判断を受けて法に則った行為をとることを可能にすること（法令遵守）につながる。しかし、弁護士は、依頼を受けていない相手方や第三者に対する関係では、適切な法律事務を提供する関係にも、合法性（妥当性）に関する正確な判断を提供する関係にもない（相手方については、むしろ、27条1号・2号により利益相反の双方代理的な関係として禁じられる。）。

[*29]　藤倉皓一郎監修『［完全対訳］ABA法律家職務模範規則』（第一法規、2006）67頁。また、ABA模範規則では、1.0条(e)項に「インフォームド・コンセント」の定義規定があり、「一つの提案された行動方針に対する同意であって、法律家がその行動方針に関する重要なリスクおよび合理的にとり得る他の選択肢について十分な情報を提供し説明した後になされたものを意味する。」とする（同書35頁）。他の選択肢に関する情報提供の点は、「同意」の取り方について参考となる。
　なお、同規則1.6条に関して、ロナルド・D・ロタンダ、訳：当山尚幸・武田昌則・石田京子『第4版　アメリカの法曹倫理　事例解説』（彩流社、2015）75頁は、「規則第1.6条で広く保護する目的は、依頼者が弁護士に対し心を開いて話し易くすることと、弁護士が依頼者の提供するもの以上の情報を得易くすることにある。」と指摘する。

ず、代理に関するすべての情報に及ぶ。」とする[30]。

　この規律においては、守秘義務の秘密の内容が依頼者以外の秘密も含めて「代理に関するすべての情報に及ぶ」にもかかわらず、依頼者がインフォームド・コンセント（同意）を与えれば開示が可能となる[31][32]。

　　イ　ドイツの連邦弁護士法

　ドイツの連邦弁護士法43条a2項は、「弁護士は守秘の義務を負う。この義務は、弁護士がその職業を行うにあたり知ったすべてにおよぶ。」とする。この守秘義務については、「ほぼ異論のないところであるが、弁護士は、その依頼者に対してのみ守秘義務を負い、相手方もしくはその他の第三者に対しては守秘義務を負わない。」[33]とされている。

　そして、同法を踏まえた弁護士職業規則2条（3）項aは、弁護士の行為が「同意に基づいている場合」には、守秘義務違反に当たらないと規定しており、この同意は「依頼者の同意」として、「依頼者が、受任関係に基づいた情報の

---

[30]　前掲注29）の69頁。

　　柏木・前掲注27）の112頁〜113頁は、ABA模範規則1.6条について、「証拠法上の依頼者・弁護士秘密特権（attorney‐client privilege）の対象については秘密の情報源を依頼者に限定しているが、弁護士倫理上の秘密の範囲は、『依頼者の代理に関する情報』（information relating to the representation of a client）としており、情報源を依頼者に限定したり依頼者の秘密に限定しているわけでもなく、弁護士倫理上の守秘義務の範囲は、依頼者・弁護士秘匿特権を包摂してそれより広く範囲をとり依頼者の代理に関する秘密としているのである。」とする。

　　この点で、解説第3版59頁において、法23条に関する依頼者秘密限定説について、「米国等アングロサクソン系の守秘義務は弁護士依頼者秘密特権に基づくことを根拠とする」という説明は、アメリカの弁護士倫理上の守秘義務に関する理解が正確なのか疑問がある。

[31]　塚原英治「弁護士の守秘義務」NBL956号（2011）100頁は、ABA模範規則1.6条について、「『依頼者の代理に関する情報』を守秘の対象としており、これには依頼者自身の秘密以外の情報も含まれる。しかし、この守秘義務は依頼者により解除されるものなので、第三者の秘密をそれ自体として保護するものではない。」と説明している。

[32]　ロタンダ・前掲注29）の95頁も、興味深い「被告団の例」を紹介する。すなわち、「もしも弁護士が依頼者（例えば甲会社）の代理行為の過程で、他の構成員（例えば乙会社、丙会社等）の機密情報を知り得た場合、規則第1.6条は弁護士にその依頼者（甲会社）に対する守秘義務を課して、この機密情報の保護をはかっている。その情報が他会社のものであろうが、その会社に関係するものであろうが、なお『代理に関わる』情報であり、弁護士が甲会社に守秘義務を負うことによって、その情報が規則第1.6条によって保護されることになるのである。しかしながら、甲会社は権利を放棄し、弁護士がその情報を使用することに同意する可能性がある。規則第1.6条は、弁護士に甲会社に対する義務を課すものであって、依頼者でなく、依頼予定者や元依頼者でもない他の会社に対して義務を課すものではない。甲会社が規則第1.6条に基づく権利を放棄した場合には、結果的に、倫理規定によっては、弁護士が被告団の一員に不利益な代理行為を行うことを防ぎ得ないことになる。何故なら、弁護士の行為は甲会社に対するいかなる義務にも反することにはならないからである。＜ABA公式見解95‐395（1995年7月24日）＞。」という。ただし、模範規則では防ぎ得ないが、代理法による制限（復代理法理）があり得るとする。

[33]　スザンネ・オファーマン‐ブリュッハルト、訳：森勇　「弁護士の守秘義務‐弁護士職業規則2条の改正に寄せて‐」『弁護士の基本的義務』（中央大学出版部、2018）453頁。

開示に同意する旨を明示していたとき、さらには依頼者が弁護士に対して情報を別の者に渡すように求めたときは、守秘義務はなくなる。」と説明されている[34]。

ここでも、守秘義務の秘密の内容が依頼者以外の秘密も含めて「弁護士がその職業を行うにあたり知ったすべてにおよぶ。」にもかかわらず、「依頼者の同意」で守秘義務が解除される規律がとられている。

6 守秘義務に関する立法例・倫理規定例（参考）

（1） 専門職の守秘義務に関する立法例・倫理規程例の特徴

一定の資格を必要とする主な専門職に関する守秘義務の立法例・倫理規程例を次項に整理した。

守秘義務の立法例では、秘密漏示罪の刑法134条、弁護士法を含めて、「業務上」「職務上」知り得た秘密とするほか、依頼者を対象又は情報源とする秘密に限定する文言を規定するものはない。なお、公証人法は「其ノ取扱ヒタル事件を」、司法書士法及び土地家屋調査士法は「業務上取り扱った事件について」という文言になっている。

倫理規定例においても、「業務上」「職務上」知り得た秘密とするほか、依頼者を対象又は情報源とする秘密に限定する文言を規定するものはない。ただし、医師の職業倫理指針（第3版）では、「患者に関する情報」「患者の情報」という説明がされている[35]。なお、薬剤師行動規範では、「職務上知り

---

[34] 前掲注33）の449頁〜450頁、456頁。

[35] 医師の職業倫理指針（第3版）における「患者に関する情報」「患者の情報」という説明が、医師の守秘義務の内容をこの秘密に限定することを意識した記述であるかは疑問である。

医師の守秘義務を説明する際には、「治療の機会に見聞きしたことや、治療と関係なくても他人の私生活について洩らすべきでないことは、他言してはならないとの信念をもって、沈黙を守ります。」という「ヒポクラテスの誓い」が引用されることが少なくない（例えば、『医の倫理の基礎知識 2018年版』の手塚一男「医師の守秘義務」）。

最決平成24年2月13日（刑集66巻4号405頁）の法廷意見は、「医師が、医師としての知識、経験に基づく、診断を含む医学的判断を内容とする鑑定を命じられた場合には、その鑑定の実施は、医師がその業務として行うものといえる」とし、刑法134条1項の「『人の秘密』には、鑑定対象者本人の秘密のほか、同鑑定を行う過程で知り得た鑑定対象者本人以外の者の秘密も含まれるというべきである。」とする。

なお、千葉勝美裁判官は、補足意見においてヒポクラテスの誓いに言及し、「医師の職業倫理についての古典的・基本的な資料ともいうべき『ヒポクラテスの誓い』の中に、『医療行為との関係があるなしに拘わらず、人の生活について見聞したもののうち、外部に言いふらすべきでないものについては、秘密にすべきものと認め、私は沈黙を守る。』というくだりがある。そこには、患者の秘密に限定せず、およそ人の秘密を漏らすような反倫理的な行為は、医師として慎むべきであるという崇高な考えが現れているが、刑法134条も、正にこのような見解を基礎にするものであると考える。」と述べている。

得た患者等の情報」とし、「患者等」の文言を規定している。

（2）　各専門職の守秘義務に関する立法例・倫理規程例

　ア　刑法の秘密漏示罪

■刑法134条（秘密漏示）　※親告罪（135条）

　　医師、薬剤師、医薬品販売業者、助産師、弁護士、弁護人、公証人又はこれらの職にあった者が、正当な理由がないのに、その業務上取り扱ったことについて知り得た人の秘密を漏らしたときは、6月以下の懲役又は10万円以下の罰金に処する。

2　宗教、祈禱若しくは祭祀の職にある者又はこれらの職にあった者が、正当な理由がないのに、その業務上取り扱ったことについて知り得た人の秘密を漏らしたときも、前項と同様とする。

　イ　弁護士

■弁護士法

23条（秘密保持の権利及び義務）

　　弁護士又は弁護士であった者は、その職務上知り得た秘密を保持する権利を有し、義務を負う。但し、法律に別段の定めがある場合は、この限りでない。

　※罰則：この規定自体に関する罰則はない。

■弁護士職務基本規程（日本弁護士連合会。2004年制定）

23条（秘密の保持）

　　弁護士は、正当な理由なく、依頼者について知り得た秘密を他に漏らし、又は利用してはならない。

　ウ　医　師

■医師の職業倫理指針［第3版］（日本医師会。2016年改訂）*36)

　　「2の（6）」

　　医師が診療の過程で取得する患者に関する情報は、患者にとってきわ

---

*36)　医師法自体には、医師の守秘義務に関する規定はない。日本医師会においては、1951年に「医師の倫理」を定め、2000年に新たに「医の倫理綱領」（6項目の簡単なもの）を作成した。そして、2004年に具体的事例についての「医師の職業倫理指針」を策定し、2016年に第3版に改訂された。
　　「医師の職業倫理指針」は、9の大項目（1. 医師の基本的責務、2. 医師と患者、3. 終末期医療、4. 生殖医療、5. 遺伝子をめぐる課題、6. 医師相互の関係、7. 医師とその他の医療関係者、8. 医師と社会、9. 人を対象とする研究）と54の小項目に解説が付けられた61頁に及ぶものである。

めて秘密性の高いものである。医師がこのような患者の情報を他人（第三者）に漏らすことは患者に実害を与えたり、患者の名誉を毀損することになりかねず、医師・患者間の信頼関係を損ない、円滑な診療を阻害することになることから、古くから医師は職業倫理として患者の秘密を保持する義務、すなわち守秘義務を重視してきた。また、法律でも刑法などを通じて、患者の秘密保持とこれを守る医師の立場の保護を図っている。（以下、略）

エ　薬剤師

■薬剤師行動規範（日本薬剤師会。2018年制定）*37)

「5　守秘義務」

　薬剤師は、職務上知り得た患者等の情報を適正に管理し、正当な理由なく漏洩し、又は利用してはならない。

オ　保健師、看護師、准看護師

■保健師助産師看護師法

42条の2

　保健師、看護師又は准看護師は、正当な理由がなく、その業務上知り得た人の秘密を漏らしてはならない。保健師、看護師又は准看護師でなくなつた後においても、同様とする。

※罰則：6月以下の懲役又は10万円以下の罰金、親告罪（44条の3）

カ　公証人

■公証人法*38)

4条

　公証人ハ法律ニ別段ノ定アル場合ヲ除クノ外其ノ取扱ヒタル事件ヲ漏泄スルコトヲ得ス。但シ嘱託人ノ同意ヲ得タルトキハ此ノ限ニ在ラス。

※罰則：この規定自体に関する罰則はない。

---

*37)　薬剤師法自体には、薬剤師の守秘義務に関する規定はない。日本薬剤師会においては、1968年制定の「薬剤師倫理規程」があり、1997年に全面改定したが、2018年に「薬剤師行動規範」と題名も改めて制定した。
　「薬剤師行動規範」は、前文と15項目（1．任務、2．最善努力義務、3．法令等の遵守、4．品位及び信用の維持と向上、5．守秘義務、6．患者の自己決定権の尊重、7．差別の排除、8．生涯研鑽、9．学術発展への寄与、10．職能の基準の継続的な実践と向上、11．多職種間の連携と協働、12．医薬品の品質、有効性及び安全性等の確保、13．医療及び介護提供体制への貢献、14．国民の主体的な健康管理への支援、15．医療資源の公正な配分）からなる。
*38)　公証人法は1908年（明治41年）制定の法律である。

■公証人倫理要綱（日本公証人連合会。2007年制定）。*39)

　8条（秘密保持）

　　公証人は、法律に別段の定めのある場合及び嘱託人の同意のある場合を除き、その取り扱った事件を漏洩してはならない。

2　公証人は、書記その他の使用人に対し、その者が職務上知り得た秘密を保持させなければならない。

　キ　公認会計士

■公認会計士法

　27条（秘密を守る義務）

　　公認会計士は、正当な理由がなく、その業務上取り扱つたことについて知り得た秘密を他に漏らし、又は盗用してはならない。公認会計士でなくなつた後であつても、同様とする。

　※罰則：2年以下の懲役又は100万円以下の罰金、親告罪（52条）

■倫理規則（日本公認会計士協会。1966年制定）*40)

　（基本原則4　守秘義務の原則）

6条　会員は、正当な理由なく、業務上知り得た情報を他の者に漏洩し、又は自己若しくは第三者の利益のために利用してはならない。

　（2項〜7項、略）

8　会員の守秘義務が解除される正当な理由があるときは、次のような場合である。

　一　守秘義務の解除が法令等によって許容されており、かつ依頼人又は雇用主から了解が得られている場合

　　（以下略）

注解4（6条）

1　守秘義務の原則は、依頼人や所属する組織から会員に対する情報提供を促進するものであり、公共の利益に資するものである。

*39)　公証人倫理要綱は、4つの章（1．総則、2．一般的な規律、3．嘱託人との関係における規律、4．日公連等との関係における規律）と18か条からなる。
*40)　日本公認会計協会の倫理規則は、1966年に制定後、14回に及ぶ改正がされており、その内容も倫理規則注解も付けられた詳細なものである。

2　業務上知り得た情報とは、会員が、会計事務所等、雇用主及び依頼人から知り得た情報並びに専門業務を行うことにより知り得たその他の会社等の情報をいう。

　ク　税理士

■税理士法[41]

38条（秘密を守る義務）

　税理士は、正当な理由がなくて、税理士業務に関して知り得た秘密を他に洩らし、又は窃用してはならない。税理士でなくなつた後においても、また同様とする。

※罰則：2年以下の懲役又は100万円以下の罰金、親告罪（59条）

※なお、税理士法基本通達により38条について次のような解釈が示されている。

　「正当な理由」とは、本人の許諾又は法令に基づく義務があることをいう（基通38-1）。

　「税理士業務に関して知り得た秘密」とは、税理士業務を行うに当たって、依頼人の陳述又は自己の判断によって知り得た事実で、一般に知られていない事項及びその事実の関係者が他言を禁じた事項をいう（基通38-2）。

　「窃用」とは、自ら又は第三者のために利用することをいう（基通38-3）。

　ケ　司法書士

■司法書士法

24条（秘密保持の義務）

　司法書士又は司法書士であった者は、正当な事由がある場合でなければ、業務上取り扱つた事件について知ることのできた秘密を他に漏らしてはならない。

※罰則：6月以下の懲役又は50万円以下の罰金、親告罪（76条）

---

[41]　日本税理士会連合会において、税理士の使命（1項目）、税理士の倫理綱領（5項目）を定めているが、税理士の倫理規程は定めてないようである。なお、各税理士会によっては綱紀規則があり一定の遵守事項が定められているようである。

■司法書士倫理（日本司法書士連合会。2003年制定）*42)

10条（秘密保持等の義務）

　司法書士は、正当な事由のある場合を除き、職務上知り得た秘密を保持しなければならず、また利用してはならない。司法書士でなくなった後も同様とする。

2　司法書士は、その事務に従事する者に対し、正当な事由のある場合を除き、その者が職務上知り得た秘密を保持させなければならず、また利用させてはならない。

　コ　土地家屋調査士

■土地家屋調査士法

24条の2（秘密保持の義務）

　調査士又は調査士であった者は、正当な事由がある場合でなければ、業務上取り扱つた事件について知ることのできた秘密を他に漏らしてはならない。

※罰則：6月以下の懲役又は50万円以下の罰金、親告罪（71条の2）

■土地家屋調査士倫理規程（日本土地家屋調査士会連合会。2009年制定）*43)

8条（秘密保持の義務）

　調査士又は調査士であった者は、正当な事由のある場合でなければ、業務上知り得た秘密を他に漏らし、又は利用してはならない。

2　調査士は、その業務に従事する者又は従事した者に対し、その者が業務上知り得た秘密を保持させなければならず、又は利用させてはならない。

　サ　行政書士

■行政書士法

12条（秘密を守る義務）

　行政書士は、正当な理由がなく、その業務上取り扱つた事項について

---

*42)　日本司法書士連合会の司法書士倫理は、14の章（1．綱領、2．一般的な規律、3．依頼者との関係における規律、4．事件の相手方等との関係における規律、5．他の司法書士との関係における規律、6．司法書士会等との関係における規律、7．不動産登記手続に関する規律、8．商業及び法人登記手続に関する規律、9．供託手続に関する規律、10．裁判手続等に関する規律、11．成年後見に関する規律、12．その他の職務に関する規律、13．共同事務所における規律、14．司法書士法人における規律）と92か条からなる。第10条（秘密保持等の義務）は「第2章　一般的な規律」の中の規定である。

*43)　日本土地家屋調査士会連合会の土地家屋調査士倫理規程は、前文、8つの章（1．綱領、2．一般規律、3．依頼者との関係、4．調査士会等との関係、5．調査・測量関係、6．筆界特定・民間紛争解決手続、7．土地家屋調査士法人等、8．筆界調査委員等）と66か条からなる。第8条（秘密保持の義務）は、「第2章　一般規律」の中の規定である。

知り得た秘密を漏らしてはならない。行政書士でなくなつた後も、また同様とする。

※罰則：1年以下の懲役又は100万円以下の罰金、親告罪（22条）

■行政書士倫理（日本行政書士会連合会。2006年制定）*44)

3条（秘密保持の義務）

　行政書士は、正当な事由がなく、その業務上取り扱った事項について知り得た秘密を漏らしてはならない。行政書士でなくなった後も、また同様とする。

2　行政書士は、その事務に従事する補助者又は事務員に対し、その者が職務上知り得た秘密を保持させなければならない。補助者又は事務員でなくなった後も、また同様とする。

シ　社会保険労務士

■社会保険労務士法

21条（秘密を守る義務）

　開業社会保険労務士又は社会保険労務士法人の社員は、正当な理由がなくて、その業務に関して知り得た秘密を他に漏らし、又は盗用してはならない。開業社会保険労務士又は社会保険労務士法人の社員でなくなつた後においても、また同様とする。

※罰則：1年以下の懲役又は100万円以下の罰金、親告罪（32条の2）

■社会保険労務士倫理綱領*45)

（守秘の義務）

　社会保険労務士は、職務上知り得た秘密を他に漏らし又は盗用してはならない。業を廃したあとも守秘の責任をもたなければならない。

ス　弁理士

■弁理士法*46)

30条（秘密を守る義務）

　弁理士又は弁理士であった者は、正当な理由がなく、その業務上取り

---

*44)　日本行政書士会連合会においては、5項目の行政書士倫理綱領のほか、行政書士倫理を定める。

　　行政書士倫理は、4つの章（1．一般的規律、2．依頼者との関係における規律、3．行政書士及び行政書士会との関係における規律、4．業務に関する規律）と33か条からなる。第3条（秘密保持の義務）は「第2章　一般的規律」の中の規定である。

*45)　1979年に制定された「社会保険労務士倫理綱領」（前文と5項目の義務と責任）があるようである。

　　なお、全国社会保険労務士連合会会則の中に、「第6章　品位保持等」（5か条）がある。

*46)　日本弁理士会において、弁理士の倫理規程は定めてないようである。日本弁理士会会則の中に「第3章　品位保持」の章（12か条）があるが、弁理士の職務に関する守秘義務の規定はない。

扱ったことについて知り得た秘密を漏らし、又は盗用してはならない。

※罰則：6月以下の懲役又は50万円以下の罰金、親告罪（80条）

セ　宅地建物取引業者

■宅地建物取引業法

45条（秘密を守る義務）

　宅地建物取引業者は、正当な理由がある場合でなければ、その業務上取り扱つたことについて知り得た秘密を他に漏らしてはならない。宅地建物取引業を営まなくなつた後であつても、また同様とする。

75条の3（宅地建物取引業者の使用人等の秘密を守る義務）

　宅地建物取引業者の使用人その他の従業者は、正当な理由がある場合でなければ、宅地建物取引業の業務を補助したことについて知り得た秘密を他に漏らしてはならない。宅地建物取引業者の使用人その他の従業者でなくなつた後であつても、また同様とする。

※罰則：50万円以下の罰金、親告罪（83条1項3号、2項）

■倫理規程（公益社団法人全日本不動産協会。2014年施行）*47)

4条（秘密を守る義務）

　会員は、業務上取扱ったことについて、知り得た秘密を正当な理由なくして他に漏らしてはならない。その業を営まなくなった後も同様とする。

---

*47)　公益社団法人全日本不動産協会の倫理規程は、12か条からなる。

【一覧表B】　秘密・プライバシー等に関する議決例（議決例集）

※Y：被懲戒者、X：懲戒請求者、A・B・C：…関係者
※法：弁護士法、職：弁護士職務基本規程、倫：旧弁護士倫理

1　依頼者の秘密等の漏示		
（証拠としての提出等）		
	問題となった行為	争点に関する判断	

	問題となった行為	争点に関する判断
B1	Yは、Xが代表者である金融会社Aを被告とする損害賠償請求訴訟において、12年前に私選弁護人をしたXの詐欺被告事件の検察官調書を書証として提出した。 　なお、Yは、Xから抗議を受けて直ちに書証を撤回した。 （原弁護士会の議決） 　偶々以前Xの弁護人であったために所持していたXの供述書調書を、Xの同意を得ないまま裁判所に提出し利用するのは、弁護士の守秘義務との関係で相当性に欠ける。	依頼者の前科、過去の反倫理的行為は依頼者が知られたくない行為の典型であり、法23条及び倫20条の保持すべき秘密である。 　書証提出が高金利貸金業者による取立て被害救済のためというのは、正当な事由とならない。 　しかし、書証提出の経緯、抗議等を受けて速やかに証拠申請を撤回したこと、その結果、知られた範囲も裁判所とXの代理人弁護士にとどまってことを考えると、懲戒すべき非行とまではいえない。

議決／出典	主文	関係条文等
日弁連懲戒委 2005.1.11 議決例集8−183 ※職施行前事案	原処分取消、懲戒しない （原弁護士会：戒告）	法23条 倫20

問題となった行為	争点に関する判断
Yは、兄弟間の紛争事件で、長男A等から二男Xと三男Bに対する損害賠償請求訴訟（旧事件）で、XとBを受任した。	Yが書証提出した書面と文書の内容は、Xにとって第三者に知られたくな

	問題となった行為	争点に関する判断	
B2	後に、母の遺産をめぐって相続人間に対立が生じ、Xが提訴した遺産確認等請求訴訟（新事件）で、Yは、Bを受任し、旧事件でXとY間で交換された書面及び相手方代理人から受領した文書を書証として提出した。 （原弁護士会の議決） Yには自己及び依頼者の権利を守るという正当な事由がある。	い事柄で秘密に該当し、開示が許される倫20条の正当な事由には該当しない。 しかし、他の兄弟が知らない内容とはいえず、Xが受けた損害の程度が大きくなく、法廷に提出したもので目に触れる範囲が限定されていること等を考慮すると、非行として懲戒相当とまではいえない。	

議決／出典	主文	関係条文等
日弁連懲戒委 2005.5.16 議決例集8 - 221 ※職施行前事案	異議申出棄却 （原弁護士会：懲戒しない）	倫20条

	問題となった行為	争点に関する判断
B3	Yは、Xから債務整理ないし破産手続等の職務遂行のために書面を受領したが、連帯保証人AからXに対する求償金請求訴訟を受任し、Xが免責されないことを立証する趣旨でこの書面を証拠提出した。	当該書面の存在及び内容は、Xはもちろん一般人から見ても秘匿しておきたい事項であり、法23条及び職23条の秘密に該当し、これを証拠提出したことは同条に違反する、とした原弁護士の判断は相当である。 ※Yの法25条1号違反も認定した原弁護士会の判断も相当。

議決／出典	主文	関係条文等
日弁連懲戒委 2009.10.26 議決例集12 - 94	審査請求棄却 （原弁護士会：戒告）	法23条 職23条

問題となった行為	争点に関する判断
	Xが1991年に家族に関する諸問題に

　Yは、1980年頃、離婚事件のXの代理人に就任し、事件終了後も相談を受け、1991年に、Xから家族に関する諸問題についての相談が記載された手紙やメモを受領した。2008年にXの父が死亡し、Xと弟Aとの間の遺産確認請求訴訟で、A代理人に就任し、2011年1月に、Xの承諾のないままこの手紙やメモを書証として提出した。

ついて相談した事実は、それ自体秘密として保護されるべきものであり、Yが相談した内容が記載された手紙やメモを訴訟において書証として提出したことは、職23条に違反する。
　Yは、手紙やメモは亡父がAに対して不動産の財産分けを考えていたことを推認させる間接事実として提出したと説明するが、訴訟の争点との関連性があるとはいえず、訴訟上の必要性は認められず正当な理由はない。

（日弁連綱紀委の議決）
　手紙やメモの内容の大部分はすでに関係者に知悉されていたもので秘密性は弱く、開示の範囲も限定的で訴訟は和解で解決されていることからすれば、非行とまではいえない。

議決／出典	主文	関係条文等
日弁連綱紀審 2014.3.11 議決例集17-157	懲戒審査相当 （綱紀委:異議申出棄却、原弁護士会:懲戒しない）	職23条

問題となった行為	争点に関する判断
XがYに対し、手紙等の書証提出を人格権（プライバシー）侵害として損害賠償請求をした。※一審判決はXの請求を全部棄却。	手紙等は私生活上の秘密に当たり、書証提出はその公開と認められる。手紙等を書証として提出する必要性があったとは認められない。

議決／出典	主文	関係条文等
広島高判2015.6.18 判時2272-58 （山口地判2014.9.25 判時2272-63）	一審判決を変更し、10万円の慰謝料を認容。	

（左欄）B4

問題となった行為	争点に関する判断	
Yは、依頼者X及びBからC組合に対する訴訟のためにXから送信された電子メール・陳述書等の本件資料について、解任され同訴訟が取下げされた後に、B及びAがC組合に各提起した別件訴訟において、XがC組合に協力した陳述書や証言を弾劾するため、証拠として提出した。	原弁護士会は、Xの陳述書や証言を弾劾するための証拠提出を、職23条の「正当な理由」が認められないが、職5条（真実尊重）及び21条（依頼者の正当な利益実現）の精神に基づく面もあるので、品位を失う非行とまではいえないとする。 　しかし、Xの案件と別件の真実尊重及びXと異なる依頼者の利益実現を理由に、Xの案件における守秘義務が解除されることは直ちに首肯できない。仮に職23条の「正当な理由」がないにもかかわらず非行に該当しないとするのであれば、秘密を公開するにつき他に代替手段が無くやむを得ないという高度の必要性が認められる場合に限られる。 　本件では係る高度の必要性は認められない。	

B5

議決／出典	主文	関係条文等
日弁連綱紀委 2021.10.20 議決例集24－144	懲戒審査相当 （原弁護士会：戒告しない）	職23条

問題となった行為	争点に関する判断
Yは、逮捕監禁、殺人等被告事件の被告人3人のうちの1人Xの国選弁護人であったが、Xの内妻から送付を受けたXの信書の写しを相被告人の弁護人に交付した。	信書はYに事件の真相を良く理解してもらうために弁護士との信頼関係のもとに作成交付されたもので、弁護士としては、この信頼に応え信書の取扱に慎重を期するとともに、理解の一致しない共犯者との関係ではその取扱に特別の配慮を要するもので、法1条2

B6

（原弁護士会の議決）

　信書にはXに不利益な事実が記載されておらず、他人に知られないことにつきXが利益を有するものではないと認定。

項の誠実な職務遂行義務に違反する。

　また、信書には犯行現場で相被告人の殺意を認識していた可能性があるなどXに不利益な事実が含まれ、Xが他人に知られないことにつき利益を有する秘密に該当するから、法23条の秘密保持義務に違反する。

議決／出典	主文	関係条文等
日弁連懲戒委 2005.2.14 議決例集8-194 ※職施行前事案	原処分取消、戒告 （原弁護士会：懲戒しない）	法1条2項 法23条

問題となった行為	争点に関する判断
B 7	Yは、Xの業務上横領事件の私選弁護人となったが、余罪事件に係る預金通帳等の証拠物を、Xが預けていた知人AからXの妹Bを経由して入手した上、Xの了解を得ることなく、無断で捜査機関に任意提出した。

※上記表のB7行の「争点に関する判断」欄:

　原弁護士会はXから事前の同意を得ていたと推認されるとしたが、その推認はできない。

　刑事弁護人は積極的真実義務を課せられているものでないから、依頼者Xの余罪の証拠物の所在を覚知したとしても、その事実を捜査機関に通報する義務はない。ましてや、その証拠物を自身に送付させ入手した上で捜査機関に任意提出しなければならない義務はない。

　Yが積極的に証拠物を入手してXの同意を得ないで、捜査機関に提出した行為はXの正当な防御権を侵害する行為であり、刑事弁護士に求められる最善の弁護活動に務めるという基本的誠実義務（守秘義務）に著しく反する。

議決／出典	主文	関係条文等
日弁連綱紀委 2012.8.28 議決例集15-173	懲戒審査相当 （原弁護士会：懲戒しない）	職46条

（秘密等の公開）			
B8	問題となった行為	争点に関する判断	
	財団幹部のセクハラ等を調査した外部調査委員会の委員長Yは、財団の公表内容が調査委員会の報告書の趣旨と異なるとして、財団に抗議し、マスコミ取材に回答した。	Yの行為は、外部調査委員会としての職責を誠実に果たそうとの意図に基づくもので、既に新聞等で公表された事実に付加して新たに非公知の事実を伝えたものではなく、行為者を特定してされたものでないので、秘密保持義務に違反しない、とした原弁護士会の判断は相当である。	
	議決／出典	主文	関係条文等
	日弁連綱紀委 2008.5.20 議決例集11－99	異議申出棄却 （原弁護士会：懲戒しない）	法23条
B9	問題となった行為	争点に関する判断	
	Yは、ホームページに「ニセ強姦被害者」との記事を掲載し、さらに相談者Xと特定可能できる記載と誹謗中傷文章を掲載した。 ※YはXから知人男性Aによる継続的強姦による損害賠償請求の相談を受けて受任したが一部を時効にかけ訴訟も提起しなかったため、前懲戒処分を受けた。Xは別弁護士により訴訟をしたが敗訴が確定した。Yは、ホームページへの掲載のほか、Xが虚偽により前懲戒請求をしたとして損害賠償請求をした（Yの訴訟は棄却、Xの反訴が一部認容）。	Xの行為が偽計業務妨害であり、Yの行為は正当行為であるとの主張について、初対面のXにYの業務を妨害する動機も意図もないことは明らかであるとする原弁護士会の判断に誤りがない。また、Xの反訴の確定判決で、Yの行為は慰謝料50万円に相当する弁護士の守秘義務違反に該当するとされたものであり、非行に当たる。 （原弁護士会の議決） 　Xと特定可能な情報とともに、「ニセ強姦被害者」との題名でXは強姦被害者でなくAに逃げられたため報復目的で訴訟をしているとし、X敗訴の経緯と思われる記載をホームページに掲載したことは法23条、職23条に違反する。	

議決／出典	主文	関係条文等
日弁連懲戒委 2018.7.9 議決例集21-20	審査請求棄却 （原弁護士会：業務停止3月）	法23条 職23条

問題となった行為	争点に関する判断
B10	Yは、男性からのストーカー行為に悩む女性Aのサポートを受任したが、事件処理につきAとの間に考え方の相違があり辞任した。辞任の翌日、Yのブログに、人物名をイニシャルにして、依頼事件につき事件の受任、電子メールのやり取り、相手方の発言内容、辞任の経緯、その間のA及び母Xの発言や電子メールの内容、Aに対する評価等を記載し、誰でもが見ることができる状態にした。	ブログに記載された内容は、事件の受任から辞任に至るまでの経緯、事件処理の状況等が詳細に記載されており、守秘義務に違反している。ブログにはAを非難し、Aが不利になるような記載があり、将来、Aが相手方に損害賠償請求等をする場合に、Aに不利な証拠を提供したことになり、代理人としてあるまじき行為であり重大な非行である、とした原弁護士会の判断は相当である。 ※11名中3名は戒告が相当との反対意見。

議決／出典	主文	関係条文等
日弁連懲戒委 2009.5.11 議決例集12-43	審査請求棄却 （原弁護士会：業務停止1月）	守秘義務違反 依頼者への不利益行為

（その他）

問題となった行為	争点に関する判断
Xが弁護士間での訴訟外の和解交渉中に、ホームページの送信フォームから面識のないYに一方的にメール送信して相談したところ、Yは、たまたま知り合いであ	面識のない者からの一方的なメールによる相談であっても、メールの内容や、メール送信の事実は秘密保持義務の対象であり、YがメールをXの弁護士に伝えたことは秘密保持義務に

ったXの弁護士に電話をしてメール受信を伝えて対応を相談した。	牴触する。しかし、情状面から懲戒すべきでない。	

議決／出典	主文	関係条文等
日弁連綱紀委 2005．8 .31 議決例集 8 － 324 ※職施行前事案	異議申出棄却 （原弁護士会：懲戒しない）	法23条 倫20条

問題となった行為	争点に関する判断
XがYに対し、守秘義務違反を理由に損害賠償請求をした。 ※一審判決は精神的苦痛20万円を認めた。	弁護士の職務として知り得た事項でなく、一方的に送信した本件メールの内容も法律相談でもない。仮に法律相談だとしても送信者の実在を確認することは正当な理由があり、守秘義務違反はない。

議決／出典	主文	関係条文等
大阪高判2007． 2 .28判タ1272－273 （大阪地判2006． 9 .27判タ1272－279）	一審判決を取消し、Xの請求を全部棄却。	

問題となった行為	争点に関する判断
Yは、Xの常習累犯窃盗の上告審の国選弁護人として、拘置所在監中のXに封書1通と葉書5葉を送付して訴訟活動の方針を問い合わせた。	葉書の本文は名宛人以外には矯正当局職員が職務権限に基づき、また日本郵政職員が職務上これを扱う過程で、それぞれ内容を確認する可能性があるものの、いずれも守秘義務を課せられた立場にあり、葉書の本文に記載されたプライバシーが第三者に漏洩するものではない。もっとも、被告人であるXに自己のプライバシーが漏洩するのではないかとの不安を抱かせたことは十分に理解でき、配慮が望まれる。

議決／出典	主文	関係条文等
日弁連綱紀審 2011.7.19 議決例集14-206	懲戒審査相当の議決を得られず （原弁護士会：懲戒しない） ※日弁連懲戒委：異議申出棄却	プライバシー

（関連する議決例）

	問題となった行為	争点に関する判断
B 13	Yは、公益通報保護法に基づくヘルプライン担当弁護士として、A社従業員であるXから内部通報を受けたが、Xの承諾を得たとしてA社にXの実名を通知した。 ※Xは、通報の翌日、A社から自宅待機処分を命じられた。 ※Yの勤務する法律事務所がB協会とヘルプライン関連事務委託契約を締結し、A社はこのヘルプラインに参画している。	秘密保持義務に関し、通報者は「依頼者」に該当しないが、知り得た秘密には依頼者又はこれに準ずる者から話された秘密を含むとし、通報者の匿名性の保持が公益通報保護法の根幹となるとした上で、Yは、会社に実名通知した方が重いが伝わるとして呼びかけてXの承諾を得たが、実名通知が例外的措置であることや実名通知による不利益の可能性等につき十分な説明をすることなく、Xから承諾を得たものとしてA社に実名通知をしたことは秘密保持義務に違反する、とした原弁護士会の判断は相当である。 ※委員2名が懲戒しないことを相当とする反対意見。

議決／出典	主文	関係条文等
日弁連懲戒委 2009.10.26 議決例集12-125	審査請求棄却 （原弁護士会：戒告）	法23条 職23条

問題となった行為	争点に関する判断
Yは、成年後見人として被後見	

B 14	人Aの金銭の流れを調査するため弁護士会照会によりX（Aの子の夫）を含む数名の名義の預金取引明細を取得し、事情を知る立場にある第三者B（Aの別の子）に交付した。 ※Yは、預金取引明細をBに交付するに際し、B以外が目にしないように注意を与え、相手方代理人から抗議を受けた後は、直ちに当該明細を回収し、コピーを取らない旨の確認書を作成させた。	懲戒審査相当の議決を得られなかったが、次の付言がある。 ※付言：Yは、照会申出の目的外使用とならないように十分に注意すべきであり、取得した資料のコピーを不用意に渡すことは目的外使用を生じさせるおそれがあり、好ましくない。本件でも、回答書自体を安易に交付するべきでなく、照会結果を元にYが改めて一覧表等を作成した上で提示する等の工夫をすべきであった。	

議決／出典	主文	関係条文等
日弁連綱紀審 2015．9．8 議決例集18－188	懲戒審査相当の議決を得られず （原弁護士会：懲戒しない）	法23条の2 法23条 職18条

	問題となった行為	争点に関する判断
B 15	Yは、受任事件につき弁護士会照会の回答書を得て書証として提出したほか、シンポジウムで資料として配布した。 ※Yは、会場で目的外使用を指摘されたが、取扱いに注意し各自の裁判で必要な場合は直接照会手続を行ってほしい旨を発言したのみで、資料の回収もしなかった。	Yは、弁護士会照会の回答の目的外使用禁止の認識が乏しかったとはいえ、規則のほか回答書表紙にも明記されており、指摘を受けた後も資料を回収しようとしなかったもので、照会制度の信用を損なうものである。

議決／出典	主文	関係条文等
日弁連懲戒委 2009.10.13 議決例集12－87	審査請求棄却 （原弁護士会：戒告）	法23条の2

2　依頼者以外（相手方）の秘密等の漏示	
（依頼者への情報開示）	

	問題となった行為	争点に関する判断	
B16	Yは、依頼者Aに対して、訴訟に関連して取得した相手方Xの本籍地の記載のある住民票写し及びXとその両親の戸籍謄本写しを開示した。 これにより、XらはAから新たな嫌がらせを受けるなどした。	Yは、Aに交付した戸籍謄本等を裁判所に証拠として提出しておらず、特に本件でAがXの勤務先等にクレームを持ち込んだり、元夫の自宅などに行ったりしており、その事実を知っていたYは、Aが戸籍謄本等記載の住所に行くなどの行動をとる可能性があることも予想し得たのであり、Aに戸籍謄本等を交付したことは安易な行為であった。	
	議決／出典	主文	関係条文等
	日弁連懲戒委 2015.3.9 議決例集18-34	審査請求棄却（原弁護士会：戒告）	戸籍等の情報
	問題となった行為	争点に関する判断	
B17	Yは、近隣紛争の相手方Xに関する戸籍全部事項証明書、住民票等（戸籍等）を取得し、戸籍等の写しを依頼者Aへマスキング処理などを施さずに交付した。 その結果、Aが戸籍等に記載されているXのプライバシーに関する情報を利用して、Xに対して嫌がらせを行った。	Yは、依頼者Aの手紙を破いた人物や差出人不明の手紙の差出人を特定する目的のために、Aに戸籍等のコピーを交付したというが、戸籍等を見てもその特定は困難であり、この目的のために交付する必要性は乏しい。特に戸籍に記載の子ども3名の情報はこの目的には必要のない情報である。その上、Yは、Aの以前の発言から、戸籍等に記載の情報がAに渡れば、Aがその情報を使ってXらに対する嫌がらせとなる行為に出る可能性を認識できた。	

議決／出典	主文	関係条文等
日弁連綱紀委 2016.12.21 議決例集19-86	懲戒審査相当 （原弁護士会：懲戒しない）	プライバシー （戸籍等の情報）

問題となった行為	争点に関する判断
Yは、認知・養育費請求事件を受任したが、相手方である男性医師の妻Xに虚偽の事実を告げて、Xから、同医師の携帯電話番号を聞き出し、それを依頼者である交際相手に教えた。	Yが本来の目的を告げずに相手方の携帯電話番号をその妻より聞き出した行為は、相手方及びその妻Xのプライバシーを侵害する面がある上、聞き出した番号を依頼者に漏洩した行為は、その侵害の程度を強めるものである。 　さらには、Yが弁護士と名乗って聞き出した相手方の携帯電話番号を、相手方及びその妻に無断で依頼者に開示することは、法23条の秘密保持義務に違反しているとも考えられる。

(行頭記号 B 18)

議決／出典	主文	関係条文等
日弁連綱紀委 2015.8.24 議決例集18-132	懲戒審査相当 （原弁護士会：懲戒しない）	プライバシー 法23条

問題となった行為	争点に関する判断
Yは、A社から、X社との間の紛争解決につき依頼を受けていたが、X社の代表者Cが○○症に罹患しているか否かを確かめるために、Cが通院している病院に弁護士会照会によりCの診療情報を取得し、A社の代表者Bに目的外使用の禁止等の特段の注意を与えずに開示した。Bは、これに基づき、	原弁護士会の認定と判断は相当。 （原弁護士会の議決） 　特に本件診療情報は個人のプライバシーに深く関わる情報で、第三者に知られたくない性質の情報であることは明らかである。Yは、本件診療情報が目的外使用されることを防ぐための措置を何ら講じていなかったものであ

(行頭記号 B 19)

CやX社の役員等多数（42通）に、Cが○○症に罹患している等を内容とする通知を送付した。	り、個人のプライバシー保護のための措置として不十分である。

議決／出典	主文	関係条文等
日弁連懲戒委 2020.3.9 議決例集23-22	審査請求・異議申出棄却 （原弁護士会：業務停止6月。他に2つの非行あり）	目的外使用をふせぐための措置

（相手方への連絡方法及び連絡内容）

	問題となった行為	争点に関する判断
B 20	Yは、相手方Xの勤務先サーバーで管理されている電子メールアドレスを推測して作成し、依頼事件に関する電子メールを送信した。 　また、Yは、Xが業務に支障があるし勤務先のサーバーにログが残り、これが他人に見られるおそれがあるからやめてほしい旨要請していたにもかかわらず、あえて当該メールアドレス宛てに電子メールを送信し続けた。 ※事案は、Yが、依頼者Aと離婚事件の相手方Xとで離婚の和解をした後、Xとの子どもの面接交渉等の協議に関するもの。	法23条の守秘義務の対象・範囲は依頼者はもとより第三者の秘密やプライバシーにも及ぶことは当然とされている。 　相手方Xの勤務先サーバーに残った電子メールのログが、サーバーの管理者によって管理・チェックされているという限りにおいて、Yは守秘義務を侵したと評するほかない。

議決／出典	主文	関係条文等
日弁連綱紀委 2011.11.16 議決例集14-155	懲戒審査相当 （原弁護士会：懲戒しない）	法23条

問題となった行為	争点に関する判断
Yは、Aから夫X₁と同じ病院に勤務するX₂との不倫に関する損害賠償請求等を受任し、Aの代理人として、1,000万円の慰謝料の支払を請求するX₂宛の文書を、X₁宛の文書と同時に、両名の勤務先病院に、Yの法律事務所名が印刷された封筒を用いて送付した。	Yの文書の送付方法は、民訴法103条の趣旨からしても、またその運用実務からしても相当に問題のあるところであるが、これをもってしても懲戒処分を相当とするほどの非行とは認められない。 （原弁護士会の議決） 　X₁の場合は家庭内暴力の恐怖を理解して職場送付の方が一呼吸置くことになり、X₂の場合はその同居家族に関する知識がないため職場送付の方が確実だと考えたことも是認できないわけではない。

議決／出典	主文	関係条文等
日弁連綱紀審 2010.11.16 議決例集13-248	懲戒審査相当の議決を得られず （原弁護士会：懲戒しない） ※日弁連懲戒委：異議申出棄却	

問題となった行為	争点に関する判断
Yは、香港在住の日本人女性Aから依頼を受け、元交際相手で香港在住の日本人男性Xに、内容証明郵便で親展扱いとせず宛名を「B社本社X」、差出人を弁護士Yとして、日本国内のXの勤務先本社に文書を送付した。	B社本社としては同社への業務文書と理解して開封するのは自然で、開封しないと内容もわからず対応方針も決まらないから開封に正当な理由がある。Yは、Xの香港の勤務先住所やメールアドレス記載の名刺を入手しており、AはXの香港の自宅に出入りしていたから住所は容易に判明する。文書内容もAの言い分を汲み取るあまり直

B21, B22

文書の内容は、婚約不履行による慰謝料500万円を請求するもので、「子作り行為」等の表現が含まれており、B社本社で開封された。	裁的な表現があり、B社本社で開封される蓋然性が高いことからすれば、一層表現を工夫すべきであった。爾後のYの対応の不誠実さも総合して考慮して非行と認められる。

議決／出典	主文	関係条文等
日弁連綱紀委 2013.2.20 議決例集16-111	懲戒審査相当 （原弁護士会：懲戒しない）	プライバシー

問題となった行為	争点に関する判断	
B 23	Yは、通信会社Aの代理人として、Xに通信代金等の督促状を葉書にそのまま記載して送付した。	葉書の文面は、名宛人以外には日本郵政職員が職務上内容を確認する可能性があるものの、守秘義務を課せられた立場にあり、内容が第三者に漏洩する可能性は極めて低い。一般には同居人が文面を目にする可能性があるが、Xには同居人はいない。 　懲戒しないとした原弁護士会及び綱紀委の判断は相当であるが、葉書をそのまま用いたことは、Xのプライバシー保護に欠け、近時の葉書に目隠しを用いるという実務上の慣行に照らしても、軽率であったとする意見があった。

議決／出典	主文	関係条文等
日弁連綱紀審 2013.7.9 議決例集16-195	異議申出棄却 （綱紀委：異議申出棄却、原弁護士会：懲戒しない）	プライバシー

問題となった行為	争点に関する判断
	法23条や職18条の趣旨に鑑みると、弁護士が受任事件に関して相手方等に連絡する手段として葉書を用いること

B 24	Yは、Xと別居中の夫A及びXが不倫相手と疑う女性Bの代理人として、Xが未成年の子と同居する自宅に宛て、3回にわたり、Xの秘密、プライバシー、名誉にかかわる内容を葉書で通知した。	は、これを正当化できる場合が基本的に考え難く、よほど特殊な事情がなければ許されない。本件は、第三者が関与して高額な請求がされている事案であり、弁護士が早期かつ適正に関与する必要性があったが、葉書の送付を正当化できる特段の事情は認められない、とした原弁護士会の判断は相当。

議決／出典	主文	関係条文等
日弁連懲戒委 2019.8.20 議決例集22-115	審査請求棄却 （原弁護士会：戒告）	プライバシー

（相手方の関係者への連絡及び連絡内容）

B 25	問題となった行為	争点に関する判断
	Yは、Aの依頼を受けて、夫Xと不貞行為の相手方Bらを被告とする不貞行為の損害賠償請求訴訟を提起したところ、XとBが不貞行為を認め、次回期日に和解成立を予定するまで協議が進んだが、その数日後に、YがAの代理人として、Xの勤務先にXのセクハラ行為の処分を求める申立書をこの訴訟の訴状及び答弁書を添付して送付した。	Yがセクハラ申立てと直接関係のない個人情報が記載された訴状及び答弁書を添付したことは、誠に軽率であるが、懲戒を相当するほどの非行ではない。 ※妻が会社にセクハラの申立てをすることは会社の制度上認められており、申立て自体が不当なものではない（原弁護士会）。

議決／出典	主文	関係条文等
日弁連綱紀審 2009.5.19 議決例集12-221	懲戒審査相当の議決を得られず （綱紀委：異議申出棄却、原弁護士会：懲戒しない）	

問題となった行為	争点に関する判断	
B 26 -1	Xと妻Aは、離婚訴訟で長男の親権を争い、Aは、Xが長男を監護できる勤務状況にない旨主張していた。Yは、Aの代理人として、Xの勤務状況を明らかにするために勤務先の総務人事部に架電し、Xと離婚訴訟中のAの代理人であることを述べた上で、Xの勤務状況（出勤日と出社・退社時刻、職博を伴う出張の状況、有給休暇等の取得）について文書で回答するように求めた。 （原弁護士会の議決） 　勤務先への架電は極めて軽卒であるが、離婚訴訟中であることが勤務先に知られることが直ちに社内の信用を低下させるものではなく、非行とまではいえない。	本件で問題とされるべきは、Xの社会的信用の低下ではなく離婚訴訟という極めて個人的な事情を勤務先に知らしめることの妥当性である。勤務先への架電は、その事情を勤務先に広く知らしめる結果となった可能性があり慎重対応が求められる。訴訟で求釈明や文書送付嘱託の申立ても考えられるので、いきなり勤務先に架電する必要は認められない。（他の非違行為とともに）非行に該当する。 ※綱紀審の議決後の原弁護士会は、戒告とした。
議決／出典	主文	関係条文等
日弁連綱紀審 2013.7.9 議決例集16-205	懲戒審査相当 （原弁護士会：懲戒しない） ※日弁連懲戒委：異議申出棄却	プライバシー
問題となった行為	争点に関する判断	
		勤務先への架電は広く勤務先に知らしめる結果となる可能性があり、プライバシー情報を第三者に知らしめることには極めて慎重でなければならない。しかし、本件は、Yの架電は訴訟

B 26 -2	※当初、原弁護士会は懲戒しないとし、日弁連綱紀委が異議申出棄却したが同綱紀審が懲戒審査相当としたため、原弁護士会が戒告としたが、日弁連懲戒委が懲戒しないとした。	上の立証のためで架電先も総務人事部で、架電の内容も必要最小限度のものである。弁護士が証拠収集する際には、訴訟であれば求釈明をしたり文書送付嘱託の申立や弁護士会照会の手段もあるが、それをもって弁護士の任意の証拠収集を禁ずるものではなく、文書送付嘱託の場合でも事前に嘱託先に応じてもらえるか否かを問い合わせること等は実務上行われている。総合勘案すると非行とまではいえない。

議決／出典	主文	関係条文等
日弁連懲戒委 2015．2．9 議決例集18－27 ※B26－1と同一事案	懲戒しない （原弁護士会：戒告）	

問題となった行為	争点に関する判断

	問題となった行為	争点に関する判断
B 27	Yは、夫Xがその勤務先で取引関係のある女性と不倫関係にあるとの疑いを持った妻Aの依頼を受けて、Xの勤務先に対し、Xと女性が不倫関係にあり、女性が「枕営業」をしている等と記載して、勤務先の使用者責任を問う通知書を送付した。	Xと女性とのLINEのやり取り等から不倫の疑念を抱くことは理解できるものの、損害賠償が認容されないとの評価も相当程度可能であった。とすれば、Xの勤務先の使用者責任を問う以前の問題である上、使用者責任の要件を考えたときに、Aの正当な利益の実現方法として、他の手段以上に本件通知書の送付が優れているとは言い難い。Yは、このことを当然理解していたと認めるべきで、あえて本件通知書を送付したのは、それがAの強い要望であったからと考えざるを得ない（枕営業の表現もAの要望を取り入れたものである。）。

Yは、Aの心情に寄り添うあまり依頼者の正当な利益よりもAの気持ちを重視し、他人の名誉やプライバシーに対する配慮を欠いた本件通知書の送付に及んだと解される。弁護士が依頼者の境遇に同情し心情に共感できることは重要な資質だが、他の法益との調整を図らなくてよいことではない。Yは、依頼者の正当な利益を実現するために努力すべきであり、依頼者の意向がそこから外れそうなときは安易にそれに従うのではなく、依頼者と十分に協議してその点の理解が得られるよう努めるべきである。

議決／出典	主文	関係条文等
日弁連綱紀委 2018.4.18 議決例集21-148	懲戒審査相当 （原弁護士会：懲戒しない）	プライバシー

問題となった行為	争点に関する判断
B 28	Yは、A及びX間の離婚請求事件におけるAの訴訟代理人であったところ、Xの勤務先に対し、離婚訴訟の係属裁判所、事件名、当事者及び進行状況を記載した本件文書を郵送して、Xの源泉徴収票の送付求めた。	Yは、本件文書によってXのプライバシーに属する事実を第三者たる勤務先に開示しているが、Xの同意を得ておらず、その他開示を正当化できる事情もない。離婚訴訟では、Xの収入が争点となっていたものでなく、源泉徴収票の必要性は乏しい。 原弁護士会は、一般に離婚が事実が悪評と結び付かないこと等から品位を失う非行とまではいえないとするが、プライバシーは憲法上の重要な権利であり、離婚について係争中であることも含まれる。プライバシーの開示が正当化されるには、その必要性及び相当

	性を要するが、原弁護士会の指摘事情はこれを充足する事情になり得ない。 ※その後、原弁護士会で戒告の処分。	

議決／出典	主文	関係条文等
日弁連綱紀委 2021．5．19 議決例集24－132	懲戒審査相当 （原弁護士会：戒告しない）	プライバシー

	問題となった行為	争点に関する判断
B 29	Yは、自動車交通事故の加害者の代理人として、被害者A及びAが通院した整骨院Xを名宛人とする通知書及び回答書を送付した。 　通知書には、Xに知られておらず、Aが知られたくない医師所見等が記載されていた。 　回答書には、Aに知られておらず、Xが知られたくない別件訴訟の架空請求、不正請求の問題等が記載されていた。 ※別件訴訟は、保険会社がYを代理人としてXに対し、別件の交通事故につきXが診療報酬を不正請求しているとした損害賠償請求。	Yは、Aは職23条の「依頼者」に該当しないから守秘義務を負わない旨主張するが、依頼者以外の秘密についても職務上の必要がないのに開示してはならないことは論を待たない。 　通知書の情報は、Xに知られておらず、通常Aが知られたくないと考える情報であり「秘密」に該当し、Xに伝える必要性はなく、守秘義務に違反する。 　回答書の情報は、Aに知られておらず、Xにとっては明らかに知られたくない情報であり「秘密」に該当し、Aに伝える必要はなく、守秘義務に違反する。 （原弁護士会の議決） 　法23条及び職23条の秘密保持義務は、依頼者の信頼を保護するためのものだが、依頼者でない者も弁護士を信頼して秘密を開示することもあるから、その対象・範囲は、依頼者はもとより第三者の秘密やプライバシーにも及ぶとし、日弁連綱紀委2011.11.16議決を引用する。

	※日弁連綱紀委の議決後、原弁護士会は法23条違反として戒告としたが、日弁連懲戒委は秘密開示の正当な理由は認められないが開示の必要性等を考慮して懲戒しないとした（A29）。		

議決／出典	主文	関係条文等
日弁連綱紀委 2019.8.27 議決例集22-197	懲戒審査相当 （原弁護士会：懲戒しない）	法23条 職23条

（民事訴訟等での主張・証拠提出）

	問題となった行為	争点に関する判断
B 30	Yは、いじめの被害児童の親権者Xから加害児童A側に対する慰謝料請求の訴訟で、A側代理人となったが、担任教諭から入手したXの連絡帳を書証として提出した。 ※連絡帳には、Xの加害児童Aに対する誹謗・中傷と受け取られてもやむを得ない内容が記載されていた。訴訟はX敗訴で確定。	連絡帳は担任教諭と児童父母の二者間の直接の意見交換や連絡を記入したもので公開を当然の前提としたものではないが、Yに連絡帳の入手につき殊更違法な行為はなく、証拠提出も訴訟の争点上必要な通常の立証手続であり、非難すべき点はない。 （原弁護士会の議決） 　除斥期間経過により懲戒請求却下。

議決／出典	主文	関係条文等
日弁連綱紀委 2006.7.19 議決例集9-148 ※職施行前事案	異議申出棄却 （原弁護士会：懲戒請求却下）	プライバシー

問題となった行為	争点に関する判断
Yは、婚姻費用分担調停事件で妻Aの代理人であったが、夫Xか	懲戒審査相当の議決を得らなかったが、10名中5名の反対意見がある。

らその源泉徴収票等が提出されていた。Yは、Xが代表社員を務める税理士法人が提起した別件訴訟の被告Bの代理人となり、調停事件で入手したXの源泉徴収票等を証拠として提出した。

※別件訴訟は、高級外車を妻Aと被告Bに無断使用されたとする損害賠償請求。源泉徴収票等はXが豊かな経済力を有することを示すもので、使用の包括的承諾を推認させる間接証拠となりうるとして提出された。

※反対意見
　当該源泉徴収票等の提出はXのプライバシーを侵害するもので、訴訟の主張立証の必要性の観点からは証拠としての関連性がないか極めて希薄で正当化できない。

（原弁護士会の議決）
　源泉徴収票等の証拠提出は、Bの防御にとって必要な行為であり、かつ、Xのプライバシーが著しく侵害されたともいえないから、懲戒相当とはいえない。

議決／出典	主文	関係条文等
日弁連綱紀審 2014. 1 .21 議決例集17 − 145	懲戒審査相当の議決を得られず （原弁護士会：懲戒しない）	プライバシー

問題となった行為	争点に関する判断
B32　Yは、離婚訴訟の夫の代理人として、相手方である妻とその代理人弁護士との間の連絡及び打合せのメールをプリントアウトしたものを証拠として提出し、相手方弁護士とその依頼者との間の相談内容の秘密を開示した。	弁護士が訴訟で争点と関係性のある証拠を提出する行為は、原則として制限されるべきではないが、相手方弁護士とその依頼者間の相談内容の秘密を開示する場合も同様かは、なお検討を要する。 　依頼者と弁護士との間の相談内容の秘密が保持されることは、依頼者の重要な権利であり、弁護士制度の根幹をなすものといえる。本件でも、Yが相手方弁護士とその依頼者間の相談内容の秘密を開示した行為について、相手方たる依頼者の権利を侵害し、信義に

反して他の弁護士とその依頼者との関係を不利益に陥れる行為として、職71条に違反するとの見解も十分成り立ち得る。

しかし、我が国の法制上、弁護士依頼者秘匿特権は、一般的な制度としては保障されておらず、職務基本規程においても直接の明文規定は存在しない。このことを前提とする限り、本件の開示行為につき直ちに非行とまではいえない。

議決／出典	主文	関係条文等
日弁連綱紀審 2016.12.13 議決例集19-207	懲戒審査相当の議決を得られず （綱紀委：異議申出棄却、原弁護士会：懲戒しない）	弁護士依頼者秘匿特権

問題となった行為	争点に関する判断
Yは、XがA社に対し、A社の新聞記事に関する問合せにおけるA社担当者の発言を侮辱だとする損害賠償請求の訴訟で、A社代理人となり、関係のないXの前科等を記載した準備書面と新聞記事を提出した。	懲戒審査相当の議決を得られなかったが、11名中4名の反対意見がある。 ※反対意見 　前科等は、人の名誉、信用に直接にかかわる事項であり、みだりに公開されない法的保護に値する利益がある。Yが準備書面に記載した前科等や書証提出した新聞記事は、被告の主張立証に必要なものでなく、正当な訴訟活動として許容される範囲を逸脱する。 （原弁護士会の議決） 　正当な訴訟活動として許される範囲内ではないが、期日でXと裁判所の求

B 33

	めに応じて準備書面を陳述せず書証も撤回し、書証も公表された新聞記事で、準備書面も事実を客観的に記述したもので過激表現や感情的表現等もないので、やや軽率であったとの非難は免れないが非行にまでは当たらない。	

議決／出典	主文	関係条文等
日弁連綱紀審 2018.7.10 議決例集21-208	懲戒審査相当の議決を得られず （綱紀委：異議申出棄却、原弁護士会：懲戒しない）	プライバシー（みだりに公開されない権利）

	問題となった行為	争点に関する判断
B 34	Xが、自転車転倒事故により負傷したとしてA組合連合会に対して共済保険の補償を求めたところ、Yは、A連合会から委託を受け、Xが過去の事故に対する医療照会に関する同意を撤回し同意書の返還を求めていたにもかかわらず、（1）A連合会から調査委委託を受けた調査会社Bが上記同意書に基づいて診療所から取得した診療録の写しをB社から受領したまま診療所又はXに返還せず、（2）X宛ての書面の作成に上記診療録の写しを使用し、また、（3）XのA連合会に対する保険金請求訴訟において、A連合会の代理人として、上記診療録の写しを証拠として提出した。	原弁護士会の認定と判断は相当。 （原弁護士会の議決） 　Xの過去の交通事故に関する情報は、プライバシー権として保護されるものである。Yは、過去の事故に対する医療照会に関するXの同意の撤回を現認した以上、同意が撤回された過去の事故の診療録を使用しないことを徹底し、同意のない状態に戻すべきであった。Yの事務員がXの同意が撤回された事実をA連合会及びB社に連絡していること等からすると、Yは、Xから同意の撤回を受けた時点で一応なすべきことをしたと評価できるが、その後、同意の撤回を知りながら、撤回された同意に基づくB社が取得した診療録を使用する行為は、同意の撤回を無意味にするもので、プライバシー権の侵害で非行に該当する。

議決／出典	主文	関係条文等
日弁連懲戒委 2020.12.14 議決例集23-79	審査請求・異議申出棄却 （原弁護士会：戒告）	プライバシー

問題となった行為	争点に関する判断
B 35 　Yは、XのA社らに対する損害賠償請求訴訟で、A社ら代理人として、口外禁止条項のある和解書を書証提出し、本人尋問で使用した。 ※和解書はXB間のもので、A社記者がBからその写しを入手したが、後にBはその破棄を請求し、Yはその事実を知っていた。	Yは、公表されない権利を有する者から入手した書面について、入手時点ではその使用が適法でも、交付者から破棄の請求があってその使用が禁止されたことを知って、これを使用し公表することは、公表されない権利を侵害するもので、これを正当化すべき事情もないから、品位を失うべき非行にあたる。

議決／出典	主文	関係条文等
日弁連綱紀委 2013.5.15 議決例集16-133	懲戒審査相当 （原弁護士会：懲戒しない）	公表されない権利

（相手方の秘密等の開示）

問題となった行為	争点に関する判断
B 36 　Yは、A社とX社との間の訴訟についてA社訴訟代理人であったところ、訴訟係属中にA社とX社で秘密保持契約を締結し、YがX社から営業秘密として売上額の情報の開示を受けた。Yは、その翌日、Yを含めた複数の弁護士が閲覧可能であったフェイスブック上のグループチャットにおいて、その概算額を記載したメッセージを投稿した。	法23条は文言上依頼者の秘密に限定しておらず、相手方の秘密であっても弁護士であることを信頼して開示した秘密は守秘義務の対象となる。また、弁護士が依頼者と相手方が締結した秘密保持契約の趣旨を損なう行為をした場合には、法23条違反の成否にかかわらず、品位を失うべき非行となる。投稿は開示により損害額の立証が容易になった高揚感を他メンバーに表出したものだが、実害発生の可能性が低く、真摯に反省していること等から戒告の

	議決／出典	主文	関係条文等
	日弁連懲戒委 2021．8．11 議決例集24－23	審査請求棄却 （原弁護士会：戒告）	法23条 秘密保持契 約の趣旨

3　秘密の利用

	問題となった行為	争点に関する判断
B 37	Yは、元依頼者Xの破産申立事件の受任事務の遂行の過程で職務上知り得たX名義の銀行預金を対象として、Xの違法な懲戒請求を不法行為とする損害賠償を命じる確定判決に基づいて、債権差押命令を申し立てた。 （日弁連綱紀委員会の議決） 　本件預金差押えは、取得した債務名義による債権回収の手段として行われた面もあるから、必ずしも正当な理由があったとすることはできない。しかし、元依頼者XがYに対して取った行動、Y側の事情、その他諸事情に鑑みれば、Yによる本件差押えが直ちに非行に当たるとまではいえない。	懲戒審査相当の議決を得られなかったが、10名中5名の反対意見がある。 ※反対意見 　民事執行法上の債権差押えが本来的には債権回収を実現するための制度であることに鑑みると、Yが職務上知り得たXの銀行預金を対象として債権差押えを申し立てることは、それによりYに対する業務妨害行為を抑止する事実上の効果があるとしても、Xとの信頼関係を前提として知り得た秘密をXの不利に利用しないとの信頼に反して自らの債権回収のために利用する行為といわざるを得ない。 　Yの行為は、たとえそれが自己防衛のために必要であったとしても、職62条の執務上知り得た秘密を利用する「正当な理由」とはいえず、守秘義務は解除されない。

	議決／出典	主文	関係条文等
	日弁連綱紀審 2016．4．12 議決例集19－144	懲戒審査相当の議決を得られず （綱紀委：異議申出棄却、原弁護士会：懲戒しない）	職62条

問題となった行為	争点に関する判断	
B 38	Yは、A社との法律顧問契約の履行に関し、A社の業務執行機関が公募増資の決定をしたことを知りながら、その公表前に証券会社を介して自己の計算で株式を売り付け、金融庁から39万円の課徴金納付命令を受けた。	Yは、A社との法律顧問契約の履行に関し、A社の業務執行機関が公募増資を実質的に決定したこと少なくとも未必的には認識しながら、その公表前に株式を売却したものであり、金融商品取引法に違反するインサイダー取引に該当するとして業務停止3月とした原弁護士会の判断は相当。

議決／出典	主文	関係条文等
日弁連懲戒委 2019.3.11 議決例集22-12	審査請求棄却 （原弁護士会：業務停止1月）	金融商品取引法違反（インサイダー取引）

4　その他

（不要となった事件記録の裏面利用）

問題となった行為	争点に関する判断	
B 39	Yが、Xから受任した民事訴訟事件の手控用記録のため、不要となった刑事事件記録（本件反故紙）をコピーした用紙の裏面白紙部分に、受任事件の書類を印刷して使用していたところ、Xとの間で辞任することを合意し、その場でXに対し本件反故紙部分を廃棄せずに記録全部を交付した。 Xが交付を受けた記録に無関係の掲示事件記録が入っていたことを、守秘義務に対する杜撰な行為として懲戒請求。	原弁護士会の認定と判断は相当。 （原弁護士会の議決） 本件反故紙の内容は刑事事件の記録で第三者の秘密やプライバシーに該当し、守秘義務の対象・範囲は、依頼者はもとより第三者の秘密やプライバシーにも及ぶことは当然であり、Yは、本件反故紙漫然とXに交付し、第三者の秘密やプライバシーをXの目に触れさせたもので、職18条、法23条に違反するが、故意ではないことを考慮し戒告とする。

議決／出典	主文	関係条文等
日弁連懲戒委 2010. 1 .12 議決例集13－70	異議申出棄却 （原弁護士会：戒告）	職18 法23条

	問題となった行為	争点に関する判断
B 40	Yは、Xから相談を受けた民事事件について書類を作成するに当たり、既済で不要となった他の事件の書類の裏面白紙部分を利用していた。 　Yは、Xに書類を返還するに当り、これらの他の事件の書類を混入させたまま、Xに交付した。 （原弁護士会の議決） 　Xに返還した書類に第三者の個人情報が含まれるが、その流失は過失によるもので、流出先も極めて限定されており、Yも改善を約束していることから非行とまではいえない。	Yが利用した他の事件の書類には、債務整理事件の債権者一覧表、刑事事件の弁護人意見書、民事事件の書類直送書や相手方代理人からの連絡文書が含まれており、これらは第三者の秘密やプライバシーに該当する内容であった。YがXに書類を返還するに当り、第三者の秘密やプライバシーが記載された書類を除外せず、これらを混入させたまま交付した行為は、職18条に違反する。 ※綱紀審の議決後の原弁護士会は、懲戒しないとした。

議決／出典	主文	関係条文等
日弁連綱紀審 2013. 2 .12 議決例集16－177	懲戒審査相当 （原弁護士会：懲戒しない） ※日弁連懲戒委：異議申出棄却	職18条

問題となった行為	争点に関する判断
Yは、途中で辞任したAマンション管理組合からの受任事件について、当時の理事長Xの要請に応じてその一件記録を交付したとこ	Yの事務所では、所内で控えとして保管される事件記録は、ほぼ他事件の書面の裏面に印刷する方法で再利用し

ろ、当該記録が他事件記録の裏面を利用して印刷されていたため、他事件に関する当事者の個人情報等（○○症の病歴等極めてセンシティブな個人情報を含めて個人を特定できるメールアドレス、家族構成、年齢、地名等の情報が含まれる）についてXの知るところとなった。

（原弁護士会の議決）

本件一件記録の交付は、他事件の依頼者の秘密や個人情報を漏らしたというべきで、職23条及び法23条に違反する（裏面印刷を失念して交付したとしても、職18条に違反する。）が、Xを超えて漏洩する現実的な危険までは生じておらず、軽卒で非難を免れないが、なお非行とまではいえない。

B41

ており、Yは、当該一件記録にも他事件の書面の裏面が再利用されていることを認識していた。

Yは、事務所の所長として、業務に関して知り得た秘密及びプライバシーが漏洩しないよう職員を指導監督する立場にあり、本件一件記録の交付を承諾するに当たって、自ら又は職員をして内容を確認して上で交付するかを最終判断することが求められていたのに、安易に交付を承諾し、結果として依頼者の秘密・プライバシー、殊に病歴等の極めてセンシティブな個人情報を漏洩させていることは非行と評価せざるを得ない。

なお、本件一件記録が返還されておらず、Xが相当程度に目を通したほか、X以外の理事等に漏洩している現実的な危険性もある。

議決／出典	主文	関係条文等
日弁連綱紀委 2020.2.19 議決例集23-93	懲戒審査相当 （原弁護士会：懲戒しない）	法23条 職23条 職18条

問題となった行為	争点に関する判断
Yは、Xからの受任事件の本人尋問の打合せをする際、事務職員に対して想定問答集を印刷して作	Yは、事務所内で裏紙再利用を許容していたのであるから、事務職員に想定問答集の印刷を指示する時に、第三者の秘密情報が記載された裏紙を使用しないように厳に指示すべき指導監督義務があり、自らも想定問答集を交付する時に、係る裏紙が使用されていないか確認する義務があった。Yは、指

B 42	成するよう指示したところ、事務職員は裏面に他の依頼者の顔写真、氏名、生年月日、性別、国籍、居住地、在留資格、病名等が印刷された用紙を使用して作成した。Yは、その想定問答集をX及び通訳者に交付して打合せをしたが、終了後も回収せず、後日、通訳者から裏面に個人情報が印刷されていることを指摘されたが、Xに破棄するように言付けを依頼した。	示も確認もせずに用意された想定問答集を漫然とXと通訳者に交付したのであるから職18条に違反する。 原弁護士会は、職18条違反と認定しながら品位を失うべき非行とまではいえないとしたが、漏洩した情報は極めてセンシティブな内容で、個人情報の管理も杜撰だという懸念を抱かせたこと自体を職18条違反の評価事情として考慮すべきであり、通訳者の指摘に対し破棄するよう依頼したことも、さらなる漏洩を防止するためにも直接回収すべきで適切な措置ではないので、品位を失うべき非行に該当する。 ※その後、原弁護士会で戒告の処分。

議決／出典	主文	関係条文等
日弁連綱紀委 2021.1.20 議決例集24−68	懲戒審査相当 （原弁護士会：戒告しない）	職18条

（刑事事件記録の証拠提出）

	問題となった行為	争点に関する判断
B 43	準強制わいせつ事件の被害者Xが加害者Aに対して損害賠償を求めて申し立てた調停事件において、A代理人のYが、Aから受け取った刑事訴訟記録の一部である本券各証拠（Aの検面調書、Xの員面調書及び判決書）の写しを、Xのプライバシーに関する部分をマスキング等せず、証拠として提出	Yは、当該刑事事件の弁護人ではないが、本券各証拠の扱いには刑訴法281条の4の趣旨に照らし慎重を期す必要があった。 しかし、目的外使用を直ちに非行と評価すべきでなく、同法2項に規定するように諸事情を総合考慮して判断すべきである。調停の関係者には事件の概要が既知の事実であること、事実関係や慰謝料額に大きな隔たりがあり、A主張事実の立証のためであること、

した。	非公開の調停事件での提出であること等の事情を勘案すると、配慮を欠く面があったが、非行とまでは認められない。

議決／出典	主文	関係条文等
日弁連綱紀審 2014.11.11 議決例集17−212	懲戒審査相当の議決を得られず （原弁護士会：懲戒しない）	刑訴法281条の4第1項

問題となった行為	争点に関する判断
B 44	Yは、交通事故により死亡した被害者の遺族Xが加害者に対し損害賠償を求める民事訴訟において、加害者の代理人Yとして、同事故にかかる刑事訴訟の弁護人から入手した証拠書類を、目的外利用が禁止されているにもかかわらず書証として提出し、かつ、入手元について事実に反する回答をした。	Yが書証として提出した書類に一部は加害者に対する刑事訴訟における証拠であり、刑訴法281条の4第1項で目的外使用を禁止された証拠である。Yが法23条の2、刑事確定訴訟記録法、民事訴訟の文書送付嘱託といった証拠収集手続を講じることなく、弁護人から送付を受けた記録をそのまま書証提出したことは、慎重であるべき刑事事件の記録の取扱いとしても民事訴訟の代理人の活動としても、軽率にすぎる。安易に弁護人に記録の送付を依頼したことにより、弁護人に刑事訴訟法違反をさせ、戒告の懲戒処分を受けさせる結果を招来させたことも看過できない。原弁護士会の判断に誤りはない。

議決／出典	主文	関係条文等
日弁連懲戒委 2018.10.15 議決例集21−88	審査請求棄却 （原弁護士会：戒告）	刑訴法281条の4第1項

第2章　利益相反に関する懲戒の状況と分析

　利益相反の検討においては、解説第3版74頁の利益相反の類型に即して、次のように類型化して検討を行った。なお、この類型化は一応のものであり、特に類型❺（職28条3号）については様々なものが含まれている。

（利益相反の類型）
第1　依頼者の利益と別の依頼者の利益が相反する類型
　　1　同一事件型（依頼者と相手方）
　　　ア　職27条1号（賛助、依頼承諾）　　　　　　　　　　　　　　｝類型❶
　　　イ　職27条2号（信頼関係）
　　2　別事件型
　　　（1）　職27条3号（相手方の別事件）　　　　　　　　　　類型❷
　　　（2）　職28条2号（依頼者等を相手方とする別事件）
　　　　ア　職28条2号前段（依頼者を相手方とする別事件）　　類型❸
　　　　イ　職28条2号後段（顧問先等を相手方とする別事件）　類型❹
　　3　その他型
　　　・職28条3号（依頼者間の利益相反）　　　　　　　　　　類型❺
第2　弁護士と事件ないし当事者の間に特別の関係がある類型［特別関係］
　　　・公務員等としての関与（職27条4号・5号）　　　　　　　｝
　　　・配偶者等が相手方（職28条1号）　　　　　　　　　　　　　類型❻
　　　・弁護士自身との利益相反（職28条4号）　　　　　　　　　｝
　　　　　　　　　　　　　　　　　　　　　　（以上、第2章）
第3　直接の規定がない類型（及び刑事事件）
　　1　遺言執行者　　　　　　　　　　　　　　　　　　　　　類型❼
　　2　他の財産管理人（成年後見人、職務代行者等）　　　　　類型❽
　　3　刑事事件の共犯者　　　　　　　　　　　　　　　　　　類型❾
　　　　　　　　　　　　　　　　　　　　　　（以上、第3章）

第1節　懲戒の状況（自由と正義）

第1　依頼者の利益と別の依頼者の利益が相反する類型

1　同一事件型

　職27条1号は、「相手方の協議を受けて賛助し、又はその依頼を承諾した事件」、職27条2号は「相手方の協議を受けた事件で、その協議の程度及び方法が信頼関係に基づくと認められるもの」について、職務を行ってはならないとする。法25条1号及び2号と同じ内容である。依頼者や相手方の同意があっても職務禁止は解かれない。

　職27条1号・2号が職務行為を禁止する趣旨は、弁護士が同号所定の事件について職務を行うことが、先に当該弁護士を信頼して協議または依頼した相手方の信頼を裏切ることになり、このような行為は弁護士の品位を失墜させるのでこれを未然に防止することにある（解説第3版76頁）。

　職27条1号・2号は、同一事件型の利益相反で、典型的には双方代理をするようなものであるが、双方代理に限らず、受任に至らないで相談に終わったような場合であっても、過去においてのものであったとしても、相手方の当事者について職務を行うことが禁止される（解説第3版74頁）。

　事件の同一性は、相反する利益の範囲によって、つまり、その基礎をなす紛争の実体を同一と見るべきかどうかによって判断すべきであり、社会生活において事実上利害対立を生ずるおそれのある場合を広く包含する。訴訟物が同一か否か、手続が同質か否かは問わない（解説第3版80頁）。

　「相手方」とは、民事、刑事を問わず、同一案件における事実関係において利害の対立する状態にある当事者をいう（解説第3版79頁）。

　職27条2号は、委任契約締結前を前提とし、また、賛助するに至っていない段階を前提とするものであり、ここでの「信頼関係」とは職27条1号に比肩し得るほどの強い信頼関係を予定している。単なる立ち話的な相談、初対面時の相談、証拠の提示や詳細な事実関係の開示のない抽象的な相談にとどまるときは、特段の事情のない限り、いまだ秘密の開示もなく、信頼関係ができあがっているとはいえない。弁護士会や自治体等における法律相談の場合は、相談の態様、具体性の有無、開示情報の内容や程度によっては限界事

例があるから、慎重に考慮するべきであるとされる（解説第３版83頁）。

（１）　職27条１号（賛助、依頼承諾）　　【類型❶】

　ア　C①は、XとA社（消滅会社）との建築紛争について、Xから法律相談を受け、A社に対して責任追及する場合の法的手段及び方法を教示し、助言したにもかかわらず、XのB社（A社を吸収合併した存続会社）に対する損害賠償請求訴訟において、B社の代理人として応訴した行為を、法25条１号及び職27条１号に違反するとした。

　XのA社に対する損害賠償請求権とB社に対する損害賠償請求権との間には、債権の同一性が認められることから、事件の同一性は認められる。また、XのA社に対する損害賠償請求権についてXの協議を受けて賛助した弁護士が、XのB社に対する損害賠償請求訴訟をB社から受任することは、まさに相手方の協議を受けて賛助した事件につき受任した場合に該当する（条解第５版207頁）。

　イ　C②は、所得税法違反事件で逮捕されたXから国税局との交渉、税務申告及び納税に関する事務処理等を受任し、同人から通帳を預かったが、これをAに引き渡し、Aが預金を横領したため、Xの返還要求に応じることができなかったところ、XのAに対する損害賠償請求についてAの代理人として示談交渉し、また、損害賠償請求調停において、Aの代理人として調停期日に出廷した行為を、職27条１号に違反するとした。

　詳しい事実関係は不明であるが、XのAに対する損害賠償請求（AによるXの預金の横領）は、Xから受任した国税局との交渉、税務申告及び納税に関する事務処理等を進める過程の中で発生した事件であり、しかも同一の預金が対象となっていることから、基礎をなす紛争の実体を同一とみることができ、事件の同一性が認められる。

　ウ　C③は、A社から同社の支配権争いに関する事件を受任し、B社がA社に対して有する債権をC社に譲渡させた上でC社がA社に請求する方法等を提案したところ、上記債権譲渡後に、C社を代理して、A社に対して上記債権に基づく支払請求をした事例であり、法25条１号に違反するとした。

　受任事件の中でC社への債権譲渡を提案（賛助）したB社のA社に対する債権と、債権を譲り受けたC社のA社に対する債権との間には、債権の同一性が認められることから、事件の同一性が認められる（大阪地判昭和30年９月29日判時70号22頁参照）。また、B社のA社に対する債権についてA社の協議を受けて

賛助した弁護士が、債権を譲り受けたＣ社のＡ社に対する債権の支払請求事件をＣ社から受任することは、まさに相手方の協議を受けて賛助した事件につき受任した場合に該当する（条解第５版207頁）。

　　エ　Ｃ④は、ＡのＸに対する費用償還等請求事件について、Ｘの代理人として控訴審を受任し、敗訴判決が確定したが、時効中断のためにＡがＸに対して提起した訴訟においてＡの訴訟代理人として訴訟を遂行した行為を、法25条１号及び職27条１号に違反するとした。

　同一の当事者間の同一の権利義務について、相手方の協議を受けて賛助し、又はその依頼を承諾した事件を受任したものであり、法25条１号及び職27条１号の典型事例である。

　　オ　Ｃ⑤は、Ａ社の代表者Ｘから、Ｂ法人に対する保証金返還義務を免れる方法について相談を受け積極的な助言をしたにもかかわらず、その後、Ｂ法人の代理人としてＡ社に対し、保証金の不当利得返還請求権を被保全債権とする仮差押えの申立て及び不当利得返還請求訴訟を提起した事例であり、法25条１号及び職27条１号に違反するとした。

　同一の当事者間の同一の権利義務（実質的に同一の権利義務）について、相手方の協議を受けて賛助し、又はその依頼を承諾した事件を受任したものであり、法25条１号及び職27条１号の典型事例である。

　　カ　Ｃ⑥は、Ｃ社の代表取締役Ｘから、Ａ及びＢ社に対する7,190万円の貸付金等の回収の依頼を受け、仮差押えの決定を受けたが奏功しなかったところ、Ｘの配偶者等の依頼を受けて、Ｘに対して、Ｘの上記貸付けが業務上横領に当たるなどして、Ｘの取締役解任を目的とするＣ社の株主総会の招集を求める等の内容証明郵便を送付した行為を、職27条１号に違反するとした。

　Ｃ社の代表取締役ＸのＡ及びＢ社に対する7,190万円の貸付けが業務上横領に当たるなどとして、Ｘの取締役解任を目的とするＣ社の株主総会の招集を求めることは、Ｃ社の代表取締役ＸのＡ及びＢ社に対する7,190万円の貸付けの適法性を問題とするものであるから、Ａ及びＢ社に対する7,190万円の貸付金等の回収業務と、その基礎をなす紛争の実体は同一であり、事件の同一性が認められる。

　　キ　Ｃ⑦は、登記名義上Ａが所有者となっていたビルについて、実際の所有者又は持分権者であるＸから売却交渉の委任を受け、Ａが所有権を有しないことの確認等を内容とするＡＸ間の合意書にＸ代理人として記名押印をす

る一方、Aから上記ビルを売却するための交渉事件を受任した行為を、法25条1号に違反するとした。

実際の所有者又は持分権者であるXからビルの売却交渉の委任を受け、かつ、登記名義人Aが所有権を有しないことの確認等を内容とするAX間の合意書をXの代理人として締結しておきながら、登記名義人Aから同ビルを売却するための交渉事件（同一の事件）を受任することは、先に依頼を承諾したXの利益を害するとともに、弁護士の信用、品位を害することになる。

詳しい事実関係は不明であるが、たとえ登記名義人A及びXの双方の同意を得て、Aから上記ビルを売却するための交渉事件を受任した場合であっても、弁護士の信頼、品位を害する行為として、職27条1号違反となり得ることに留意する必要がある。すなわち、委任の終了後であろうと、当事者の許諾があろうと、あるいは、当事者双方に損害を与えるおそれがなかろうと、職27条1号違反となり得る（解説第3版81頁）。

ク　C⑧は、X社から所有するビルの売却を含む債務整理事件の委任を受けていたにもかかわらず、上記ビルの売却に当たり、買主であるB社の利益のための業務をした行為を、法56条1項の品位を失うべき非行に該当するとした。

詳細な事実関係が不明であり、具体的な根拠条文が明示されていないが、X社からビルの売却を含む債務整理事件の委任を受けていたにもかかわらず、ビルの売却金額に関して利害の対立する買主の代理人として職務を行うことについて、根拠条文として挙げていないが、実質的には職27条1号・2号違反を問題としたものと思われる。

ケ　C⑨は、AのXに対する所有権移転登記の抹消登記を求める訴訟（前訴）について、Xの訴訟代理人となったにもかかわらず、当該訴訟が上告審に係属している間に、Aの債権者であるC社から、同一土地の所有権移転登記の抹消登記等を求める訴訟（後訴）等を受任した行為を、法25条1号及び職27条1号の趣旨に違反するとした。前訴はAとB社との間の土地の売買契約が虚偽表示により無効かどうか、Xが善意の第三者に当たるかどうかが争点となる訴訟であり、後訴はこの売買契約が詐害目的であることを理由とする訴訟である。

前訴と後訴は、同一土地の所有権を巡る紛争であって、A→B社→Xの売買によるXの土地の所有権の取得やXの主観的事情という基礎をなす紛争の実

体が同一であり、事件の同一性は認められる。また、前訴の当事者はAとX、後訴の当事者はC社とXで、両訴訟事件の当事者は異なっているが、前訴でXの依頼を承諾した弁護士が、同一の土地に係るC社のXに対する後訴をC社から受任することは、まさに相手方の依頼を承諾した事件について受任した場合に該当する。

　　コ　C⑩は、（1）A社からC会社に対する売掛債権について法律相談を受け、債務弁済契約書（Dが連帯保証人）を検討するほか、連帯保証人Eを追加する契約書案を作成したにもかかわらず、C社、D及びEの代理人として、公正証書の作成を公証人に委嘱した行為、及び、（2）C社らの代理人として公正証書を作成したにもかかわらず、A社の代理人として、公正証書を債務名義としてC社の売掛債権4件について債権差押命令の申立てをし、さらに、Eの破産手続開始決定の申立てをした行為を、法25条1号、職27条1号に違反するとした。

　いずれの行為も、同一の当事者間の同一の権利義務について、相手方の協議を受けて賛助し、又はその依頼を承諾した事件を受任したものであり、法25条1号及び職27条1号の典型事例である。

　（1）は、A社の協議を受けて賛助し、又はその依頼を承諾した事件について、A社の利益のために、C社らの代理人として公正証書を作成した事例であるが、このようにA社の同意があっても、弁護士の信頼、品位を害する行為として、職27条1号に違反することに留意する必要がある[1]（職27条1号には、同意による禁止解除規定がない。）。

　（2）は、もともとA社の利益のために、C社らの名ばかり代理人となって公正証書を作成したものであるために、A社の代理人として、公正証書を債務名義として債権差押命令の申立てをしたものと思われる。しかし、一たびC社らの代理人となった以上は、C社らとの関係で法25条1号、職27条1号が適用されることになり、弁護士としての信頼、品位が問われることになるのは当然であろう。

　　サ　C⑪は、XからA社に対する未払残業代の請求について相談を受け、その具体的処理方法について助言をしたにもかかわらず、A社に対する未払

---

[1]　公正証書の作成手続については、たとえ当事者間でその内容について合意ができていた場合であっても法25条1号に該当する（最判昭和32年12月24日民集11巻14号2363号）とされている（解説第3版95頁）。

残業代の請求認容判決を得たXが、A社の代表者であるBの自宅に赴き、Bに対して支払請求をしたことについて、Bから相談を受け、A社の防御のために、A社の代理人であることを記載せずに、Xに対し、Bの自宅に行って取り立てることは避けるよう連絡書を送付した行為を、職27条1号に違反するとした。

　弁護士は、XからA社に対する未払残業代についての協議を受け、賛助したものであり、XのBに対する未払残業代請求についての協議を受け、賛助したものではないと考えれば、事件の同一性はないと考えることができる。しかし、BはAの代表者であり、Bの自宅はA社の本店所在地であったことを考えると、XのBの自宅への取立て行為は、Bに対する請求であると同時に、A社に対する残業代請求と見ることもできる。そうすると、本件連絡書の送付は、Bの防御だけでなく、A社に対する残業代請求を阻止する効果も併せ持つことになり、事件の同一性を認めることができる。また、上記効果を併せ持つ本件連絡書を送付したことは、A社に対する残業代請求について協議をしたXの信頼を裏切ることになる。

　　シ　C⑫は、法人がAグループとBグループに分かれた内部紛争の際、AグループのC及びDの代理人として、Bグループに対する別件訴訟を遂行し、Cは受領した退職金を既に返還した（所有権は確定的に移転した）と主張していたが、その後、Aグループ内でC派とD派に分かれ、Cの代理人として、Dが代表を務める法人に対して、退職金（供託金）の所有権は確定的に移転しておらず、Cに帰属するとの本件訴訟を提起した行為を、法25条1号に違反するとした。

　別件訴訟と本件訴訟とは、退職金返還の法的性格（所有権が確定的に移転したかどうか）をどのように捉えるかという点で、その基礎をなす紛争の実体は同一と考えられ、両事件の同一性は認められるとした。問題は、退職金返還の法的性格（所有権が確定的に移転したかどうか）について協議を受けて賛助し、又はその依頼者を承諾した相手方はDであって、Dが代表を務める法人（本件訴訟の被告）ではないにもかかわらず、法25条1号を適用できるかどうかである。法25条1号の適用上、Dと法人とを同視したものと思われるが、その点は明らかでない[2]。

---

[2]　C⑫は、D⑥の議決例と同じ事例と思われるが、議決を見ても、この点は明らかにされていない。

　ス　Ｃ⑬⑭各（１）は、Ｂ社の再生手続開始を申し立てた弁護士Ｙが、開始決定後に辞任し、その後、Ｂ社が破産手続開始決定を受けて選任されたＢ社の破産管財人がＣ社に対して提起した否認訴訟において、Ｃ社の代理人となった行為を、法25条１号に違反するとした。また、Ｃ⑬（３）とＣ⑭（２）は、Ｙが、ＥのＦへの３億円の贈与契約締結につき、Ｅと面談の上、同一事務所の弁護士が贈与契約書を起案するなどの関与をしたにもかかわらず、Ｅの死亡後に、Ｆから委任を受けて、Ｅの妻ＸがＥを相続したとしてＸに対して、上記贈与契約に基づき３億円を支払うように求める訴訟を提起した行為を、法25条１号に違反するとした。

　Ｃ⑬⑭各（１）については、この事例に関する最決平成29年10月５日（民集71巻８号1441頁、判タ1444号104頁）がある。同決定は、再生手続申立て代理人の弁護士は、「Ｂ社の依頼を承諾して、Ｂ社の業務及び財産の状況を把握して事業の維持と再生に向けて手続を主導し、債権の管理や財産の不当な流出の防止等についてＢ社を指導すべき立場にあったものである。」、否認訴訟が「Ａ社の債権の管理や財産の不当な流出の防止等に関するものであることは明らかである。」として、事件の同一性を認めた。また、否認訴訟においてＣ社と対立する当事者はＢ社の破産管財人であるのに対し、委任契約の依頼者はＢ社であるが、「破産手続開始の決定により、破産者の財産に対する管理処分権が破産管財人に帰属することになることからすると、弁護士法25条１号違反の有無を検討するに当たっては、破産者であるＢ社とその破産管財人とは同視されるべきである。」として、否認訴訟は、「相手方の…依頼を承諾した事件」に当たるとした。

　Ｃ⑬（３）とＣ⑭（２）については、協議を受けて賛助した相手方は、贈与者のＥであって、その相続人であるＸではない。しかし、「相手方」には、被相続人から協議を受けて受任した事件につき、被相続人が死亡したため相続によりその地位を包括的に承継した場合における相続人をも含むものと解すべきであるとした裁判例があり（青森地判昭和40年10月９日判タ187号185頁。条解第５版208頁）、これによったということができる。

　なお、詳細な事実関係は不明であるが、ＥがＦに３億円を贈与する旨の贈与契約を締結したことが真意であるとすれば、Ｅの死亡後に、Ｆから委任を受けて、ＸがＥを相続したとしてＸに贈与契約に基づき３億円を支払うように求め

る訴訟を提起する行為は、Eの真意に沿うように考えられる。しかし、たとえEの同意を得たとしても、Eに贈与契約に基づき3億円を支払うように求める訴訟を提起することは許されないのであるから（法25条1号には、同意による禁止解除規定がない。）、弁護士の信用、品位を害するものとして、法25条1号に違反すると考えることになる。

　C⑬（2）とC⑮は、雇用する弁護士に前記C社の訴訟代理人に就任させていたところ、最高裁判所が法25条に違反するとして使用者の弁護士及び他のパートナー弁護士を排除する決定をしたにもかかわらず、雇用する弁護士が改めてC社との間で委任契約を締結し訴訟代理人として訴訟行為をすることを容認し、職57条を遵守するための措置を採らなかった行為を、職55条に違反するとした（勤務弁護士は、職57条に違反するとした。）。

　　セ　C⑯は、Y弁護士が、XのA及びBに対する損害賠償請求訴訟において、Aの代理人として答弁書で最大の争点である事実を否認した後、Bからも受任し、AB間で主張する事実が異なることを認識したにもかかわらず、利害対立の調整を試みることなく漫然とABの代理人として準備書面でBの認否として上記事実を認めるなどした行為について、職42条違反とした事例である。

　AB間の利害対立の調整ができない場合には、相被告とはいえ、同一事件について利益相反の状態が顕在化し、職27条1号（法25条1号）の問題となると考えれば[3]、同号には同意による禁止解除の規定がないので、同意を得ても一方の代理人を継続することはできず、職42条の適切な措置としてはAB双方を辞任するよりないのではないかと思われる（解説第3版127頁、92頁、93頁参照）。

　なお、Y弁護士は、Bから受任した後にBから事情聴取し、AB間で主張する事実が異なることを認識したようであるが、本来は、Bから受任するに先立

---

[3]　「同一の事件」は、社会的実体としての紛争の同一性を意味する。本事例のXからA及びBに対する損害賠償請求訴訟の内容は不明であるが、A及びBが連帯して責任を負う関係にある場合であり、基礎となる紛争の社会的実体は同じであるように思われる。職32条の受任時の不利益事項の説明義務もあるので、まずは紛争の社会的実体の同一性の有無を検討し、利益相反の状態が顕在化した場合には、紛争の社会的実体が同一であれば職27条1号・2号の適用を検討するが、同一でなければ職28条3号の適用を検討することになる。両者の違いは同意による禁止解除の有無である。

ってAB間の現実の利害対立の有無を確認すべきである[4]。とはいえ、Bから事情聴取をしてAB間の利害対立を知った場合には、同一事件についてBから秘密を打ち明けられた可能性が高いので、AB間の利害対立の調整ができないときには、Bとの関係で守秘義務の問題が生じかねず、Bからの事情聴取には難しい問題がある[5]。

　（２）　職27条２号（信頼関係）　【類型❶】

　　ア　職27条２号（法25条２号）については、委任契約締結前を前提とし、また、賛助するに至っていない段階を前提とするものであり、ここでの「信頼関係」とは職27条１号に比肩し得るほどの強い信頼関係を予定している（解説第３版83頁）。

　　イ　C⑰－１は、社会福祉法人Cの創業者一族の理事長X、前理事長Aから市の改善措置命令への対応について相談を受けた弁護士が、その後、（１）Xらに対して、C法人との利害が対立する可能性があることや、その場合にC法人の代理人としてXらに対応することを説明しないまま、Cとの委任契約を締結した行為を、職５条、29条及び32条に違反するとした。また、（２）C法人の使途不明金に関し、弁護士の事務所で行われた警察と前理事長Aとの話合いに前理事長Aの要請で立ち会いながら、法人Cを代理してX、Aらに対し、上記使途不明金等に関する損害賠償請求訴訟を提起した行為を、法25条に違反するとした。

　　これに対し、C⑰－２は、C⑰－１についての日弁連懲戒委の議決である。（１）について、役員会における、依頼者はC法人であるとの弁護士の回答により、C法人とXら創業者一族との間で利害対立する可能性のあることは、役員会に出席していたXらを含む出席者全員が認識できたとして、説明義務、誠実義務に違反しないとした。また、（２）について、弁護士の事務所における前記立会いは、法人Cと締結した委任契約で使途不明金の解明及びこれに

---

[4]　職32条は、「同一事件について複数の依頼者があってその相互間に利害の対立が生じるおそれがあるときは、事件を受任するに当り、依頼者それぞれに対し、辞任の可能性その他の不利益を及ぼすおそれのあることを説明しなければならない」とし、受任時の不利益事項の説明を義務付ける。Y弁護士がBから受任した後に、Bから事情聴取してAB間の利害の対立を認識したというのでは遅い。

[5]　Y弁護士がBから事情聴取をする場合には、Aと現実の利害対立があるときはBから受任できず、Bが依頼者とならない可能性があることを予め説明することが考えられるが、それがBの秘密を開示・利用する上でのBの同意となるかは疑問も感じる。AB間の利害対立の調整ができれば良いが、そうでない場合には、職42条の適切な措置を採ることのほか、守秘義務に関しても難しい問題がある。

関する刑事事件への対応も委任事項に含まれており、C法人の代理人として立ち会ったとみるべきであること、また、市の法人Cに対する改善措置命令では、法人の運営や施設内での虐待、使途不明金など7項目にわたって是正措置が求められており、前記の70分間の初回の相談で、使途不明金を含め是正を求められている事項につき具体的な相談があったとは考えられないこと、さらに、相談は改善措置命令に対するC法人としての対応であり、創業者一族の利益擁護の依頼があったとは認められないとして、法25条2号に違反しないとした。

C⑰－2の日弁連懲戒委は、「70分間の初回の相談で、使途不明金を含め是正を求められている事項につき具体的な相談があったとは考えられない」等と認定して、C⑰－1と逆の結論を導いていることが注目される。

　ウ　C⑱は、従業員が雇用主とともに来て行った相談において、従業員が顧客から受けた被害等についての相談を含むものと認識していたところ、相談の途中で、従業員がそのような被害を受けておらず将来雇用主から損害賠償請求の可能性があるとの考えに至ったにもかかわらず、相談を続けて従業員から情報を得て、雇用主の代理人として従業員に対して損害賠償請求を行ったことを、職27条2号に違反するとした。従業員は弁護士を信頼できる味方と信じて詳細に説明したもので、職27条2号の協議の程度及び方法が信頼関係に基づくものとしたものである。

　エ　C⑲は、Xから、電話で、内縁の夫Aの不貞等について相談を受けたにもかかわらず、内縁の夫Aの不貞行為に起因するXを被害者とする刑事事件を受任し、また、XのAらに対する内縁の解消、慰謝料等を求める家事調停事件において、Aらの代理人に就任した行為を、法25条2号、職27条2号に違反するとした。

事実関係の詳細は明らかではないが、電話での相談であっても、詳細な事実関係の開示など具体的な相談があり、信頼関係ができあがっていた場合には、法25条2号、職27条2号に違反することになる。

　オ　C⑳は、土地売買代金の支払を請求してきた相手方に会って話を聞いてくることを依頼され、相手方に会って話を聞いたところ、一転して、相手方の代理人となり、土地売買代金の支払を請求する通知書を送付した行為を、職5条に違反するとした。

職27条1号・2号の「協議を受けて」とは、当該具体的事件の内容につい

て、法律的な解釈や解決を求める相談を受けることをいう（解説第3版79頁）。また、同条1号の「依頼を承諾した」とは、事件を受任することの依頼に対する承諾をいい、1号前半との比較から見て協議を受けることの依頼を承諾しただけでは当たらないとされる（解説第3版80頁）。したがって、売買代金の支払を請求してきた相手方に会って話を聞いてくることを依頼され、それを承諾しただけでは、「協議を受けて」、「依頼を承諾した」には当たらず、27条1号・2号には該当しないものの、本件事案では、弁護士に対する信頼を裏切る行為として、職5条に違反すると判断したものと思われる。

2　別事件型

（1）　職27条3号（相手方の別事件）　【類型❷】

職27条3号に関する懲戒事例は見当たらない。

（2）　職28条2号（依頼者等を相手方とする別事件）

ア　職28条2号前段（依頼者を相手方とする別事件）　【類型❸】

C㉑は、依頼会社を被告とする新株発行無効の訴えの上告及び上告受理申立事件を受任した弁護士が、依頼会社の株主総会で解任された取締役の訴訟代理人として、依頼会社を被告とする株主総会取消請求訴訟を提起したことを、法56条1項に定める弁護士としての品位を失うべき非行に該当するとした。

この事例は、依頼者を相手方とする別事件を受任したものであるから、職28条2号に違反する行為である。

C㉒は、依頼者を相手方とする別事件の事例であり、債務整理を受任した弁護士が、辞任通知を送付せず委任関係が終了していないのに、その事務職員から、事務職員が依頼者から受領した不動産売買代金の返還に関する交渉事件を受任し、依頼者と複数回書面のやり取りによる交渉をしたことを、職28条2号に違反するとした。

詳しい事実関係が不明だが、Y弁護士は、Xから債務整理事件を受任し、1年後に、自己の事務職員DからDがXから受領した不動産売買代金の一部の返還に関する交渉事件を受任した事例である。代金の受領関係からすると売主がDでXが買主ということになるが、債務整理をするXが不動産を買うという事情も売主がYの事務職員Dという事情も分かりかねるが、もともと不動産売買自体について、DとXとの潜在的な利益相反の状況があることが考

えられ、Yとしては依頼者Xと事務職員Dとの関係で板挟みになりかねない状況が見受けられる。Yの事務職員は、職28条1号の親族に該当しないが、Yの弁護士業務の補助者であり、同条4号のY自身の経済的利益との相反に準じた状況が懸念され得る関係者である。また、債務整理事件においては依頼者の債務状況のほか収入や資産、生活状況等に関する秘密が開示されることも少なくない。したがって、仮にDからの受任前にXとの委任関係を終了させても、形式的には職28条2号に抵触しなくなるが、Dの代理人となってXを相手方とすることは、潜在的な利益相反状況の顕在化や守秘義務の観点から、許されなくなる場合もあると思われる。

　　イ　職28条2号後段（顧問先等を相手方とする別事件）　　【類型❹】

　C㉓は、継続的な法律業務の提携関係が存続する法人を相手方として、その法人に勤務する者の代理人として内部統制に関する調査及び業務監査の実施を要求したことを、職28条2号に違反するとした。

　法人の内部統制に関する調査及び業務監査の実施は、法人自体の業務の適正化を目的とする面があるが、それでも法人とその勤務者との利益相反の関係があり、職28条2号の職務禁止が働くとされたものである。

　C㉔は、顧問先の従業員が業務中に社有車の自損事故を起こし死亡したケースで、顧問先から、死亡した従業員の遺族との示談交渉の依頼を受けながら、遺族からも同様の依頼を受けて、両者間の示談を成立させたことを、法25条1号、職27条1号に違反するとした。

　示談成立に当たっては、顧問先の保険金支払の有無を調査せず、車両の賠償額算定も顧問先提供の資料のみで行っており、遺族側の利益を十分に擁護しない結果になったと思われ、職21条（正当な利益の実現）にも違反するとしたものである。

3　その他型／職28条3号（依頼者間の利益相反）　　【類型❺】

　C㉕は、2つの事案がある。1つは、顧問先会社、その代表取締役及び取締役を被告とする取締役解任請求事件において被告らの訴訟代理人となった後、被告である代表取締役及び取締役につき職務停止決定がされ、職務代行者が選任されたが、引き続き被告らの訴訟代理人として訴訟活動をしたことについて、職務代行者選任等の時点で、顧問先会社と当該代表取締役及び取締役との間に現実に利害の対立が生じたとして、職28条3号及び42条に違反

するとした。これは、利益相反が潜在的状況から顕在化したものと思われるが、同一の事件であり、職28条3号が適用となるのか疑問がある。

　もう1つは、遺産分割事件で相続人の1人から相談を受けて賛助したにもかかわらず、他の相続人から依頼を受け、当初に相談をした相続人が実質的に支配する会社を被告として、遺産の土地上に存する同社所有建物収去及び土地明渡しの訴訟を提起したことを、職27条1号に違反するとした。これは、相談者の遺産分割事件と、相談者の支配する会社に対する遺産の土地に関する事件とを、その実質に着目して同一事件とみたものと思われる。

第2　弁護士と事件ないし当事者との間に特別の関係がある類型

1　職27条4号・5号（公務員等としての関与）　【類型❻】

　ア　C㉖は、ハラスメントの被害者が勤務先に相談した事案について、ハラスメント防止委員会の委員として事案の審理及び決議に関与したにもかかわらず、被害者の加害者に対する損害賠償請求訴訟において、加害者の訴訟代理人となり、委員として知った情報を答弁書等で使用したことを、職5条及び6条に違反するとした。企業等のハラスメント防止委員会の委員は、被害者及び加害者との関係において、いずれの一方に偏しない中立公正な第三者的職務を行うことが期待される立場であり[*6]、職27条4号の公務員ではないが、同条5号の裁判外紛争解決手続機関の手続実施者に近い面がある[*7]。この懲戒例では、委員として事案の審理及び決議に関与した後、同一事件の

[*6]　元取締役らが会社法423条1項により会社に対する損害賠償責任を負うか否か等について調査、検討を行うために設置された取締役責任調査委員会の事例について、最高裁は、取締役責任調査委員会は、会社が元取締役らの会社法423条1項に基づく損害賠償責任の有無等の調査、検討するために設置したものであり、その委員は、会社から委嘱を受けて、上記調査等のために職務を行うものである等と判示し（最決令和4年6月27日判タ1503号17頁）、取締役責任調査委員会は中立性・公正さを標榜して第三者的職務を行う機関であるとの原審の認定を採用しなかった。
　　これに対して、ハラスメント防止委員会は、企業等が被害者及び加害者のいずれの一方に偏することなく適正にハラスメントの調査、認定等を行うために設置するものであるから、その委員は、被害者及び加害者との関係において、中立公正な第三者的職務を行うことが期待される立場にあるといえる。

[*7]　解説第3版86頁は、職81条（法令により官公署から委嘱された職務）の適用がなく、職27条4号・5号にも該当しない中立公正な第三者的職務を行った後、どのような範囲の職務が禁止されるかについても困難な問題があると指摘する。

訴訟の一方当事者の訴訟代理人となったことだけでなく、委員として知った情報を答弁書等で使用したことが非行事実とされている。この情報には被害者が秘匿したいものが含まれていると思われ、答弁書等での使用は情報の開示が伴うので、秘密保持の問題も内包されている。

　イ　C㉗は、ハラスメントの被害者が勤務先である学校法人が設置するハラスメント防止委員会に申し立てたハラスメント申立手続について、事実調査及び法的分析を含むサポート業務の委託を受け、事実関係の調査及び法的判断を行ったが、上記手続終了後に、被害者が学校法人を相手方として上記手続の結果に不服であることを前提に申し立てた民事調停において、学校法人の代理人に就任したことを、職5条及び6条に違反するとした。

　アで述べたように、企業等のハラスメント防止委員会の委員は、被害者及び加害者との関係において、いずれの一方に偏しない中立公正な第三者的職務を行うことが期待される立場にあり、その職務を十全に果たすためには、企業等との関係においても、企業等の利害を離れた中立公正な第三者的職務を行うことが期待される立場にある[8]。本事例は、企業等のハラスメント防止委員会の委員ではなく、同委員会のために事実調査及び法的判断の業務を行った者についても、その後の法的紛争について企業等の代理人に就くことは、弁護士の職務の公正及び信用（職5条及び6条）を害することになるとしたものである。

　ウ　C㉘は、法人の設置したハラスメント相談窓口の担当者の代行を受任し、相談者から事情を聴取したにもかかわらず、聴取した事実関係と同一の事実を含む事実関係に基づき相談者が法人を被告として提起した地位確認等請求訴訟において、法人の訴訟代理人として、相談者の主張を争ったことを、職5条に違反するとした。

　ハラスメント相談窓口を担当する弁護士は、企業等からの委嘱に基づいて、

---

[8]　企業等のハラスメント防止委員会の委員は、企業等との関係においても、例えば、ハラスメントが認定されることによって損害賠償問題に巻き込まれることを回避したい、この機会を利用して加害者を退職に追い込みたいなどの企業等の利害から離れた中立公正な第三者的立場に立たなければ、企業等の利害の影響を受けていずれか一方の主張に肩入れをすることになりかねず、被害者及び加害者との関係において、いずれの一方に偏しない中立公正な第三者的職務を行うことができなくなるからである。
　なお、取締役責任調査委員会の事例（最決令和4年6月27日）との相違については、前掲注6）参照。

相談者から事実関係の聴取や、調査を進めることについて相談者の意向を確認するなどの窓口対応業務を行うものであって、相談者の側に立って事実関係を聴取し、法的助言を行うなどの法律相談業務を行うものではない。しかし、相談者は、相談窓口を担当する弁護士が中立公正な第三者的職務を行う立場にあると信頼し、または、守秘義務を負う弁護士であることを信頼して、有利不利を問わず様々な事実を伝えることがあることを考えると、ハラスメント相談窓口を担当した弁護士が、相談窓口で聴取した事実関係と同一の事実を含む事実関係についての法的紛争について、企業等の代理人に就くことは、守秘義務や利益相反に抵触することになりかねず、また、弁護士の職務の公正（職5条）を害するとの評価に繋がることになる。

　本事例は、ハラスメント相談窓口の委嘱を受けたケース（いわゆる外部窓口）ではなく、ハラスメント相談窓口の担当者の代行を受任した者についても、その後の法的紛争について企業等の代理人に就くことは、弁護士の職務の公正（職5条）を害するとしたものである。

　エ　C㉙は、同じ事務所に所属する弁護士（C㉘の弁護士）が、法人の設置したハラスメント相談窓口の担当者の代行を受任し、相談者から事情聴取をしたことを知りつつ、同弁護士が聴取した事実関係と同一の事実を含む事実関係に基づき相談者が法人を被告として提起した地位確認等請求訴訟において、同弁護士とともに法人の訴訟代理人として、相談者の主張を争ったことを、職5条に違反するとした。

　共同事務所においては、所属弁護士に、他の所属弁護士の守秘義務や利益相反の規律が及ぶことについての規定はあるが（職56、57条）、他の所属弁護士の職務の公正（職5条）や信用（職6条）の規律が及ぶことについての規定はない。しかし、F⑯の日弁連綱紀審議決は、弁護士が遺言執行者に就任し、その後に、同一事務所の他の所属弁護士が相続人の一部の代理人となったにもかかわらず、遺言執行者の職務を継続したことは、職5条、職6条に違反するとしており、本事例も、所属弁護士にも他の所属弁護士の職務の公正（職5条）の規律が及ぶとしたものである。

2　職28条1号、4号　【類型❻】

　職28条1号（配偶者等が相手方）及び4号（弁護士自身との利益相反）に関する懲戒事例は見当たらない。

【一覧表C】　利益相反に関する懲戒事例（自由と正義）

※Y：被懲戒者、X：懲戒請求者、A・B・C…：関係者
※法：弁護士法、職：弁護士職務基本規程、倫：（旧）弁護士倫理

	類　型	関係条文	処　分	非行内容
第2章　利益相反　　第1節　懲戒の状況				
第1　依頼者の利益と別の依頼者の利益が相反する類型				
1　同一事件型				
C1	❶依頼者と相手方	法25条1号 職27条1号	戒告	Yは、2011年1月19日、Xから相手方をA社とするXの自宅建築工事に関する紛争についての法律相談を受け、XにA社に対して瑕疵担保責任を追及する場合の法的手段及び方法について教示し、及び助言したのにもかかわらず、XがA社を吸収合併したB社らを被告として2013年5月に提起した上記紛争に関する損害賠償請求訴訟に対し、同年6月、B社の訴訟代理人として応訴した。　Yの行為は、法25条1号及び職27条1号に違反し、法56条1項に定める弁護士としての品位を失うべき非行に該当する。
C2-1	❶依頼者と相手方	職27条1号	戒告	Yは、所得税法違反事件で2007年11月10日に逮捕されたXから、国税局との交渉、税務申告及び納税に関する事務処理等を受任し、Xの通帳等を預かったが、Yが預かる以前からXの通帳等を預かる等していたAに対し、2009年6月24日までに、Xの意思に反しないと考え、上記通帳等を引き渡したところ、2011年4月1日に出所したXから、同年6月上旬に上記通帳等の返還を求められ、その返還をすることができなかった。　Yは、上記引渡しを受けたAが少なくとも532万3,323円を横領しXから損害賠

				償請求を受けたことについて、Xに対し、同年7月26日付けの書面で、Aの代理人となった旨を通知し、Xの代理人のB弁護士と示談交渉し、また、Xが2012年6月1日にAを相手方として申し立てた損害賠償請求調停事件において、Aの代理人として、調停期日に出頭した。 　Yの行為は、職27条1号に違反し、法56条1項に定める弁護士としての品位を失うべき非行に該当する。
C2-2	❶依頼者と相手方 ※C2-1と同一事件	（1）職39条、45条 （2）職27条1号	（日弁連）業務停止1月	（1）　Yは、所得税法違反事件で逮捕されたXから、国税局との交渉や納税等の事務等を受任し、Xの通帳等を預かったが、委任事務終了後、Yが預かる以前からXの通帳等を預かっていたとされるAに対し、Xの承諾なく、通帳等を引き渡した。原弁護士会は、YがAから預かったXの通帳があったことからすれば、Xの通帳等をAに引き渡すことは無理からぬところがあったとして、直ちに非行に当たるとまではいい難いと判断した。 　しかし、Xが新たに提出した書証（弁護士会照会の回答書）によれば、YがAから預かったと主張する通帳3冊についても、検察庁からの還付によるものであると推認される。Yは、上記3冊はAから受領したと主張しているから、そのことを示す何らかの書証が提出されてしかるべきところ、そのような証拠の提出もない。以上のことからYがAから預かった通帳はないと認められる。 　本来、預かった通帳はXに返還すべきところ、同人の承諾を得ないままそれらをAに引き渡したことは、職39条及び45

				条に違反し、Aから預かった通帳がなかったとすれば、酌むべきところはなく、弁護士としての品位を失うべき非行に該当する。 （2）　なお、YからXの通帳等の引渡しを受けたAが横領し、Xから損害賠償請求を受けた際、Yが、Aの代理人として示談交渉をし、調停期日に出頭したこと等については、職27条1号に違反し、法56条1項に定める弁護士としての品位を失うべき非行に該当するとの原弁護士会の判断に誤りはない。 　以上のことから、原弁護士会の戒告処分は著しく軽く、不当であって、変更せざるを得ない。よって、Yに対する懲戒処分を業務停止1月に変更する。
C 3	❶依頼者と相手方	法25条1号 職19条、29 条 1 項、30条1項	戒告	Yは、2011年頃、A社からA社の支配権争いに関する事件を受任し、B社がA社に対して有する債権をC社に譲渡させた上でC社がA社に請求する方法等を提案した。その後、上記方法による債権譲渡が行われたが、Yは、2011年11月1日までにC社らを代理し、A社に対し、上記債権に基づく支払を請求した。 　また、Yは、A社から上記事件を受任する際に、弁護士報酬、事件の見通し等について適切な説明をせず、委任契約書も作成しなかった。 　さらに、Yは、Dが自己の事務職員でないにもかかわらず、Yの法律事務所の債権回収事業部営業推進部長という名刺を複数作成するのを黙認し、その結果Dは、上記名刺を使用してYの上記事件処理に関与し、A社から525万円の報酬を

				受領した。 　Yの行為は、法25条1号並びに職19条、29条1項及び30条1項に違反し、法56条1項に定める弁護士としての品位を失うべき非行に該当する。
C4	❶依頼者と相手方	法25条1号 職27条1号	戒告	Yは、AがXに対して提起し認容判決が言い渡された費用償還等請求事件の控訴審においてXの訴訟代理人として訴訟を遂行したが、2005年4月12日に控訴棄却判決を受け、これが確定した。その後、Yは、上記事件の確定判決の時効中断のためにAがXに対して2015年4月8日に提起した上記事件と訴訟物を同一とする訴訟において、Aの訴訟代理人として訴訟を遂行した。 　Yの行為は、法25条1号及び職27条1号に違反し、法56条1項に定める弁護士としての品位を失うべき非行に該当する。
C5	❶依頼者と相手方	法25条1号 職27条1号	戒告	Yは、2018年7月24日以降、有限会社Aの代表者であるXから、A社が医療法人社団Bから業務委託契約上の保証金の返還義務を免れる方法についての相談を受け、積極的な助言をしたにもかかわらず、B法人の代理人として、2020年8月21日付けで、上記保証金の不当利得返還請求権を被保全債権としてA社を相手方とする仮差押命令の申立てを行い、同年11月19日付けで、A社を被告とする不当利得返還請求訴訟を提起し訴訟行為を遂行した。 　Yの行為は、法25条1号及び職27条1号に違反し、法56条1項に定める弁護士としての品位を失うべき非行に該当する。

| C6 | ❶依頼者と相手方 | 職22条、27条1号、45条 | 戒告 | Yは、2011年9月頃、Xから、A及びAの経営するB社に対する7,190万円の貸金等の回収について相談を受け、Xが代表取締役であるC社と顧問契約を締結し、2012年1月7日、上記貸金等の回収に関する仮差押え、訴訟、強制執行等について包括的に委任契約を締結し、その後、着手金210万円及び実費30万円の計240万円の送金を受けた。Yは、同月末頃、A及びB社を債務者として仮差押えの決定を受けたが奏功しなかった。Yは、2013年2月8日、Xからメールで仮差押えの取下げを依頼された際に、「わかりました。手続きを進めます。ただし、費用等はお願いします。」と応答したが、費用等とは何を意味するかを明確に提示して、速やかに取下げをするように努めるべきであったのに、具体的な提示をせずに取下げの意向に応じなかった。
　また、Yは、当初の予定とは異なり仮差押えしか行っておらず上記貸金の回収は全くできていないこと等から、訴訟を提起しないまま同年3月27日にXによって仮差押えが取り下げられたことがわかった時点で、精算について具体的な提案をし、依頼者の意向を確認し、実費精算及び着手金の一部を返還することが求められていたのにもかかわらず、これを怠った。
　さらに、Yは、同年6月25日、Xの夫D及びDの父Eを代理して、Xに対して、XがC社の代表取締役の地位を濫用してA |

				に対して7,190万円の貸付けをしたことが業務上横領に当たり、またXが何ら貸付を回収していないことで更に損害を与えている等として、Xの取締役解任を目的とするC社の株主総会の招集を求める等の内容を記載した内容証明郵便を送付した。 　Yの行為は、職22条、27条1号及び45条に違反し、法56条1項に定める弁護士としての品位を失うべき非行に該当する。
C7	❶依頼者と相手方	法25条1号	戒告	（1）　Yは、登記名義上Aが所有者となっていたビルについて、実際の所有者あるいは少なくとも持分権者であったXから売却交渉の委任を受け、Aが所有権を有しないことの確認等を内容とするXとAとの間の合意書にX代理人として記名押印をする一方、Aから上記ビルを売却するための交渉事件を受任した。 （2）　Yは、Xが委任した上記ビルの売却交渉について、Xからの問合せに対して報告をしなかった。 　Yの（1）の行為は、法25条1号に違反し、各行為は、いずれも法56条1項に定める弁護士としての品位を失うべき非行に該当する。
				（1）　Yは、2015年5月20日から業務停止6月の懲戒処分を受けたにもかかわらず、その業務停止期間中、X社らから受任したX社らの債務整理事件及び関連するX社が所有するビルの売却、その後の転売、X社と上記ビルの一部を社員寮として賃借するA社との間の業務委託契約

C8	❶依頼者と相手方		業務停止1年	の上記ビルの売却先であるB社への移転等に関して、弁護士業務を行った。 （2）　Yは、X社から上記ビルの売却を含む債務整理に関し委任を受けていたのにもかかわらず、上記ビルの売却に当たり、交渉段階からB社と密接な関係にあり、B社の利益のための業務を行った。 （3）　Yは、上記（1）の業務委託契約は、X社が上記社員寮の賄いその他の管理業務を行う旨の契約であり、上記ビルの売却により当然にB社に引き継がれるものではないから、X社からB社へ移転しないように対応すべきであったにもかかわらず、B社の利益となるよう上記業務委託契約をB社に移転した。 　Yの上記行為は、いずれも法56条1項に定める弁護士としての品位を失うべき非行に該当する。
C9	❶依頼者と相手方	（1）法23条、職23条 （2）（4）職21条、22条1項、36条 （3）法25条1号、職27条1号	業務停止1月	（1）　Yは、Aが提起したXに対するAとB社との間の土地の売買契約が虚偽表示で無効であり、転得者のXは善意の第三者ではないとして上記土地の所有権移転登記の抹消登記手続を求める訴訟につきXから受任し、上記売買契約は有効であり、仮に虚偽表示であったとしてもXは善意の第三者であるとして争い、第一審で敗訴した後、XからXの債権の回収を図るため情報提供を前提としたC社との交渉を受任したところ、Xとの間で情報提供の目的、方法、対価等の具体的条件を協議することなく、2014年2月12日にC社に対し無条件で上記訴訟に関する第一審判決書等の訴訟資料を送付した。

（2）　Yは、上記送付後もC社との間でXに支払う情報提供料について具体的な交渉をしなかった。

（3）　Yは、上記訴訟が上告審に係属していたにもかかわらず、C社からXらに対する上記売買契約は詐害目的であるとして上記土地に係るXの所有権移転登記の抹消登記手続等を求める訴訟、及びこれを本案としてXを債務者とする上記土地の処分禁止の仮処分申立てにつき受任した。

（4）　Yは、C社が2014年6月13日に提起した上記（3）の訴訟及び同年7月4日に申し立てた上記仮処分の申立てにおいて、これらが認められるとXは上記土地に関し何ら権利を有しないことになり、法的にC社に一定の利益を請求することができなくなるにもかかわらず、上記売買契約が詐害行為であり、Xは詐害行為につき悪意である旨を主張した。

　Yの（1）の行為は、法23条及び職23条に、（2）及び（4）の行為は、職21条、22条1項及び36条に、（3）の行為は、法25条1号及び職27条1号の趣旨に違反し、いずれも法56条1項に定める弁護士としての品位を失うべき非行に該当する。

（1）　Yは、2015年2月6日、A社の代表取締役であるBからA社のC会社に対する売掛債権の保全の方法に関する法律相談を受け、同月10日、Bから、A社を債権者、C社を債務者、C社の代表取締役であるX₁を連帯保証人とする債務弁済契約書を送付されて、その内容につき問題がないかどうかの検討をし、その後、上

C 10	❶依頼者と相手方	（1）（2）法25条1号、職27条1号（3）職22条	戒告	記契約書にX₁の妻であるX₂を連帯保証人にする項を付加した契約書案を作成し、これを公正証書の草案として同月23日付けでBに送付したにもかかわらず、C社、X₁及びX₂の委任状を受領し、C社らの代理人として、同年3月20日、上記草案とほぼ同じ内容の公正証書の作成を公証人に委嘱した。 （2）　Yは、C社らの代理人として上記（1）の委嘱をしたにもかかわらず、A社の代理人として、Yの法律事務所の所長であるD弁護士を含む上記法律事務所所属の弁護士3名と共に、2015年5月1日から同年6月8日にかけて、上記（1）の公正証書を債務名義としてC社の売掛債権4件について債権差押命令の申立てをするなどし、また、D弁護士と共に、同年10月16日、上記（1）の公正証書に基づく保証債務履行請求権の債権者としてX₂の破産手続開始決定の申立てをするなどした。 （3）　Yは、上記（1）の委嘱の代理につき、C社らに対し、その委任意思を直接確認しなかった。 　Yの（1）及び（2）の各行為は、法25条1号及び職27条1号に、（3）の行為は、職22条に違反し、いずれも法56条1項に定める弁護士としての品位を失うべき非行に該当する。
				Yは、2017年夏頃、XからA社に対する未払残業代の請求について相談を受け、その具体的処理方法についてXに助言をし、相談料を受領したにもかかわらず、Xが本人訴訟により約40万円の請求認容

| C 11 | ❶依頼者と相手方 | 職27条1号 | 戒告 | 判決を得て、A社の本店所在地である代表者Bの自宅に赴き、Bに対して支払請求をしたことについて、Xの相談を受ける以前から懇意の間柄であったBから相談を受け、A社の代理人として通知を出すことを断りながらも、A社の防御のために、2018年8月8日、A社の代理人であることを記載せずに、Xに対し、Bの自宅に行って取り立てることは避けてA社に対して強制執行の申立てを行うようにとの内容の連絡書を送付した。

　Yの行為は、職27条1号に違反し、法56条1項に定める弁護士としての品位を失うべき非行に該当する。 |
| | | | | （1）　Yは、1996年に法人がAグループとBグループに分かれた内部紛争の際、Aグループの代表等であるC及びDの代理人として、Bグループを相手方とする役員の地位確認請求等の別件訴訟（最終的にAグループが敗訴）を遂行したが、2004年頃、Aグループ内でC派とD派が分かれる再分裂が起きた後、YがCの代理人として、Dが代表を務めるX社を相手方として別件訴訟前にCが法人に返還した退職金の帰属に関する本件訴訟を2014年に提起し、遂行したことが、法25条1号に違反するか否かが問題となった事案で、原弁護士会は、別件訴訟と本件訴訟では、退職金に関係するという点では共通するが、紛争の実体を異にしており事件の同一性はなく、法25条1号の「相手方の協議を受けて賛助し、又はその依頼を承諾した事件」について職務を行ったものとは認められないとして、Yを懲戒しない旨の判断をした。 |

| C 12 | ❶依頼者と相手方 | 法25条1号 | （日弁連）戒告

（原弁護士会）懲戒しない | （2）　ところで、事件の同一性を判断するためには双方の事件の基礎となる紛争の実体をどのように捉えるかが重要であり、形式的に争点が同一であるか否かによるべきではない。別件訴訟についてみると、Yは、退職金は既に返還された（所有権を確定的に移転された。）として、Cが元の地位に復帰した旨を主張しており、退職金が返還された事実は重要な間接事実であった。他方、本件訴訟は、退職金相当額を受託していた銀行が供託した供託金の還付請求権について、CとX社がそれぞれ自らにあると主張したものである。Yは、本件訴訟でCの代理人として、退職金はその所有権が確定的に移転したものではないなどと主張をしており、別件訴訟と本件訴訟とは、いずれも退職金返還に関する紛争である点で共通し、退職金返還の法的性格をどのように捉えるかという点で両訴訟の基礎となる紛争の実体は同一と考えられ、両事件の同一性が認められる。したがって、本件訴訟におけるYの行為は、「相手方の協議を受けて賛助し、又はその依頼を承諾した事件」について職務を行ったものと認められる。
　　よって、本件異議申出は理由があり、Yを懲戒しないとした原弁護士会の決定を取り消す。Yが本件訴訟においてその訴訟行為を排除されていること等の事情を考慮し、Yを戒告とする。 |
| | | | | （1）　Yは、Yの法律事務所に所属するA弁護士らと共に、B社及びその他2社 |

C 13	❶依頼者と相手方	（1）（3）法25条1号（2）職55条	業務停止3月	との間で再生手続開始の申立て等の委任契約を締結し、B社の申立代理人として上記申立てをしたが、B社から上記委任契約を解除されたため、2014年7月1日に申立代理人を辞任したところ、その後、B社らが破産手続開始決定を受け、それぞれの破産管財人がC社に対し、Yが上記委任契約を締結している間に行われたB社らからC社に対する送金等に関して否認権等を行使して金員の支払を求める訴訟等につき、C社から委任を受けC社を代理して訴訟行為を行った。 （2）　Yは、Yが雇用しYの事務所に所属するD弁護士をYと共にC社の訴訟代理人又は訴訟復代理人に割り当て、D弁護士が上記（1）の各訴訟において訴訟行為を行っていたところ、最高裁判所が法25条1号に違反するとしてY及びA弁護士の訴訟行為を排除する旨の決定をしたにもかかわらず、その後、D弁護士がC社と2018年3月16日に改めて委任契約を締結し訴訟代理人として上記（1）の各訴訟の訴訟行為を行うことを容認し、職57条を遵守するための措置を何ら採らなかった。 （3）　Yは、EがFに3億円を贈与する旨の贈与契約を締結したことにつき、Yの方針の下、Eと面談の上A弁護士が贈与契約書を起案するなど関与したにもかかわらず、Eの死亡後、2017年4月3日にA弁護士らと共にFから委任を受けて訴訟代理人となり、Eの妻であるXがEの財産全部を包括して相続した者であると主張して、Xに対し上記贈与契約に基づきF

				に3億円を支払うように求める訴訟を提起し、訴訟行為を行った。 　Yの（1）及び（3）の行為は、法25条1号に違反し、（2）の行為は、職55条に違反し、いずれも法56条1項に定める弁護士としての品位を失うべき非行に該当する。
C14	❶依頼者と相手方 ※C13と一連事件	（1）（2） 法25条1号	業務停止1月	（1）　Yは、法律事務所を共にするA弁護士らと共に、B社及びその他2社との間で再生手続開始の申立て等の委任契約を締結し、B社の申立代理人として上記申立てをしたが、B社から上記委任契約を解除されたため、2014年7月1日に申立代理人を辞任したところ、その後、B社らが破産管財人がC社に対し、Yが上記委任契約を締結している間に行われたB社からC社に対する送金等に関して否認権等を行使して金員の支払を求める訴訟等につき、C社から委任を受けC社を代理して訴訟行為を行った。 （2）　Yは、DがEに3億円を贈与する旨の贈与契約を締結したことにつき、A弁護士の方針の下、Dと面談の上贈与契約書を起案するなど関与したにもかかわらず、Dの死亡後、2017年4月3日にA弁護士らと共にEから委任を受けて訴訟代理人となり、Dの妻であるXがDの財産全部を包括して相続した者であると主張して、Xに対し上記贈与契約に基づきEに3億円を支払うように求める訴訟を提起し、訴訟行為を行った。 　Yの行為は、いずれも法25条1号に違反し、法56条1項に定める弁護士としての品位を失うべき非行に該当する。

C 15	❶依頼者と相手方 ※C13と一連事件	職57条	戒告	Yは、法律事務所を共にするA弁護士及びB弁護士らが職27条1号の規定により職務を行い得ないC社を委任者とする複数の訴訟事件につき、C社の訴訟代理人又はA弁護士の訴訟復代理人として訴訟行為を行っていたところ、最高裁判所が法25条1号に違反するとしてA弁護士及びB弁護士の訴訟行為を排除する決定をしたにもかかわらず、2018年3月16日、上記複数の訴訟事件につき、改めてC社との間で委任契約を締結し引き続き訴訟行為を行った。 　Yの行為は、職57条に違反し、法56条1項に定める弁護士としての品位を失うべき非行に該当する。
C 16	❶依頼者と相手方	職42条	戒告	Yは、Xを原告、A及びBを被告とする損害賠償請求訴訟において、Aの代理人として提出した2018年10月16日付け答弁書で上記訴訟の最大の争点である事実を否認するなどしたところ、上記訴訟をBから受任した後、同年12月1日にBから事情聴取し、A及びBの間で上記事実について主張する事実が異なることを認識したが、A及びBと利害の対立について十分な協議をしてその間の調整を試みることなく漫然とA及びBの代理人として提出した同月3日付け準備書面でBの認否として上記事実を認めるなどし、適切な措置を採らなかった。 　Yの行為は、職42条に違反し、法56条1項に定める弁護士としての品位を失うべき非行に該当する。

C 17 -1	❶依頼者と相手方	（1）職5条、29条、32条 （2）法25条2号	戒告 ※議決例集D32－2の原処分	（1）　Yは、2010年5月31日、社会福祉法人Cの創業者一族で理事長を務めるX、前理事長A及び現理事Bから、C法人及びC法人が運営する特別養護老人ホームの運営に係る市長の改善措置命令への対応について相談を受け、同年6月3日に開催されたC法人の役員会に出席し、創業者一族以外の役員が創業者一族らの退任を要求していること等を知り、C法人と創業者一族らの利害が対立する可能性があることを認識しながら、Xらに対し、事務処理においてC法人と利害が対立する可能性があること、その場合、Yは、C法人の代理人としてXらに対応すること等を説明しないまま、同月6日、C法人との委任契約を締結した。 （2）　Yは、2010年6月8日、C法人の使途不明金に関し、Yの事務所で行われた警察とAとの話合いにAの要請で立ち会いながら、同年11月18日、C法人を代理してXらに対し、上記使途不明金等に関する損害賠償請求訴訟を提起した。 　Yの（1）の行為は、職5条、29条及び32条に、（2）の行為は、法25条2号に違反し、各行為は、いずれも法56条1項に定める弁護士としての品位を失うべき非行に該当する。
				（1）　Yの（1）の行為について、Yは、同年5月31日に上記相談を初めて受け、受任の可否を判断するため、同年6月3日にC法人の役員会に出席したものであり、C法人から委任を受けるに際し、C法人とXらとの利害が相反する可能性があ

C 17 －2	※C17－ 1と同一 事件	（1）職5 条、29条、 32条 （2）法25 条2号	（日弁連） 懲戒しな い ※議決例 集D32－ 2

る場合には、職5条、29条及び32条の趣旨に鑑み、Xらに利益相反する可能性があることを説明すべきであるが、Yは上記役員会において、創業者一族以外の役員が創業者一族の退任を求めているという状況の中で、創業者一族以外の役員からYの依頼者は誰かとの確認を一度ならず受け、依頼者はC法人であると明言しており、C社と創業者一族との間で利害対立する可能性のあることは、出席していたX及びBを含む出席者全員が認識できたものというべきであり、Yが同月6日の受任の段階で、利益相反の可能性の説明をしなかったとしても、説明義務、誠実義務に違反したとはいえない。

（2）　Yの（2）の行為については、同月8日、YはAの要請に応じて、C法人の使途不明金に関する警察との話合いに立ち会っているが、同月6日にC法人と締結した委任契約では使途不明金の解明及びこれに関する刑事事件への対応も委任事項に含まれており、YはC法人の代理人として警察との話合いに立ち会ったとみるべきである。また、市のC法人に対する改善措置命令では、法人の運営や施設内での虐待、使途不明金など7項目にわたって是正措置が求められており、同年5月31日の70分間の初回の相談で、使途不明金を含め是正措置を求められている事項につき具体的な相談があったとは考えられない。さらに、相談は、改善措置命令に対するC法人としての対応であり創業者一族の利益擁護の依頼があったとは認められない。したがって、使途不明金問題は、「相手方の協議を受けた事件

				で、その協議の程度及び方法が信頼関係に基づくと認められるもの」ということはできず、YがC法人の代理人としてX及びAに対して使途不明金に関して損害賠償請求訴訟を提起したことが法25条2号に違反するとはいえない。 　したがって、Yを戒告処分として原弁護士会の処分を取り消して、Yを懲戒しないこととする。
C 18		職27条2号	戒告 ※議決例集D14	Yは、Xがその雇用主Aと共にYの事務所に来て行った相談において、XはYが自己の被害についての相談に応じてくれる立場の者と思いこれを信頼して詳細な話をし、Yも少なくともXの業務に関して顧客から受けた被害等についての相談を含むものと認識していたところ、相談の途中でXがそのような被害を受けておらず将来においてAからXに対する損害賠償請求の可能性があるとの考えを持つに至ったにもかかわらず、その可能性を詳しく説明することなく相談を続けてXから情報を得て、2015年11月9日、Aの代理人としてXに対して上記相談内容に密接に関連する損害賠償請求を行った。 　Yの行為は、職27条2号に違反し、法56条1項に定める弁護士としての品位を失うべき非行に該当する。
				Yは、2017年3月31日頃、Xから、電話で、内縁の夫Aの不貞や夫婦共有財産の処分、管理等について相談を受けたにもかかわらず、Aの不貞行為を直接の原因とするXとの対立を紛争の実体とする刑事事件について、Aの刑事弁護人に就任し、被害者であるXに対し、刑事事件の

C 19	❶依頼者と相手方	法25条 2 号 職27条 2 号	戒告	金銭的解決を示唆する手紙を送付し、また、XがA及びその不貞相手とされるBに対し不貞行為を理由として内縁の解消、慰謝料及び財産分与を求めた家事調停事件において、A及びBの家事調停手続代理人に就任し、調停期日に出頭するとともに、A及びBの主張を記載した主張書面を提出した。 　Yの行為は、法25条 2 号及び職27条 2 号に違反し、法56条 1 項に定める弁護士としての品位を失うべき非行に該当する。
C 20	❶依頼者と相手方	職 5 条	戒告	Yは、Xから、Xに土地売買代金の支払を請求してきたAに会って話を聞いてくることを依頼され、引き受けたところ、Aに会って話を聞き、その結果をXに報告しなければならないにもかかわらず、その報告をしなかったばかりか、一転して、Aの代理人となり、Xに対して、土地売買代金の支払を請求する通知書を送付した。 　Yの行為は、職 5 条に違反し、法56条 1 項に定める弁護士としての品位を失うべき非行に該当する。
2　別事件型				
C 21	❸依頼者を相手方とする他の事件		戒告	Yは、A社が提起したB社の新株発行無効の訴えの上告及び上告受理申請事件におけるB社の訴訟代理人であるにもかかわらず、2011年 1 月31日、同月25日開催のB社の株主総会で取締役を解任されたCらの訴訟代理人としてB社を被告とする上記株主総会の決議取消請求訴訟を提起した。 　Yの行為は、法56条 1 項に定める弁護

				士としての品位を失うべき非行に該当する。
C22	❸依頼者を相手方とする他の事件	職28条2号	業務停止3月	Yは、2016年9月頃、XからA及びBを相手方債権者とする各債務整理事件を受任したところ、Aを相手方債権者とする債務整理事件については、2017年7月11日付け辞任通知をAに送付し、その翌日頃、Cを介して、上記辞任通知を発送した旨の事実をXに伝えたものの、Bを相手方債権者とする債務整理事件については、辞任通知をBに送付せず、委任関係が終了していないにもかかわらず、Yの下で勤務していた事務職員DがXから不動産売買代金の一部として受領した588万5,000円についての返還に関し、同年9月頃、DからXを相手方とする交渉事件を受任し、Xの同意なく、Dの代理人として、Xとの間で複数回、書面のやりとりによる交渉をした。　Yの行為は、職28条2号に違反し、法56条1項に定める弁護士としての品位を失うべき非行に該当する。
C23	❹顧問先等を相手方とする事件	職28条2号	業務停止3月（他に3つの非行）	Yは、X法人との間で継続的な法律業務の提供関係が存続していたにもかかわらず、X法人に勤務するAらの代理人として、2013年8月27日付け書面において、X法人に対して、その内部統制についての調査及び業務監査の実施を要求した。　Yの行為は、職28条2号に違反し、法56条1項に定める弁護士としての品位を失うべき非行に該当する。
				Yは、A社の顧問弁護士を務めていたところ、A社の社員Bが、2013年3月11日、業務中にA社が所有する自動車を運転

| C 24 | ❹顧問先等を相手方とする事件 | 法25条1号職21条、27条1号 | 戒告 | 中、自損事故を起こし死亡し、上記自動車が大破し使用不可能となった件について、A社からBの遺族Cらとの間の上記自動車についての賠償問題について示談交渉すること等を依頼されながら、Cらからも同様の依頼を受け、承諾し、Cらの代理人として損害保険会社であるX社から損害保険金を受領するに先立ち、A社とCらとの間で賠償に関する合意が成立するように調整した際、A社が付保していた車両保険の保険金支払の有無等の調査をしないまま、また、上記自動車の賠償額算定につき、A社から提供された上記自動車の価格についての資料を信頼して専らこれのみによってA社に対する賠償額を決定し、合意を成立させた。Yの行為は、法25条1号並びに職21条及び27条1号に違反し、法56条1項に定める弁護士としての品位を失うべき非行に該当する。 |

3　その他型

（1）Yは、ビルを所有しテナントに賃貸していたA社の顧問弁護士であったところ、X₁がA社、B及びCを被告として提起した取締役解任請求事件につき、2017年3月7日付けでA社らの訴訟代理人に就任したところ、同月29日付けの裁判所の決定により、B及びCがA社の代表取締役及び取締役としての職務の執行を停止され職務代行者が選任された時点で、A社とB及びCの間に現実に利害の対立が生じたにもかかわらず、翌日以降も、上記職務代行者の同意を得ることなく、

C 25	❺依頼者間の利益相反 ❶依頼者と相手方	（1）職28条3号、42条 （2）職27条1号	業務停止1年（他に2つの非行）	同年4月13日及び同年5月9日付けで、A社らの代理人として準備書面を提出し、同月10日にA社らの代理人として弁論準備手続期日に出頭した。 （2）　Yは、被相続人Dに係る遺産分割事件について、同人の相続人であるX₂らから遺産分割事件の進め方等についての相談を受けて賛助したにもかかわらず、被相続人Dの他の相続人であるEらから委任を受けて、X₂らが実質的に支配するF社らを被告として、被相続人Dの遺産である土地上にあるF社らが建てた建物の収去及び土地明渡しを認める訴訟を提起した。 　Yの（1）の行為は、職28条3号及び42条に、（2）の行為は、職27条1号に違反し、各行為は、いずれも法56条1項に定める弁護士としての品位を失うべき非行に該当する。
第2　弁護士と事件ないし当事者間に特別の関係がある類型				
C 26	❻公務員等としての関与	職5条、6条	戒告	Yは、Xが勤務先においてAからハラスメントを受けたとして勤務先に相談した事案につき、勤務先の設置したハラスメント防止委員会の委員として、上記事案の審理及び決議に関与していたにもかかわらず、2015年2月6日にXがAに対して提起した損害賠償請求訴訟において、Aの依頼を受けてその訴訟代理人となり、上記委員会の委員として知った情報を答弁書等で使用した。 　Yの行為は、職5条及び6条に違反し、法56条1項に定める弁護士としての品位を失うべき非行に該当する。

C 27	❻公務員等としての関与	職5条	戒告	Yは、A法人から、A法人の設置したハラスメント相談窓口の担当者の代行を受任し、2017年7月5日及び同年9月1日、Xから事情を聴取したにもかかわらず、聴取した事実関係と同一の事実を含む事実関係に基づきXがA法人を被告として提起した地位確認等請求訴訟において、A法人の訴訟代理人として、Xの主張を争った。　Yの行為は、職5条に違反し、法56条1項に定める弁護士としての品位を失うべき非行に該当する。
C 28	❻公務員等としての関与	職5条、6条	戒告	Yは、2018年12月頃、学校法人Aから、XがA法人の設置するハラスメント防止委員会に申し立てたハラスメント申立手続に係る事実調査及び法的分析を含むサポート業務の委託を受け、事実関係の調査及び法的判断を行ったが、上記手続終了後、2019年5月頃、XがA法人を相手方として上記手続の結果に不服であることを前提に申し立てた民事調停におけるA法人の代理人に就任した。　Yの行為は、職5条及び6条に違反し、法56条1項に定める弁護士としての品位を失うべき非行に該当する。
C 29	❻公務員等としての関与	職5条	戒告	Yは、同じ事務所に所属するC弁護士が、A法人から、A法人の設置したハラスメント相談窓口の担当者の代行を受任し、2017年7月5日及び同年9月1日にC弁護士がXから事情を聴取したことを知りつつ、C弁護士が聴取した事実関係と同一の事実を含む事実関係に基づきXがA法人を被告として提起した地位確認等請求訴訟において、C弁護士と共にA

				法人の訴訟代理人として、Xの主張を争った。 　Yの行為は、職５条に違反し、法56条１項に定める弁護士としての品位を失うべき非行に該当する。

第２節　懲戒の分析（議決例集）

第１　依頼者の利益と別の依頼者の利益が相反する類型

1　同一事件型

　前節で述べたように、職27条１号及び２号は、法25条１号及び２号と同じ内容であり、依頼者や相手方の同意があっても職務禁止は解かれない。

　職27条１号・２号は、同一事件型の利益相反で、典型的な双方代理に限らず、受任に至らないで相談に終わった場合でも、過去においてのものでも、相手方の当事者について職務を行うことが禁止される（解説第３版74頁）。

　事件の同一性は、基礎をなす紛争の実体を同一と見るべきかどうかによって判断され、社会生活において事実上利害対立を生ずるおそれのある場合を広く包含する。訴訟物が同一か否か、手続が同質か否かは問わない（解説第３版80頁）。「相手方」は、民事、刑事を問わず、同一案件における事実関係において実質的に利害の対立する状態にある当事者をいう（解説第３版79頁）。

　職27条２号の「信頼関係」は職27条１号に比肩し得るほどの強い信頼関係を予定していると解されている（解説第３版83頁）。

　（１）　職27条１号（賛助、依頼承諾）　　【類型❶】

　【関連する事例】
　〇D①元依頼者からの当事者参加事件の相手方を受任
　×D②元依頼者に対する他の連帯保証人の求償債権請求事件の受任
　×D③元依頼者に対する他の連帯保証人の求償債権請求事件の受任
　×D④依頼者に対する紹介者の同一案件の報酬請求の受任
　×D⑤債権譲渡人の依頼者に対する譲受人からの事件受任
　×D⑥依頼人グループの分裂後の一方から他方に対する訴訟受任
　×D⑦依頼者の一方から辞任した他方に対する不動産仮差押えの受任
　△D⑧債務整理の元相談者等に対する同一債権の支払督促等
　×D⑨不動産の譲渡人の弁護士が譲受人代理人として合意書を締結

　ア　D①〜⑥は、事件の同一性の有無が問題となっている（D①は同一

性を否定し、他のD②〜⑥は肯定した。)。

　D⑦は、同時に依頼者であった者の間の利益相反について、事件の同一性と職27条と職28条の適用関係が問題となった。

　D⑧は、形式上利益相反に該当するが酌量すべき事情を酌んで懲戒を否定し、他方、D⑨は、合意書の利益相反の形式を重視して懲戒審査相当とした。

　　イ　D①は、隣接する甲土地と乙土地の所有権を巡るCとの間の事件について、甲土地の所有権を主張する依頼者Aと乙土地の所有権を主張する依頼者Bの双方の代理人となったが、乙土地の所有権を巡って依頼者AB間に争いが生じたために、依頼者Aの代理人を辞任した後に、依頼者Aが乙土地を対象とする事件に参加すべく行った当事者参加申立事件において、依頼者Bの代理人となった事例である。日弁連綱紀委は、甲土地を対象とする事件について、依頼者Aから「協議を受けて賛助し」受任していたが、別土地である乙土地を対象とする当事者参加申立事件について、Aから「協議を受けて賛助し」たとは認められないとして、事件の同一性を否定し、職27条1号に違反しないとした。

　なお、日弁連綱紀委は、甲土地を対象とする事件の依頼者Aの代理人を辞任する以前に、乙土地を対象とする上記当事者参加申立事件において依頼者Aの不利益となる事実を、依頼者Aから聞いていたとの事実を認定していることから、その事実を漏示した場合には依頼者Aとの関係で守秘義務違反が問題となり、反対に、その事実を秘した場合には、依頼者Bとの関係で誠実義務違反が問題となる事例であった。

　　ウ　D②③は、関連事件であり、連帯保証人3名のうちの一方(2名)の連帯保証人の破産申立て、個人再生申立ての代理人を辞任した後に、他方の連帯保証人のもう一方(上記2名)の連絡保証人に対する求償権請求事件を受任した事例であり、受任した弁護士が2名いるために、懲戒事件は2件となっている。日弁連懲戒委は、破産申立てによる免責等の対象となる債権者の連帯保証人に対する保証債権と、他方の連帯保証人が債権者に弁済したことにより取得したもう一方の連帯保証人に対する求償債権は同一であることから、事件に同一性があり、法25条1号に違反するとした。

　一方の連帯保証人について、破産申立てによる免責等を得ることを目的とする事件を受任しながら、その代理人を辞任した後に、他方の連帯保証人が債権者に弁済したことにより取得したもう一方の連帯保証人に対する求償権

請求事件を受任することは、同一事件（同一債権）について相反する立場の者から受任したことになる。

　　エ　D④は、土地開発事業者より報酬請求を受けていた法人から減額交渉を受任し、和解を成立させたが、その受任の前に法人の役員から依頼され、上記減額交渉を行い、和解の道筋を付けた者から委任を受けて、法人に対する報酬の支払請求を行った事例である。日弁連綱紀委は、弁護士が最初に受任した案件は、土地開発事業者の法人に対する報酬請求に対する減額交渉であり、また、弁護士が新たに受任した法人に対する報酬請求の根拠は、土地開発事業者の法人に対する報酬請求の減額交渉にかかるものであり、同じ案件に基づくものであるとして、事件の同一性を肯定した。

　弁護士が委任を受けた内容は、当事者を異にしており双方代理には当たらないものの、基礎をなす紛争の実体の同一性、依頼者である法人と報酬請求を行う者が利害対立の関係にあること、報酬請求を行う者の立場で交渉に当たることが法人の弁護士に対する信頼を裏切ることになることを理由としたものである（条解第5版219頁）。

　　オ　D⑤は、会社代表者の代理人として同人の会社に対する債権を譲受人に譲渡する旨の債権譲渡通知を行ったが、その後、譲受人の代理人として、会社代表者の職務執行停止等の申立てや会社代表者に対する会社の経営権を巡る各種訴訟を受任した事例である。日弁連綱紀委は、譲受人の親族の紹介で会社代表者から債権譲渡通知書の作成・発送を受任したものであり、弁護士費用も譲受人の親族が支払っていること、発送した債権譲渡通知書が経営権争いに関連するものであり、会社代表者の会社に対する債権の主張を封じるもので会社代表者に不利に働くものであることなどから、債権譲渡通知書は、その後の会社代表者の解任を巡る紛争と密接に関連するものであり、基礎をなす紛争の実態は同一であり、しかも、実質的な利害対立を十分に認識しながら譲受人から事件を受任したものであるとして、事件の同一性を肯定し、職27条1号に該当するとした。

　　カ　D⑥は、宗教法人がAグループとBグループに分かれた内部紛争の際、AグループのC及びDの代理人として、Bグループに対する別件訴訟を遂行し、Cは受領した退職金を既に返還した（所有権は確定的に移転した）と主張していたが、その後、Aグループ内でC派とD派に分かれ、Cの代理人として、Dが代表を務める宗教法人に対して、退職金（供託金）の所有権は確定的

に移転しておらず、Cに帰属するとの本件訴訟を提起した事例である。日弁連懲戒委は、退職金返還の法的性格（所有権が確定的に移転したかどうか）をどのように捉えるかという点で両訴訟の基礎となる紛争の実体は同一と考えられ、両事件の同一性は認められるとした。また、本件訴訟を受任したのが別件訴訟終了後11年を経過した後であっても、職務を行い得ないことは法25条１項の趣旨により明らかであるとした。

　問題は、退職金返還の法的性格（所有権が確定的に移転したかどうか）について協議を受けて賛助し、又はその依頼者を承諾した相手方はDであって、Dが代表を務める宗教法人（本件訴訟の被告）ではないにもかかわらず、法25条１号を適用できるかどうか、適用できるとしてそれをどのように説明するかであるが、その点は明らかにされていない。法25条１号の適用上、Dと法人とを同視したものと思われる。

　　キ　D⑦は、学校法人A及び学校法人Bとの間でそれぞれ事業再生ないし事業整理に関する法的事務についての委任契約を締結したが、学校法人Aの理事会において、学校法人Bに対する財政支援を打ち切って、同校を閉校することを決定したため、学校法人Bとの上記委任契約を解除した後に、学校法人Aの依頼を受けて、学校法人Bを相手方としてその不動産に対して仮差押えを行った事例である。日弁連懲戒委は、上記仮差押えは、「相手方の協議を受けて賛助し、またはその依頼を承諾した事件」に該当し、受任を禁止されている事件について行った職務であるとの原弁護士会の判断に誤りはないとした。

　学校法人Bの事業再生ないし事業整理に関する法的事務についての委任契約を締結している以上、学校法人Bの不動産の活用方法、処分等も協議ないし受任事項に該当することになるから、学校法人Bの不動産に対する仮差押事件との同一性は認められることになる。

　なお、日弁連懲戒委は、「職28条は職27条に該当しない職務行為のうち、やはり職務を行うべきではないと考えられる行為を補足的に規定したものであり、職27条に該当することが認められる行為であれば同条により規律されるべきである。そして本件はXらの行為が職27条１号に該当するか否かをまず問題にすべき事例であり、職28条の該当性について判断を行う必要はない。」としている。これは、対象弁護士が、学校法人Bとの折衝中に異議を述べなかった（同意があった）との主張に対して、職27条（同意による禁止解除規

定がない）の問題であり、職27条が適用される以上、職28条3号の該当性について判断を行う必要はないとしたものである。

　これは、職28条3号（その他型）について、職27条1号・2号（同一事件型）、職27条3号、職28条2号（別事件型）にも該当しない場合の、複数依頼者間の利益相反の補完的な規定であるとするものである（解説第3版75頁、91頁）。

　　ク　D⑧は、法人及び連帯保証人のC機構に対する債務の整理を受任し、その一環として貸主からの金銭借入について協議を受けて賛助し、法人の代理人として金銭の大部分を受領し、C機構に振り込んだが、辞任後に、貸主から、連帯保証人らに対する督促行為を受任した事例である。日弁連懲戒委は、形式上は法25条1号に違反するが、酌量すべき事情があり悪質でないこと、連帯保証人代理人への督促の内容は相当でありその必要性もあったこと、貸金の実行から相当期間が経過し、十分反省していること等から、懲戒処分（戒告）に処するのはやや酷であり相当ではないとした。

　本事例では懲戒を免れたものの、一方当事者から金銭消費貸借や売買契約の締結に関して相談を受けているにすぎない場合であっても（紛争性がなくとも）、後に他方当事者の代理人に就任して契約上の義務の履行を求めることは、法25条1号に違反することに留意する必要がある。

　　ケ　D⑨は、不動産譲渡に関して譲渡人から委任を受けていたが、譲渡の合意書の締結において、譲受人の代理人として表記した事例である。

　日弁連綱紀委は、不動産の譲渡人と譲受人は、不動産を早期に売却する点で共通の利益を有し、両名が依頼することがあり得ること等から、譲受人と弁護士の間に委任契約があったと認められる、仮に委任契約に躊躇を覚えるとしても、職27条1号又は2号の事件に少なくとも該当するとした。

　職27条1号において禁止しているのは、「双方代理に至らない場合であっても、一方当事者の事件依頼を承諾しておきながら他方当事者のために職務を行うことは、先に依頼を承諾した依頼者の利益を害するとともに、弁護士の信用、品位を害することになるからである。したがって、委任の終了後であろうと、当事者の許諾があろうと、あるいは、当事者双方に損害を与えるおそれがなかろうと、本条1号違反となり得る（大判昭和8・4・12新聞3553号10頁、東京高判昭和38・1・31行裁例集14巻1号165頁を参照）。」（解説第3版81頁）とされている。

　不動産譲渡に関して譲渡人の依頼を受けた弁護士が、譲渡人及び譲受人の共通の利益のために、たとえ双方の同意を得ていた場合であっても、譲渡の合意書の締結において譲受人の代理人となることは、職27条1号又は2号に違反することに留意する必要がある（職27条1号・2号には、同意による禁止解除規定がない。）。

（2）　職27条2号（信頼関係）　　【類型❶】

【関連する事例】
×D⑩偽装離婚の相談者を相手方とする婚姻無効確認の調停・訴訟の受任
○D⑪市民法律相談での離婚の相談者を相手方とする訴訟の受任
△D⑫未収売買代金の売主相談者からの訴訟での相手方買主の受任
○D⑬離婚の一般的な回答をした相談者を相手方とする訴訟の受任
×D⑭従業員の相談者に対する訴訟での相手方会社の受任

　ア　D⑩は、生活費の確保に関する相談を受け、その中で相手方と偽装結婚したことを告げられたにもかかわらず、偽造結婚をした相手方の依頼を受けて婚姻無効確認の調停申立て及び同訴訟を提起した事例である。日弁連懲戒委は、弁護士が知り得た事実は、上記調停や訴訟で偽装結婚をした相手方に有利に用いることのできる証拠となりうるのみならず、上記訴訟弁護士の行為は相談者の信頼を損なうものであるとして、非行に当たるとした。

　偽装離婚という開示情報の内容が婚姻無効確認の調停や訴訟を基礎づける核心的な事実であることを重視したものと思われる。

　イ　D⑪は、市民法律相談で離婚調停事件について相談を受けたにもかかわらず、その相手方の依頼を受けて、離婚調停事件、離婚訴訟事件を提起した事例である。日弁連懲戒委は、本件市民法律相談時のやりとりは抽象的一般的ではなくある程度具体的であったが、なお相談者との間に、法25条2号により職務を行うことが禁じられるレベルの「信頼関係」が形成されたとまではいえないとした。

　職27条2号の「信頼関係」は職27条1号に比肩し得るほどの強い信頼関係を予定している。弁護士会や自治体等における法律相談の場合については、相談の態様、具体性の有無、開示情報の内容や程度によっては限界事例があ

るから、慎重に考慮するべきであるとされている（解説第3版83頁）。本事例では、相談においてある程度具体的なやり取りがあったものの、開示情報の内容や程度を考慮して、「信頼関係」が形成されたとまではいえないとされたものである。

　ウ　D⑫は、売主から未回収の売買代金請求について法律相談を受けて、売買代金債権は既に時効にかかっているため請求できない旨考え、相談のみで終了させたが、その後、売主が提起した未払代金請求訴訟の被告の買主から相談を受け、代理人として就任し、訴訟活動を行った事例である。日弁連綱紀審は、外形的には利益相反行為に該当するものの、訴訟で時効期間が経過している債権の存否が問題となっているが、時効中断や援用権の喪失などが重大な争点となることもなく、最終的には訴えの取下げにより終了していることなどの事情を考慮し、未だ懲戒を相当とする程度に至っていないとの原弁護士会及び日弁連綱紀委の認定判断に誤りはないとした。なお、日弁連綱紀審では、委員11名中5名が、法25条2号に該当するとして事案の審査を求めることを相当とした。

　職27条2号の「信頼関係」は、同条1号に比肩し得るほどの強い信頼関係を予定していると解されており（解説第3版83頁）、その信頼関係の存在を認めた上で（それゆえに、外形的には利益相反行為に該当すると判断されている。）、そもそもの請求債権が脆弱であり（売買代金債権は既に時効にかかっている。）、相談者に実質的な不利益を生じさせていないことや、訴えは取下げにより終了していることなどの事情を考慮したものと思われる。しかし、いかに請求債権が脆弱であっても、同一の当事者間の同一の権利義務について、相手方の協議を受けて賛助し、又はその依頼を承諾した事件を受任した事案であって、法25条1号及び職27条1号の典型事例であり、相談者の弁護士に対する信頼、品位を害することに変わりはないことから、その結論の当否については判断が分かれるところだと思われる。

　エ　D⑬は、事務所において離婚相談を受け、30分程度の相談時間内で、相談者のそうした要求は裁判所では直ちに認められるとは限らないなどの一般的な回答をしたが、その後、相談者が申し立てた夫婦関係調整調停について、相談者の夫の相談を受け、さらに相談者の夫の代理人として離婚訴訟を受任した事例である。日弁連綱紀審は、弁護士が示した回答は、相談者に対する擁護的側面が希薄ないし欠如しており、具体性も認められないことから、

「賛助した」とは認められない、また、相談者は、自らの訴えが弁護士に伝わらないと思っており、他の弁護士に相談した際に、「最初の弁護士は冷たかった」と述べるなど、2号の信頼関係が形成されていなかったことが推認できるとして、法25条及び職27条の1号・2号に該当しないとした原弁護士会及び日弁連綱紀委の認定判断に誤りはないとした。なお、日弁連綱紀審では、委員11名中5名が、法25条2号に該当するとして事案の審査を求めることを相当とした。

　法27条（職27条）1号の「賛助する」とは、協議を受けた当該具体的事件について、相談者が希望する一定の結論（ないし利益）を擁護するための具体的な見解を示したり、法律的の手段を教示し、あるいは助言することをいう。賛助であるためには、相談者の利益を擁護するための助言である必要があり、法律相談の結果、相談者の希望する一定の結論に反対した（例えば、法的に成り立たない、違法である、不当である等）場合には、賛助したことにはならないと解される（条解第5版212頁）とされていることからすると、弁護士の上記回答について、相談者に対する擁護的側面が希薄ないし欠如しており、具体性も認められないことから、「賛助した」とは認められないとした判断は正当であろう。

　しかし、法27条（職27条）2号の「信頼関係」は同条1号に比肩し得るほどの強い信頼関係を予定していると解されるところ、上記信頼関係は、証拠の提示や詳細な事実関係の開示などの有無によって客観的に判断されるべきものであって、相談者の弁護士に対する主観的評価によって左右されるべきではないとの批判があり得る。

　　オ　D⑭は、整骨院を経営する会社の従業員から法律相談を受ける際に、同人が顧客から性的被害を受けたものと考えて法律聴取を始めたが、途中から、顧客との間の性的関係を詳細に聞き取った結果、当初の理解が間違っていたとの認識に至り、その後、会社の代理人として、当該従業員に対して損害賠償請求を行った事例である。

　日弁連綱紀委は、従業員からの聞き取りは、被害者から被害につき相談を受けるという性格を帯びる上、従業員は○○に罹患していることもあり、弁護士を信頼できる味方と信じて、詳細に説明したものと考えられるとし、協議の程度及び方法が信頼関係に基づくと認められるとして、職27条2号に違反するとした。

　本事例は、整骨院の経営者が従業員を同行した事例であり、このような場合において、相談内容が経営者と従業員とが利害が対立する内容であることは実務上あり得ることであるから、留意する必要がある。

２　別事件型
（１）　職27条３号（相手方の別事件）　【類型❷】

> 【関連する事例】
> ×Ｄ⑮継続中の相手方国立大学内の法律事務所所長への就任
> ○Ｄ⑯和解分割金完済前の相手方から債務整理を受任
> ○Ｄ⑰事業契約解除等の相手方から別件訴訟等の受任

　　ア　Ｄ⑮は、国立大学を被告とする訴訟事件を受任し、その訴訟係属中に、同大学法科大学院内の法律事務所所長に対する応募・内定・正式決定を承諾した後に、同大学から、同大学に対する訴訟を控えるように要請されたことなどから、上記訴訟事件の代理人を辞任した上で、同大学との間で正式な有償の業務委託契約（同大学内に設置される法律事務所の貸付を受けてそれを利用して、法科大学院の学生に対するクリニック・エクスターンシップ等の実務教育等を受託する有償の業務委託契約）を締結した事例である。
　日弁連綱紀委は、事件の相手方である国立大学との間で有償の業務委託契約を締結することは、法25条３号に違反するとした上で、対象弁護士が、同大学法科大学院内の法律事務所所長に対する応募・内定・正式決定を承諾して、上記訴訟事件の代理人を辞任した後に、正式な有償の業務委託契約を締結した場合には、法25条３号に直接違反したとは言えないとしても、その精神に違反し、弁護士が職務を行うについて守るべき信義誠実義務に著しく違反するとした。
　法25条３号（職27条３号）の「受任している事件」は、「現に受任している事件をいい、過去において委任しすでに終了した事件を含まない（最判昭和40・４・２民集19巻３号539頁）。」（解説第３版84頁）から、国立大学を被告とする訴訟事件の代理人を辞任した後に、同大学との間で正式な有償の業務委託を締結しても、法25条３号に違反しないことになる。しかし、その辞任が法25条３号を回避するためのものであれば、そのような身勝手な行為を許すべ

きではない。

　いわゆるホットポテト理論といわれるアメリカの判例において、「裁判所は、『法律事務所は、依頼者を熱いポテトを放り投げるが如く扱ってはならない。ましてや金銭的に大幅な利益増になる理由をもって依頼者を選択することなどは論外である。』と判示した。弁護士がより利益をもたらす第2の依頼者を代理するために、現在の第1の依頼者の事件を辞任して意図的に過去の依頼者として、本号の適用を免れようとするのは、倫理的に許されるべきことではない。日本においても受け入れられる法理である。」[*1)]とされている。日弁連綱紀委の判断は、アメリカのホットポテト理論と同一の考え方を示したものとして重要である。

　　イ　D⑯は、Y弁護士と法律事務所を同じくするA弁護士が、B社との間で同社から分割支払を受ける旨の和解を成立させて、その分割払が未履行であったにもかかわらず、Y弁護士がB社から債務整理を受任した事例である。

　日弁連綱紀審は、Y弁護士の行為は、職57条、27条3号、28条2号に抵触する利益相反に該当し、職58条の「辞任その他の事案に応じた適切な措置をとらなければならない」のにこれを怠っており、同規程を遵守していないものの、A弁護士から和解で事件が終了していると聞かされ、和解の分割払が未履行になっていることを知らなかったなどの事情があるとして、職58条の措置を採らなかったことも不当な懈怠とまでは評価することはできないとの日弁連綱紀委の判断に誤りはないとした。なお、委員11名中3名は、B社から債務整理を受任し、職58条の措置を講じなかった行為は非行に当たるとの判断であった。

　職27条3号の「受任している事件」とは、現に受任している事件をいうから、その終了時期が重要な問題となる。日弁連綱紀委が、A弁護士は、B社との間で同社から分割支払を受ける旨の和解（6回払）を成立させたが（依頼者本人名義の口座を指定していたが）、将来の給付を定めたものであり、和解の成立を即事件の終了とみなすことはできないと判断していることに留意する必要がある。

　　ウ　D⑰は、Y弁護士は、米国B社（代表者C）の代理人として、A社に対して、事業契約の解除等を通知したが、A社がこれを争い、B社の事業契約上

---

*1)　日本法律家協会編『法曹倫理』（商事法務、2015年）149頁。

の義務の履行を求めていたところ、A社から、第三者に対する不当利得返還請求訴訟及び自己破産の申立てを受任した事例である。

　日弁連懲戒委は、A社及びB社の同意の事実を認定して、職務禁止は解除されると判断した。

（2）　職28条2号（依頼者等を相手方とする別事件）

　職28条2号は、「受任している他の事件の依頼者又は継続的な法律事務の提供を約している者を相手方とする事件」について、職務を行ってはならないとする。これは、現に受任している依頼者または顧問先等を別事件で相手方とするという場合を規定しており、2つの事件に同一性がある場合が職27条1号・2号であるが、同一性がない場合を規律するのがこの類型である（解説第3版75頁）。

　倫26条3号は、「受任している事件の依頼者を相手方とする他の事件」を職務禁止とし、職28条2号前段と少し表現が違うが同じ意味である。現に受任している依頼者を別事件で相手方とすれば、現に受任している事件の依頼者及び別事件の依頼者の利益を害する恐れがある上、このような2つの事件の受任は、弁護士の職務執行の公正に疑いを生じさせ、また、弁護士の品位と信用を害する恐れがあるため、職務を行い得ないものとした。同様のことは、現に受任している事件に限らず、具体的な事件は現実化していないが顧問契約等を締結して継続的に法律事務を提供する者を相手方とする場合にも妥当する（解説第3版87頁）。

　ア　職28条2号前段（依頼者を相手方とする別事件）　　【類型❸】

【関連する事例】
△D⑱境界確定訴訟の依頼者から他の依頼者を相手方とする工事差止仮
　　処分の相手方の受任　※職施行前、倫26条3号
○D⑲貸金等請求事件の相手方（債権者）から自己破産申立てを受任
　※職施行前

　（ア）　D⑱は、基本規程施行前の旧弁護士倫理に関する事例である。境界確定訴訟は母と3人の子の共有地につき4人を依頼者とするものであるが、仮処分は2人の子から母と残る子に対し共有地での増築工事の差止を求めたものである。境界確定訴訟と仮処分は同一性がない別事件であるとの認

定が前提となっている。当該弁護士は、仮処分において、境界確定訴訟の依頼者のうち仮処分をした 2 人の子（懲戒請求者はこの 1 人）を相手方とする格好で、母と残る子の代理人となった（もともと確定訴訟の主導的な依頼者も母と残る子であった。）。当該弁護士が仮処分を受任したのは、境界確定訴訟の和解が成立した翌日であるが、懲戒請求者が和解成立を知ったのは約 1 か月後であった。

日弁連懲戒委は、当該弁護士の仮処分の受任が懲戒請求者が境界確定訴訟の和解成立による終了を知る前であるから、倫26条 3 号の「受任している事件の依頼者を相手方とする他の事件」に該当するが、当該弁護士が仮処分を受任したことにより、懲戒請求者との実質的な信頼関係が損なわれたものとまでみることができないとして、原弁護士会が懲戒しないとした決定を相当としている。

なお、基本規程においては、同一事件型の職27条 1 号・ 2 号では以前の相談や終了した事件であっても職務禁止が働くが、他方、別事件型の職28条 2 号では、「受任している他の事件」は、現に受任している事件を意味し、既に終了した事件を含まないとされ、「継続的な法律事務の提供を約している者」は、現に顧問契約等を締結している者をいい、かつて契約していた者は含まないとされる（解説第 3 版89頁、90頁）。

（イ）　D⑲は、AからXに対する貸金等請求事件をXの依頼を受けてその業務を遂行中に、Xに対して債権を有している信販会社の依頼を受けて、信販会社の自己破産を申し立てた事例である。日弁連綱紀審は、信販会社の代理人となることについては、Xもこれを熟知していて、同人の承諾があったものと認められ、品位を害するに値する利益相反行為があったとはいえないとの原弁護士会の判断に誤りはないとした。

本事例は基本規程施行前の倫26条 3 号の事例であるが、職務基本規程では28条 2 号前段の問題となる。現在の依頼者に対し債権を有する者の自己破産を申し立てる行為が「受任している他の事件の依頼者を相手方とする事件」といえるかどうかが問題となる。

原弁護士会は、利益相反行為に該当することを前提として、承諾の有無を問題としているように読めるが、自己破産を申し立てる行為自体は、現在の依頼者と実体的に利益が相反していないと考えることもできるのではない

か。本事例とは債権債務の関係が逆であるが、現在の依頼者に対し債務を負担する者の自己破産を申し立てる行為（現在の依頼者が債権者に含まれている場合）が、「受任している他の事件の依頼者を相手方とする事件」に該当するかについて、「依頼者の債権の債権者全体に占める割合や、当該債権について争いの生じる可能性などを個別具体的に考慮し、実質的にみて利益相反関係があるか否かを判断することになります。」[*2)]との見解が参考になる。ただし、本事例で、信販会社の破産の申立てだけでなく、同社の代理人とし、現在の依頼者であるＸに対し債権の支払を求めることは、職28条2号前段に当たることに留意する必要がある。

　イ　職28条2号後段（顧問先等を相手方とする別事件）　　【類型❹】

【関連する事例】

×Ｄ⑳法人の顧問として相談した理事から、顧問解任後に、相談に関連する法人相手の事件を受任　※職施行前、法25条2号

△Ｄ㉑共同事務所の一弁護士が顧問の法人の理事長の訴訟につき、他の弁護士が相手方から受任　※職施行前、倫27条

○Ｄ㉒辞任後の顧問会社の決議取消訴訟の受任　※職施行前、法25条

×Ｄ㉓顧問会社の相手方側への相談協議、顧問終了後の訴訟相手方からの受任　※職施行前、法25条1号・2号、倫26条1号・2号

△Ｄ㉔町の顧問弁護士が町長から町長に対する住民訴訟を受任
　　※職施行前、倫26条2号

×Ｄ㉕不良債権回収法人の代表者就任とその債務者会社の顧問契約継続
　　※職施行前、法25条3号・倫26条4号

△Ｄ㉖解任された理事長の依頼による顧問法人の新理事長の職務停止の裁判の受任

×Ｄ㉗顧問会社の刑事事件終了後に顧問を辞任し、元顧問会社を相手とする多数の民事事件を受任

×Ｄ㉘顧問会社の刑事事件終了後に顧問を辞任し、元顧問会社の代表者に対する株主代表訴訟を受任［Ａ㉘と一連事件］

---

*2)　日弁連倒産法制等検討委編『倒産処理と弁護士倫理』（金融財政事情研究会、2013年）16頁。

〇D㉙顧問会社の親会社を被告とする訴訟につき原告から受任
×D㉚顧問法人の元職員代理人として顧問法人に損害賠償請求通知
×D㉛顧問法人の理事長の刑事弁護士活動の受任

　　（ア）　顧問弁護士に関する議決例
　ここでは、職28条2号後段に関するものだけでなく、広く顧問契約等を締結した弁護士に関する議決例を取り上げる。D⑳～㉕は、基本規程施行前の事例であり、これ以外のD㉖～㉛は、基本規程施行後の事例である。
　D⑳～㉓、㉖～㉘、㉚㉛は、顧問先等の法人とその機関・職員との利益相反に関する事案である。
　D㉔は住民訴訟特有の問題があり、D㉕は代表者に就任した法人と顧問先との利益相反の現実化を問題としている。
　D㉙は、顧問先自身ではなく顧問先の親会社を相手方とする事件の受任について職28条2号後段の適用が問題となった事例である。
　　（イ）　基本規程施行前の同一事件型の利益相反
　D⑳～㉓は、いずれも基本規程施行前の顧問先等の法人とその機関・職員との利益相反に関する事例である。そこでは単に顧問契約等の締結があることだけを取り上げるのではなく、具体的に協議や相談をしたことを認定し顧問先等との実質的な信頼関係の有無に着目して、同一事件型の利益相反として法25条1号・2号の適用を問題としている。
　D⑳は、医療法人の顧問弁護士が、理事からの相談に応じ助言をしていた事項に関連する案件について、顧問解任後に、医療法人を相手とする事件を受任したものであり、具体的な相談に応じ助言をした者を相手方にしたことを問題とし、法25条2号（職27条2号と同じ）が問題となっている。理事の相談が法人の機関としての相談か個人の相談かが争点となったが、顧問である弁護士に協議したことを踏まえ、全体としてみればその協議が法人との信頼関係に基づくものと認定されている。
　D㉑は、共同事務所の一弁護士が顧問先法人の理事長らの相談にのった事項に関連して、理事長が提起した訴訟の相手方の代理人に、同一事務所の他の弁護士がなった。日弁連懲戒委は、共同事務所の名称を外部に表示している以上、共同事務所の各弁護士は依頼者に対しては共同受任している場合に準じて判断すべきであるとし、倫27条（職務の公正の保持）等に違反するが、

理事長らに不利益はなく懲戒相当とまではいえないとした。

　D㉒は、同族会社の顧問弁護士が代表者の解任を契機に顧問辞任後、代表者解任につき相談を受けて助言の一環として他の弁護士を紹介したこと、その後、新代表の選任を争う訴訟の代理人となったことについて、会社との利益相反を問われた。日弁連綱紀委は、前者につき有力株主の議決権行使の当否の問題で顧問であった会社との利益相反を招くものでないとし、後者につき顧問終了後に発生した事実に関するもので争点も有力株主の議決権行使の当否であるので、会社との利益相反を招くものでなく、いずれも非行とまではいえないとした。

　D㉓は、ゴルフ場会社の顧問として預託金償還対策の協議を受けていたのに、預託金返還を求める債権者側と協議したこと、顧問終了後に、当該事件の控訴審等で債権者側代理人となったことについて、法25条1号・2号（倫26条1号・2号）違反とされた。

　（ウ）　基本規程施行前のその他の利益相反

　D㉔は、町の顧問弁護士が、町長を被告とする住民訴訟で町長の代理人となったことが問題とされ、町と町長の利害相反の可能性がないとは断定できず、適切妥当でないとされたが、住民訴訟に関して見解の対立もあり懲戒をもって禁止されるべき重大かつ明白な違反（倫26条、法25条）とするのは現時点では困難であるとした。住民訴訟に関する特有の問題がある。

　なお、この議決例は2002年の地方自治法改正前の事例である。改正後の4号住民訴訟は、被告を地方公共団体の執行機関又は職員とし、職員個人を被告とするものでなくなり、住民が地方公共団体の請求権を代位行使するというものではなくなったことから、同法242条の2第1項の1号から3号と別異に解することは困難になったというべきであり、特段の事情がない限り、地方公共団体の顧問弁護士が被告代理人となることは許されるとされる（解説第3版104頁）。

　D㉕は、代表者に就任した不良債権回収法人の回収先である債務者に顧問先があり、顧問先から債権回収のやり方につき強い不満を聞いて利益相反が現実化した後も、顧問契約を継続したことについて、法25条3号、倫26条4号（相手方から依頼の他の事件）に反するとされた。これは、弁護士が不良債権回収法人の代表者に就任することは、不良債権回収業務を受任した関係となるとする判断を前提として、代表者就任後の利益相反の現実化を問題と

するものである（なお、違反とされる条文はしっくりしない。基本規程施行
後で考えれば職28条2号の顧問先を相手方とする事件が近い。）。

　（エ）　基本規程施行後の顧問先との利益相反

　D㉖～㉘、㉚㉛は、基本規程施行後の顧問先法人とその機関・職員との利
益相反に関する事例である。法人と顧問契約を締結している場合に、実際に
相談や依頼をするのは役員や担当者であるが、その役員等と法人の利益との
利益相反が現実化することがある。法人の顧問弁護士であれば法人の利益を
擁護すべき立場にあるので、両者の利益を峻別し、利益相反に十分に留意す
る必要がある。

　なお、議決例にはないが、顧問先がその顧客や取引先を紹介してきた場合
には、顧問先との利益相反の問題が潜在化しており、安易にその相談等に応
じられないので注意を要する。

　D㉖は、顧問弁護士が、顧問先法人を解任された理事長の依頼により、顧
問先の新理事長の職務停止の裁判の受任したことについて、顧問先を相手方
とする裁判をしたことが職28条2項に該当するが、事件の性質上法人を相手
方にしたものの、解任された理事長と法人との実質上の利害対立がなく、法
人の利益が害されていないとして、原弁護士会の懲戒しないとの決定を相当
とした。なお、顧問先を相手方とする裁判をした点で懲戒に値するとの反対
意見がある。

　D㉗は、顧問弁護士が、顧問会社及びその専務等の脱税の刑事事件終了後
に、顧問会社と専務等との利害対立を意識して顧問を辞任し、利害対立が顕
在化した後に、専務等から元顧問会社を相手とする多数の民事事件を受任し
たものである。日弁連綱紀委は、一部の民事事件は、弁護人となった刑事事
件と同一事件と判断し、法25条1号・2号、職27条1号・2号違反とした。
そこでは、「事件の同一性」について、事件の基礎をなす紛争の実体等によっ
て判断すべきであり、民事事件相互、刑事事件相互に限らず民事事件と刑事
事件との間にも妥当することを確認した（解説第3版81頁）。これに対し、他の
民事事件は、同一の事件ではないが、刑事事件の事実関係と密接に関連して
おり、顧問会社と専務等との利害対立が顕在化した場合には忠実義務や守秘
義務の衝突等からいずれのためにも職務を行うべきでない（職42条の趣旨）と
した。なお、日弁連懲戒委は、日弁連綱紀委と同じ判断をしたが、同一事件
の民事事件について端的に法25条1号、職27条1号違反とした。

　ここでは、職27条及び28条の利益相反に直接該当しない場合においても、忠実義務や守秘義務の衝突等の観点から職務禁止となる場合があるとしたことが注目される。いずれも顧問であること自体ではなく、顧問先の刑事事件を受任したこととの利益相反を問題としている。

　Ｄ㉘は、Ｄ㉗と一連の案件であり、顧問弁護士が、弁護人となった顧問会社の刑事事件の終了後、顧問を辞任し、顧問会社の専務を代理して、創業者の代表者（専務の父）に対する株主代表訴訟を提起したものである。刑事事件と民事事件が基礎とする紛争が同じであるとして、事件の同一性を認め、職27条 1 号・ 2 号、法25条 1 号・ 2 号に違反するとした。

　Ｄ㉚は、顧問弁護士が、顧問先に対し、顧問先の元職員の代理人として損害賠償を請求する通知書を送付したことが職28条 2 号違反とされた。職28条 2 号は現に顧問契約等の契約を締結している場合に適用され、契約終了後には適用されないため、顧問契約の終了が争点となった。原弁護士及び日弁連綱紀委は、顧問契約終了後としたが、日弁連綱紀審は、事実認定を修正し、顧問料の支払がないものの、合意解除を裏付ける証拠がなく、報酬請求書で顧問割引と表示し、顧問先役員との面談でも顧問と称していたことから、顧問契約の存続を認定した。

　Ｄ㉛は、顧問弁護士が、顧問先の理事長の刑事事件（監事の監査報告書偽造）について、複数回、理事長の取調べに警察署に同行して立ち会った。原弁護士会は、顧問弁護士が理事長の取調べに同行したが待機していただけで、弁護人選任届の提出もなく刑事弁護を行ったと評価できないとし、日弁連綱紀委もその認定と判断に誤りはないとした。これに対し、日弁連綱紀審は、弁護人選任届の提出していないものの、理事長とともに取調室に入り取調べ中同席し、実質的に理事長の刑事弁護活動に携わったと事実認定を修正した上で、刑事事件は監査報告書が偽造され顧問先の適正な運営が阻害されたもので、理事長の刑事弁護活動は、顧問先と利益相反する事件につき職務を行ったものとした。なお、原弁護士会では、懲戒請求事由が職28条 3 号とされたが、日弁連綱紀審は職務禁止の根拠条文を明示していない。

　　（オ）　基本規程施行後の顧問先の親会社との利益相反
　職28条 2 号の「継続的な法律事務の提供を約している者」は、主として顧問契約を締結している相手方（顧問会社）をいうが、その顧問会社の関連会社、特に社会的経済的に一体とみなされる会社を含むかが問題となる。

　D㉙は、子会社の顧問弁護士が、その親会社が提起した損害賠償請求訴訟の被告の代理人となった事例である。顧問先会社は、この親会社の100％子会社であり、資本金10億円、従業員約400名で、商号に親会社の略称を冠する会社である。日弁連綱紀委は、両会社は経済的、社会的に同一の存在と認識せざるを得ない面があり職28条2号に抵触する可能性があるが、顧問先会社の独立性が高く、子会社から親会社の意思決定等を左右できず、事前に顧問先会社が訴訟に関して協議等した事実もない等から、顧問先の利益を具体的に害する恐れまではなく、非行とまではいえないとし、日弁連綱紀審もこれを支持した。なお、日弁連綱紀委は、上記訴訟の被告から受任するに当たり、被告に対し原告の子会社と顧問契約している旨を、顧問先に対し親会社を相手方とする旨を伝え、異議がないかを確認する等の適切な対応をとることが望ましかったと付言している。

　解説第3版（90頁）は、この付言も踏まえ、顧問先の子会社としては、親会社を相手方とする訴訟の代理人に顧問弁護士が就任することに異議がないことは通常は考えられず、事案内容により、利益相反による職務禁止の規定が準用ないし類推適用されることもあり得るので、顧問先及び相手方（受任先）の同意がない限り受任を差し控えるのが望ましいと指摘する。これは、弁護士の行動準則において、懲戒事由の非行に当たるか否かだけでなく、望ましい行動が何かを考えるべきだという指摘である。

3　その他型／職28条3号（依頼者間の利益相反）　　【類型❺】

【関連する事例】

×D㉜法人の創業者一族役員からの相談と法人のみからの受任、法人から創業者一族役員を相手方とする訴訟の提起　※法人のみ受任時の説明（職32条等）、同一事件型の利益相反（法25条2号）

○D㉝兄弟間の同族会社主導権争いに関する協定書締結への関与と一方当事者への助言　※職施行前、同一事件型の利益相反（法25条の法意）

×D㉞相続人全員から相談を受けた遺産分割協議書の作成後、再燃した紛争での一部相続人の受任　※同一事件として職28条3号に抵触

×D㉟3兄弟の相続問題の2兄弟の受任と2兄弟間の利益相反の顕在化　※受任時の説明（職32条）と顕在化後の対応（職42条）

×Ｄ㉟固有の保証債務と亡夫の保証債務の相続分の二重の地位にある依
頼者につき、相続分のみを他の相続人とともに受任
※受任時の説明と処理の報告協議 （職32条、36条）
○Ｄ㉞破産者の破産申立て後、破産管財人から破産者の元妻に対する否
認権訴訟で、離婚及び財産分与の相手方である元妻の代理人を受任
×Ｄ㊳賃借人から賃貸人及び仲介会社に対する損害賠償請求訴訟におけ
る共同被告間の利益相反の顕在化と辞任 （職42条）

（１）　Ｄ㉜は、法人とその機関等との利益相反が問題となっており、顧問
先の場合と似た利益相反の状況がある。社会福祉法人の創業者一族の理事長
らから市の改善措置に関する相談を受けた弁護士が、法人との改善計画策定
及び使途不明金解明等に関する委任契約を締結し、理事長解任後に、法人の
代理人として元理事長らを相手方として使途不明金に関する損害賠償請求訴
訟を提起した事例である。

　Ｄ㉜－１の日弁連綱紀委は、理事長らの当初の相談の趣旨に、法人の利益
のほか創業者一族の利益擁護も含んでいたとし、元理事長らに対する訴訟提
起を信頼して頼ってきた者を裏切る行為だとして法25条２号違反とし、懲戒
審査請求相当とした。これを受けて原弁護士会は戒告とした。

　しかし、Ｄ㉜－２の日弁連懲戒委は、当初の相談は法人の改善措置に関す
る対応の相談で、使途不明金問題まで具体的な相談があったものでないとし、
法25条２号違反を否定し、原処分を取り消して懲戒しないとした。

　解説第３版83頁は、「当初同法人の使途不明金処理問題について信頼して
相談をした者の期待と信頼を裏切るもので、特に訴訟提起については弁護士
法25条２号に違反するとした例（日弁連綱紀委平成26・５・21議決例集17集
115頁［＝Ｄ㉜－１の議決。引用者注］）がある。」とするが、Ｄ㉜－２の議決
によって変更されていることに留意を要する。

　なお、法人との委任契約締結における利害対立の可能性の説明も問題とな
った。日弁連綱紀委はこの説明義務違反を認めたが、日弁連懲戒委は、役員
会で創業者一族以外の役員から依頼者が誰か確認の確認を求められて法人と
明言していることから、利害対立の可能性を役員出席者が認識しており、説
明義務違反とならないとした。

　法人自身と役員との間の利益相反が潜在化している状況において、役員か

ら相談を受ける場合に、利害対立の可能性の説明のほか、誰のための相談を受けるのか悩ましいことが少なくなく、懲戒になるかは事実認定の問題もあり微妙であるが、弁護士としてどう行動すべきなのか考えさせられる事例である。

　（２）　D㉝と㉞は、複数依頼者の協定書や遺産分割協議書の作成に関与した場合に、一部の依頼者のみに助言したり代理人となったりすることに関する事例である。そこでは、当初の関与がどのような立場で行われたのか、また、後の関与が同一事件か等が問題とされている。

　D㉝は、複数の弁護士が関与して、兄弟間の同族会社の主導権争いに関する協定書を締結したが、協定書の有効期間経過後に、関与した１人の弁護士が会社の株主総会の開催に関して兄に助言したことについて、同弁護士が会社のためのアドバイザーなのか、兄個人のアドバイザーなのかが問題となった。原弁護士会は懲戒しないとしたが、日弁連綱紀審は、会社のためのアドバイザーと認定し、協定書が失効しても一方当事者のためにのみ助言することは法25条の法意に照らして許されないとして懲戒審査相当とした。これを受けた原弁護士会が、再度、懲戒しないとし、日弁連懲戒委は、会社のアドバイザーは監査役の弁護士であり、別の弁護士は弟個人のアドバイザーとして行動しているとし、当該弁護士は兄個人のアドバイザーであると認定して、懲戒しないとした原弁護士会の決定を相当であるとした。同族会社の主導権争いに関し、会社、兄及び弟の利害が異なる中で、複数の弁護士が関与した場合に、それぞれの弁護士の役割が問題となった事例である。

　なお、日弁連綱紀審（D㉝－１）において、主導権争いをするいずれの当事者にも与しない会社のためのアドバイザーが、一方当事者のために助言することについて、法25条の法意に照らして許されない旨の考え方が示されている。

　D㉞は、相続人３人から相談・依頼を受け遺産分割協議書を作成した後、協議書に記載された未登記建物が遺産か否かを巡って争いが生じ、相続人２人の代理人となって、他の相続人１人を相手方とする遺産分割調停を申し立てた事例である。当初、原弁護士会が調停申立てを遺産分割協議書作成と別事件で職28条３号に該当しないとしたが、日弁連綱紀委は、同一事件で職28条３号に抵触するが情状により懲戒しないとした。これに対し、日弁連綱紀審は、調停事件が遺産分割協議が事実上完全合意に至らず再燃したものと評

価すべきだとして同一事件とした上で、調停申立て後に懲戒請求がされ、代理人となることの適否が問題となったのに、その後の相続人の1人からの未登記建物の所有権確認訴訟でも相続人2人の代理人となった経緯をも考慮すると、懲戒に値するとして懲戒審査相当とした。

なお、依頼者の利益と別の依頼者の利益が相反する類型を3つの型に分け、職28条3号をその他型とする整理からすると、その他型の職28条3号は、同一事件型の職27条1号・2号、別事件型の職27条3号、職28条2号にも該当しない場合の、複数依頼者間の利益相反の補完的な規定であるとされる（解説第3版75頁、91頁。D⑦）。遺産分割協議書作成と調停申立てを同一事件だとすれば、同一事件型の職27条1号・2号が適用されるべきであるように思われる。

（3）　D㉟〜㊳は、複数依頼者間の利益相反の潜在的状況と顕在化が問題となった事例である。

D㉟は、3兄弟の相続案件について、弟2人から兄との紛争解決を受任した弁護士が、さらに相続の追徴課税に関する国税庁との交渉を受任するに当たり、弟2人に利益相反があるのに、職32条の不利益事項の説明をしていないとし、また、弟2人の利益相反が現実化した段階で、職42条の辞任等の適切な措置を採らずに漫然と弟2人の代理業務を継続したとし、懲戒審査相当とした。同一事件で複数の依頼者間に利害対立のおそれがある事例であり、2人の弟が当初は兄との交渉に関し利害が一致し利益相反の潜在的状況にあったが、相続の追徴課税が被相続人から上の弟の妻に対する多額の送金に関するものであり、2人の弟間の利益相反が顕在化したものである。

D㊱は、固有の保証債務と亡夫の保証債務の相続分の二重の地位にある依頼者について、相続分のみの整理を他の相続人とともに受任したことについて、受任時の説明と処理の報告協議（職32条、36条）が問題とされた。原弁護士会及び日弁連懲戒委は、相続分の債権者との交渉は依頼者らの意向に沿った内容で合意を成立させており、固有の保証債務の整理まで依頼したとの思い込みまで察知することは困難だとして、非行に該当するとまではいえないとした。これに対し、日弁連綱紀審は、法律の素人の依頼者が固有の保証債務の整理まで依頼したと考えても無理がないとし、固有の保証債務を負う依頼者とそうでない依頼者との間に、共同保証人間の求償権が問題となり、潜在的利益相反の状況があるとして、それに関する説明義務違反を認めて懲戒

審査相当とした。

　D㊲は、破産者の破産申立てをした弁護士が、破産管財人から破産者の元妻に対する否認権訴訟が提起され、破産者の離婚及び財産分与の相手方である元妻の代理人を受任した事例である。原弁護士会は、否認権訴訟で破産者と元妻の言い分に食い違いがなく利益相反が生じておらず、また、破産者と元妻ともに同意しているとして、職28条3号に反しないとした。日弁連懲戒委も、元妻の代理人となったことが破産者との利益相反に当たらないとした。

　なお、原弁護士会においては、破産者が破産管財人への口頭説明を拒絶したことについて、破産管財人が、破産者代理人弁護士の破産者に対する指導義務違反とし、それに付随して、否認権訴訟で元妻の代理人となったことも指導義務と矛盾する利益相反だとして懲戒請求をしたところ、原弁護士会は、指導義務違反のみを非行として戒告とした。日弁連懲戒委は、指導義務違反に関して事実認定を修正して非行に当たらないとし、利益相反に関しては原弁護士の判断を維持し、懲戒処分を取り消した。

　D㊳は、賃借人から賃貸人及び仲介会社を共同被告とする損害賠償請求訴訟において、仲介会社の顧問弁護士が賃貸人及び仲介会社の代理人を受任した事例である。和解金100万円支払の提案に関し、賃貸人と仲介会社間での負担割合の意向が相違した時点で利害相反関係が顕在化したとし、直ちに辞任しなかったこと、また、賃貸人から双方同時辞任を求められたのに辞任せずに期日に出頭したことが、職42条に違反するとし、懲戒審査相当とした。

第2　弁護士と事件ないし当事者との間に特別の関係がある類型

1　職27条4号・5号（公務員等としての関与）　【類型❻】

> 【関連する事例】
> △D㊴市顧問弁護士として相談した案件と調査委員会委員の就任・活動

　D㊴は、市の顧問弁護士として相談した案件について、その調査委員会の委員に就任し活動したことが問題となった事例である。原弁護士会は、非行

自体に該当しないとしたが、日弁連綱紀委は、市の顧問として相談・助言をした弁護士が、その案件の調査委員会の委員に就任したことは委員の職の中立性に疑念を抱かせるもので、職５条、６条及び27条５号の趣旨に照らし軽率な行為であるが、就任から23日で委員を辞任していること、委任就任後実質的に顧問契約を解消していること、新調査委員会の報告書で対応を非難され社会的制裁を受けていることから、直ちに非行と断ずることはできないとした。日弁連綱紀審は、この決定を維持したが、非行に当たるとする反対意見（出席10名中６名）がある。

　職27条４号の「公務員」は、「判事、検事のほか、国家公務員法、地方公務員法上の一般職、特別職の公務員が含まれる。また、参与員、教育委員会、選挙管理委員会、人事委員会、農業委員会の各委員等もこれにあたる。」とされ（解説第３版85頁）、同条５号の「手続実施者」は、「仲裁手続の仲裁人、調停手続の調停委員、斡旋手続の斡旋委員等紛争を解決するために中立的公平な立場で手続に参与する者をいう。」とされる（解説第３版86頁）。職27条４号・５号は、公務員や手続実施者として取り扱った事件について職務禁止とするものであるが、本事例は、市の顧問弁護士として相談・助言した後に、その案件に関する調査委員会の委員に就任したものであり、順番が逆である。日弁連綱紀委は、この場合においても職５条、６条及び職27条５号の趣旨に抵触するとするものである。調査委員会の委員は、裁判外紛争解決手続機関とは異なるが、調査に当たって中立的公平な立場が求められることは同様であるので、５号の手続実施者に準じるものとみたものと思われる。

２　職28条１号、４号　【類型❻】

> **【関連する事例】**
> ○D㊵横領の加害者側弁護士が子の弁護士に被害者側を紹介して受任

　職28条１号（配偶者等が相手方）及び４号（弁護士自身との利益相反）が直接に問題となった懲戒議決例は見当たらない。なお、A㊴は、利益相反関係にある代理人間に親子関係がある事例である。

　D㊵は、遺産を横領した加害者（死亡）の受贈者の代理人弁護士である父から紹介を受けて、横領の被害者である遺産の相続人の代理人に就任した事

例である。日弁連綱紀審は、両弁護士の行動は、利益相反行為に関する疑い
を招くものであり、問題がないとはいえない、しかし、紹介の時点では、遺
産の相続人らの利益と紹介をした弁護士の経済的利益との間に相反性があっ
たものではなく、紹介を受けた弁護士に品位を欠く非行があったとまでは認
められないとした。

　基本規程は、相手方が配偶者、直系血族、兄弟姉妹又は同居の親族である
事件については、その職務を行うことを禁止しているが（職28条1号）、双方の
代理人が配偶者、直系血族等である事件について、その職務を行うことを禁
止する規定を置いていない。とはいえ、弁護士の行動準則としては、そのよ
うな事件の受任は利益相反行為に関する疑いを招くものであり、特別の事情
がなければ受任しないのが一般的な対応であろう。

　なお、双方の代理人が配偶者、直系血族等である事件についてその職務を
行った場合には、他の事情とあいまって弁護士としての品位を失うべき非行
と評価されることもあり得ると思われる。

【一覧表D】　利益相反に関する議決例（議決例集）

※Y：被懲戒者、X：懲戒請求者、A・B・C…：関係者
※法：弁護士法、職：弁護士職務基本規程、倫：旧弁護士倫理

第２章　利益相反　　　第２節　懲戒の分析		
第１　依頼者の利益と別の依頼者の利益が相反する類型		
1　同一事件型		
（職27条１号）		
	問題となった行為	争点に関する判断
D1	（1）　Yは、隣接する甲土地と乙土地の双方の所有権を主張するCとの事件を、甲土地の所有者A、乙土地の所有者Bという前提で、ABから受任したが、その後、Aが乙土地の所有権を主張しABに利害対立が生じたため、Yが、甲土地を対象とする事件につきAの代理人を辞任し、乙土地を対象とする事件についてBの代理人を辞任しなかった。 （2）　Yは、前記の甲土地を対象とする事件につきAの代理人となっていたが、CB間の乙土地を対象とする事件にAが参加すべく行った当事者参加申立事件においてBの代理人となった。	（1）　複数相続人を代理した事例で、その相続人間で利害が相反した場合に、相続人全員について代理人を辞任すべきという議論がある。しかし、これと異なり、本件は、甲土地を対象とする事件と乙土地を対象とする事件は、別個の土地についての第三者Cとの間の係争事件であり、ただちに乙土地を対象とする事件についても辞任すべきであるとはいえない。 （2）　Yは、甲土地を対象とする事件について、Aから「協議を受けて賛助し」受任していたが、別土地である乙土地が問題とされている当事者参加申立事件について、Aから「協議を受けて賛助し」たとは認められない。ただ、Yは、甲土地を対象とする事件のAの代理人を辞任する以前に、将来の上記当事者参加申立事件においてAの不利益となる事実を、Aから聞いていた。しかし、このことが、ただちに、別土地の乙土地について問題としている当事者参加申立事件について、Aから「協

	議を受けて賛助し」たことになるとは認められず、当事者参加申立事件において、Aの「相手方」であるBの代理人として受任し訴訟追行することの妨げになるものではない。	

類型／議決／出典	主文	関係条文等
❶依頼者と相手方 日弁連綱紀委 2004.11.22 議決例集8-287	異議申出棄却 （原弁護士会：懲戒しない）	法25条1号

	問題となった行為	争点に関する判断
D 2	A社がB社から借入れるに際し、A社代表者のX₁、その妻X₂及びX₁の叔父Cが連帯保証人となった。 　Y及びその妻D弁護士が、Xらの債務整理を受任し、X₁は自己破産、X₂は個人再生、A社は自己破産の申立てを保留することとしたが、弁護士費用等の不払等を理由に辞任した。 　その後、Yらは、CがB社に弁済した求償債権の一部につきDを代理人として、X₁に対する債権仮差押をし、さらにYらはCの求償債権全額の支払を求めてXら及びA社に対する訴訟を提起した。	原弁護士会の認定と判断に誤りはなく、戒告は相当である。 （原弁護士会の議決） 　Yらは、Xらの債務整理を受任後、Xらの自己破産申立て等をする方針を決定した時点から、CとXら及びA社とは利害対立が顕在化した。 　しかるに、Yらは、Xらの代理人を辞任後、Cの代理人として、X₁に対する仮差押をし、Xら及びA社に対する訴訟を提起した。 　仮差押や訴訟の請求権は、連帯保証人CがB社に代位弁済したことにより取得した求償債権であり、Xらの債務整理の対象となる債権と同一の内容である。YらがXらから受任した債務整理は、B社を含む全ての債務の法的清算と免責等を目的とするものであるから、Yらが行った仮差押や訴訟は、X

	らについては「相手方の依頼を承諾した事件」につき、E社については「協議を受けて賛助した事件」につき職務を行ったものであり、法25条1号に違反する。	
類型／議決／出典	主文	関係条文等
❶依頼者と相手方 日弁連懲戒委 2009.10.26 議決例集12−94	審査請求棄却 （原弁護士会：戒告）	法25条1号
問題となった行為	争点に関する判断	

	問題となった行為	争点に関する判断
D 3	A社がB社から借入れるに際し、A社代表者のX₁、その妻X₂及びX₁の叔父Cが連帯保証人となった。 　Y及びその夫E弁護士が、Xらの債務整理を受任し、X₁は自己破産、X₂は個人再生、A社は自己破産の申立てを保留することとしたが、弁護士費用等の不払等を理由に辞任した。 　その後、Yらは、CがB社に弁済した求償債権の一部につきYを代理人として、X₁に対する債権仮差押をし、さらにYらはCの求償債権全額の支払を求めてXら及び	原弁護士会の認定と判断に誤りなく、戒告は相当である。 （原弁護士会の議決） 　法25条1号の同一事件は、単に訴訟物を同じくするかだけでなく、紛争の基礎を同じくする事件を含む。Yが、X夫妻の債務整理によって減免しようとしたのはB社のX夫妻に対する保証債権である。他方、YがCの代理人としてX夫妻に対する仮差押及び訴訟は連帯保証人間の求償債権である。求償債権はB社の保証債権のうちX夫妻の負担部分がCの弁済によって形を変えたものであるから、その基礎はB社のX夫妻に対する保証債権である。よって、B社のX夫妻に対する保証債権の請求とCのX夫妻に対する求償債権の請求は事件として同一である。また、Yは、A社についてもC社の債権を含

A社に対する訴訟を提起した。

む全債権について破産申立てをするか相談を受け、賛助している。

よって、YらがCから受任した仮差押や訴訟は、「相手方の協議を受けて賛助し、又はその依頼を承諾した事件」につき弁護士として職務を行ったものであるから、法25条1号に違反する。

類型／議決／出典	主文	関係条文等
❶依頼者と相手方 日弁連懲戒委 2009.10.26 議決例集12－133 ※D2と関連事件	審査請求棄却 （原弁護士会：戒告）	法25条1号

問題となった行為	争点に関する判断
D 4	Xは、Aから土地開発事業の報酬請求を受けたことの対応をBに委ねた。Bは、Xの役員から右翼団体、暴力団等との交渉や、開発後の病院誘致のための活動等を依頼されていたが、Aとの間で大幅な減額合意を成立させた（ただし具体的な金額までは未定）上で、XにYを紹介した。 　Yは、Xから、Aから報酬請求の交渉を受任し、和解を成立させて弁護士報酬も受領した。 　その後、Yは、Bから、Xに対する報酬の支払交渉を受任して、Xに受任通知を送付した。	XがYに委任したのは、Aの報酬請求の減額及びXの土地開発事業を妨害させないことである。一方、BのXに対する報酬請求の中心は、Aの報酬請求の減額等に関するものであり、Yが受任した法律事務と同じ案件に基づくものである。Xとすれば、Aとの交渉に関し、Yを信頼して必要な情報を提供し、Yの助言に従って行動し、事件終了後多額の弁護士報酬を支払ったことで全て解決したものと考えるのが当然である。ところが、Bは、Xに報酬請求を行い、Yがこれを受任した。同じ案件のかつての依頼者Xに対し、Xと相反する立場で交渉にあたることが、弁護士に対する信頼を裏切ることになるのは明らかである。

類型／議決／出典	主文	関係条文等
❶依頼者と相手方 日弁連綱紀委 2013.9.25 議決例集16-160	懲戒審査相当 （原弁護士会：懲戒しない）	法25条1号

問題となった行為	争点に関する判断
D5	Yは、X（B社代表者）の代理人として、2017年2月、XのB社に対する債権をCに譲渡する旨の債権譲渡通知をした。 　Yは、2018年3月、Cの代理人として、Xに対し、XがB社の金員を着服した旨の通知をし、Xの取締役の職務執行停止等の申立てをし、さらに、XC間のB社の経営権を巡る各種の訴訟についてCの代理人となった。	Yは、Xから債権譲渡通知書の作成・発送を受任したが、Xとは面識がなく、面識のあったA（Cの父）がXを連れてきて、依頼内容等の説明も専らAが行い、弁護士費用もAから受け取った。 　Yは、債権譲渡通知発送の直後の時点で、議題をXの取締役解任、開催場所をY事務所とする臨時株主総会の招集通知が発送され、CらがXを相手方としたB社の経営権争いが生じること、発送した債権譲渡通知書が経営権争いに関連していること、債権譲渡通知書がXのB社に対する債権等の主張を封じるものでXに不利に働くものである上、X解任の前提として行われたものであることを認識したといわざるを得ない。 　債権譲渡通知書は、その後のXの解任をめぐる紛争と密接に関連するものであり、基礎をなす紛争の実体は同一である。しかも、Yは、実質的な利害対立を十分に認識しながらCから事件を受任したもので、職27条1号に該当する。 　原弁護士会は、債権譲渡通知書の発送によりYの受任事件が終了し、職務

禁止の事件に該当しないとしたが、形式的にすぎ、利益相反の有無に関する実質的な判断としては是認できない。

類型／議決／出典	主文	関係条文等
❶依頼者と相手方 日弁連綱紀委 2019.9.18 議決例集22-213	懲戒審査相当 （原弁護士会：懲戒しない）	職27条1号

	問題となった行為	争点に関する判断

<table>
<tr><td>D
6</td><td>　Yは、1996年に法人がAグループとBグループに分かれた内部紛争の際、Aグループの代表等であるC及びDの代理人として、Bグループを相手方とする役員の地位確認請求等の別件訴訟（最終的にAグループが敗訴）を遂行した。
　Yは、2004年頃、Aグループ内でC派とD派が分かれる再分裂が起きた後、YがCの代理人として、Dが代表を務めるX社を相手方として別件訴訟前にCが法人に返還した退職金の帰属に関する本件訴訟を2014年に提起し、遂行した。

（原弁護士会の議決）
　別件訴訟と本件訴訟では、退職金に関係するという点では共通するが、紛争の実体を異にしており事件の同一性はなく、法25条1号</td><td>　事件の同一性を判断するためには双方の事件の基礎となる紛争の実体をどのように捉えるかが重要であり、形式的に争点が同一であるか否かによるべきではない。別件訴訟についてみると、Yは、退職金は既に返還された（所有権を確定的に移転された。）として、Cが元の地位に復帰した旨を主張しており、退職金が返還された事実は重要な間接事実であった。他方、本件訴訟は、退職金相当額を受託していた銀行が供託した供託金の還付請求権について、CとX社がそれぞれ自らにあると主張したものである。Yは、本件訴訟でCの代理人として、退職金はその所有権が確定的に移転したものではないなどと主張をしており、別件訴訟と本件訴訟とは、いずれも退職金返還に関する紛争である点で共通し、退職金返還の法的性格をどのように捉えるかという点で両訴訟の基礎となる紛争の実体は同一と考えられ、両事件の同一性が認められる。
　よって、本件訴訟におけるYの行為は、「相手方の協議を受けて賛助し、又</td></tr>
</table>

	に該当せずYを懲戒しない。	はその依頼を承諾した事件」について職務を行ったものと認められる。Yが本件訴訟を受任したのが別件訴訟終了後11年を経過した後であっても、Yが職務を行い得ないことは法25条1項の趣旨より明らかである。

類型／議決／出典	主文	関係条文等
❶依頼者と相手方 日弁連懲戒委 2020.1.20 議決例集23-3	原処分取消・戒告 （原弁護士会：懲戒しない）	法25条1号

	問題となった行為	争点に関する判断
D7	Yらが、Xが理事を務める学校法人Bとの間で委任契約を締結したにもかかわらず、その26日後に委任契約を解除した上で、B法人の債権者である学校法人Aの委任を受け、B法人を相手方として不動産仮差押えを行った。	Yらの行為は、「事件の相手方の協議を受けて賛助し、又はその依頼を受諾した事件」に該当する。 　なお、「職28条は職27条に該当しない職務行為のうち、やはり職務を行うべきではないと考えられる行為を補足的に規定したものであり、職27条に該当することが認められる行為であれば同条により規律されるべきである。そして本件はXらの行為が職27条1号に該当するか否かをまず問題にすべき事案であり、職28条の該当性について判断を行う必要はない。」とする。

類型／議決／出典	主文	関係条文等
❶依頼者と相手方 日弁連懲戒委 2012.3.12 議決例集15-25	審査請求棄却 （原弁護士会：戒告）	法25条1号 職27条1号

問題となった行為	争点に関する判断
Yは、XとA社（Xの妻が代表者）から、C機構に対する債務の整理及びXらの自宅の抵当権実行の回避について受任し、そのための資金繰りに関する相談を受けていた。Yは、2000年5月末頃、Xらの二男Bを貸主、A社を借主、Xを連帯保証人とする7,037万円の金銭消費貸借契約等の締結に同席し、後日、A社の代理人として貸金のうち6,337万円を受領し、C機構に振込んだ。その後、Yは、2002年6月にXらに辞任届を提出した後、2004年頃から、Bの代理人としてXらの代理人にこの貸付等に関して督促等をした。	Yが、Xらから、二男Bからの金員借入れにつき協議を受けて賛助し、またA社の代理人になり、他方で、Bの代理人としてXらの代理人に督促等をした行為は、形式上は弁護士法等に違反するが、Yの行動には酌量すべき事情があり悪質でない、Xらの代理人への督促の内容は穏当でありその必要性もあったこと、貸金の実行から相当期間が経過し、Yも十分反省していることなどから、品位を失うべき非行として懲戒処分（戒告）に処するのはやや酷であり相当ではない。

類型／議決／出典	主文	関係条文等
❶依頼者と相手方 日弁連懲戒委 2010.7.12 議決例集13-61	原処分取消・懲戒しない （原弁護士会：戒告）	法25条1号

問題となった行為	争点に関する判断
Yは、不動産譲渡に関して譲渡人Aから委任を受けていたが、譲渡の合意書の締結において、譲受人Xの代理人として表記した。	原弁護士会は、委任契約書等の直接的な証拠がなく着手金等の授受が確認できないこと、合意書の目的が譲渡人Aの利益の確保のためであること等を理由に、委任関係を否定し、双方代理にならないとした。 しかし、委任契約がないのに弁護士が自らを代理人と顕名して合意書を締結することは通常考えられないこと、XとAは、不動産を早期に売却する点

D8 / D9

で共通の利益を有し、両名がYに依頼することがあり得ること等から、XY間に委任契約があったと認められる。仮に委任契約に躊躇を覚えるとしても、職27条１号又は２号の事件に少なくとも該当する。

類型／議決／出典	主文	関係条文等
❶依頼者と相手方 日弁連綱紀委 2016.8.22 議決例集19−65	懲戒審査相当 （原弁護士会：懲戒しない）	職27条１号 職27条２号

（職27条２号）

問題となった行為	争点に関する判断
D 10　Yは、Xから別件で相談（生活費の確保に関する相談）を受け、その中でBと偽装結婚したことを告げられたところ、後に偽装結婚した相手方Bの依頼を受けて婚姻無効確認訴訟を提起した。	Yは、生活費の確保に関する協議の過程で、XからBとの偽装結婚の事実を直接聞き及んでいるにもかかわらず、Bの代理人として、まさに、その事実そのものを核心とする婚姻無効確認の調停申立及び訴訟提起を行った。 　Yが知り得た前記事実は、上記の調停や訴訟で、依頼者のBに有利に用いることのできる証拠となりうるのみならず、Yの行為は依頼者であったXの信頼を損なうものである。したがって、Yの行為は利益相反行為であり、弁護士の職務執行の公正を疑わせるもので、非行にあたる。

類型／議決／出典	主文	関係条文等
❶依頼者と相手方 日弁連懲戒委 2002.2.12 議決例集8−77	戒告 （原弁護士会：懲戒しない）	法25条２号 （ただし、明記されていない。）

問題となった行為	争点に関する判断	
Yは、2002年1月22日、市民法律相談でXからAとの離婚調停事件について20〜30分程度の相談を受けた。その後、Yは、同年2月20日ころ、Aからこの離婚調停事件を受任し、さらに離婚訴訟を提起した。	法25条2号は、協議の程度（内容、深さ）及び協議の方法（回数、時間、場所、資料の有無等）からみて、1号に比するほどの強い信頼関係に基づく場合を指している。本件市民法律相談時のやりとりは抽象的一般的ではなくある程度具体的であったが、なお、Xとの間に、法25条2号により職務を行うことが禁じられるレベルの「信頼関係」が形成されたとまでは認められない。	

類型／議決／出典	主文	関係条文等
❶依頼者と相手方　　日弁連懲戒委　2004.5.10　議決例集8-165	異議申出棄却　（原弁護士会：懲戒しない）	法25条2号

問題となった行為	争点に関する判断	
	原弁護士会及び日弁連綱紀委の認定及び判断に誤りはなく、原弁護士会及び日弁連の決定は相当である。なお、委員11名中5名は、Yの行為は法25条2号に該当するとし、事案の審査を求めることを相当とした。	

D 12

Yは、XからBに対する未回収の売買代金請求について法律相談を受けたが、売買代金債権は既に時効にかかっているため請求できない旨考え、事件を受任することはせずに相談のみで終了させた。

（原弁護士会の議決）
　Yが、Xから法律相談を受けた事件について、Xの相手方の代理人となって訴訟活動を行ったことは、外形的には利益相反行為に該当する。
　しかし、①Yが、利益相反になるこ

　その後Xは、C弁護士を代理人としてBを被告とする未払代金請求事件を提起し、Yが、Bから相談を受け代理人として就任し、訴訟活動を行った行為。

　なお、その後Xは、訴えの取り下げをして終了している。

とを知りながらBの代理人となって訴訟活動をした事実までは認められないこと、②Xが、訴訟継続中にYに対して利益相反になる旨の指摘をした事実も認められないこと、③訴訟で時効期間が経過している債権の存否が問題となっているが、時効中断や援用権の喪失などが重大な争点となることもなく、最終的には訴えの取下げにより終了していることからすると、YがXの相談を受けていたことが本件訴訟事件の結果に不利益に作用したとは解されないことから、未だ懲戒を相当とする程度に至っていない。

類型／議決／出典	主文	関係条文等
❶依頼者と相手方 日弁連綱紀審 2011.12.13 議決例集14-224	懲戒審査相当の議決を得られず （原弁護士会：懲戒しない）	法25条2号

問題となった行為	争点に関する判断
	原弁護士会及び日弁連綱紀委の認定及び判断に誤りはなく、原弁護士会及び日弁連の決定は相当である。なお、委員11名中5名の意見は、Yの行為は法25条2号に該当するとし、事案の審査を求めることを相当とした。
Yは、2007年9月5日、その事務所において、Xから離婚相談（夫Aから精神的暴力を受けているため離婚を考えている。Aに対してどのような請求ができるかなど）を受け、30分程度の相談時間内で、Xのそうした要求等は裁判所でた	（原弁護士会の議決） 　法25条1号・職27条1号の「賛助」は、相談者の希望を「擁護」する側面と、示した見解や処理方法の「具体性」という側面の両方から、その有無を慎重に確認する必要があるが、Yが示し

<table>
<tr><td rowspan="2">D13</td><td colspan="2">だちに認められるとは限らないなどの一般的な回答をした。

　その後、Yは、2009年6月2日、知人から紹介を受けて、AからXが申立てた夫婦関係調整調停について相談を受け、その後、Xから離婚相談を受けた事実が判明したものの、同年10月29日、Aの代理人として離婚訴訟を受任した。</td></tr>
</table>

D 13		

だちに認められるとは限らないなどの一般的な回答をした。

　その後、Yは、2009年6月2日、知人から紹介を受けて、AからXが申立てた夫婦関係調整調停について相談を受け、その後、Xから離婚相談を受けた事実が判明したものの、同年10月29日、Aの代理人として離婚訴訟を受任した。

た見解や処理方法には、Xに対する擁護的側面が希薄ないし欠如しており、具体性も認められないことから、「賛助」したとは認められない。

　法25条2号・職27条2号の「信頼関係」が存在したかどうかも否定せざるを得ない。Xは、Yとの相談後、自らの訴えがYに伝わらないと思っており、その後Yに再相談せず、4か月後にB弁護士に相談し、その際、Bに「Yは冷たかった」と述べたというのであるから、XY間に、2号の「信頼関係」が形成されていなかったことが推認でき、少なくとも、XがYに対し信頼を寄せていなかったことは明らかである。

類型／議決／出典	主文	関係条文等
❶依頼者と相手方 日弁連綱紀審 2012.7.17 議決例集15－234	懲戒審査相当の議決を得られず （原弁護士会：懲戒しない）	法25条2号

	問題となった行為	争点に関する判断
D14	Xは、整骨院のA社に勤務していたが、AV動画の撮影を行ったこと及び顧客との性的関係がA社の代表者Bに発覚した。 　Yは、Bから、Xと一緒に、Xと顧客との性的関係に基づく損害賠償及びAV動画の差止めの件で相談に行くことを聞き、当初、Xが性的被害を受けたものと理解した。しかし、Yは、Xから（Bは途	YのXからの聞取りは、被害者から被害につき相談を受けるという性格を帯びる上、Xは、○○に罹患していることもあり、Yを信頼できる味方と信じて、詳細に説明したものと考えられる。 　そうすると、Yは、相手方の協議を受けた事件で、その協議の程度及び方法が信頼関係に基づくと認められる事

中退室)、約2時間にわたり、A社の顧客8人程度との間の性的関係を詳細に聞き取った結果、当初の理解が間違っていたと考えた。

その後、Yは、Xから詳細に聞き取った事実を基にして、A社の代理人として、Xに対し、410万円の損害賠償請求をした。

件であることを知った上で、損害賠償の請求をしたと認定せざるを得ない。

Yは、協議を受けた事件につき、その信頼関係を裏切り、Xに損害賠償請求をすることは、職務を行い得ない事件について職務を行ったことになり、職27条2号に違反する。

類型／議決／出典	主文	関係条文等
❶依頼者と相手方 日弁連綱紀委 2018.8.28 議決例集21-156	懲戒審査相当 　(原弁護士会:懲戒しない)	職27条2号

2　別事件型

(職27条3号)

問題となった行為	争点に関する判断
D 15	Yは、国立大学を被告とする訴訟事件を受任し、その訴訟係属中に、同国立大学法科大学院内の法律事務所所長に対する応募・内定・正式決定を承諾した後に、同大学から同大学に対する訴訟を控えるように要請されたことなどから、上記訴訟事件の代理人を辞任したうえで、同大学との間で正式な有償の業務委託契約(同大学内に設置される法律事務所の貸付を受けてそれを利用して、法科大学院の学生に対するクリニック・エクスターンシップ等の実務教育等	事件の相手方である国立大学との間で有償の業務委託契約を締結することは、法25条3号に違反する。しかし、Yが、同国立大学法科大学院内の法律事務所所長に対する応募・内定・正式決定を承諾して、上記訴訟事件の代理人を辞任した後に、正式な有償の業務委託契約を締結した場合は、法25条3号に直接違反したとは言えないとしても、その精神に違反し、弁護士が職務を行うについて守るべき信義誠実義務に著しく違反する。

を受託する有償の業務委託契約）を締結した。

類型／議決／出典	主文	関係条文等
❷相手方の別事件 日弁連綱紀委 2006.6.22 議決例集9－136	懲戒審査相当 （原弁護士会：懲戒しない）	法25条3号

	問題となった行為	争点に関する判断
D 16	Yと法律事務所を同じくするA弁護士が、Xの代理人として、B社に対する労働災害による損害賠償金に関する仮払仮処分の申立てを行い、和解が成立したが、頭金の13万3,539円の支払を受けただけで、7月から11月まで毎月3万8,154円の分割払は未履行であったところ、Yは、B社から債務整理を受任した。	YがB社の債務整理を受任した時点では、XがA弁護士に委任した事件は終了しておらず、Yの受任は職57条、27条3号、28条2号の利益相反に該当し、Yは、職58条の適切な措置をとることを怠っている。 　しかし、Yが職58条の措置を怠ったのは、AからXの事件が2009年6月3日に裁判上の和解で終了し、同月16日に法テラスに事件の終結報告書も提出しているとの報告があり、また和解の分割払が未履行であることを知らされていなかったため、Xの事件は終了しており、利益相反に該当しないと判断し、さらにAがXから相談を受けた損害賠償の本訴を受任しない旨の申出があり、利益相反の問題がなくなったと判断したことによる。 　Yのこの判断は不合理とはいえず、これにより職58条の措置を採らなかったことを不当な懈怠とまではいえず、非行とまではいえない。

類型／議決／出典	主文	関係条文等
❷相手方の別事件　日弁連綱紀審　2012.9.18　議決例集15−263	懲戒審査相当の議決を得られず　（原弁護士会：懲戒しない）	職27条3号　職28条2号　職58条

問題となった行為	争点に関する判断
D17　Yは、2007年8月15日、米国B社（代表者C）の代理人として、A社に対し、事業契約の解除等を通知し、これに対し、A社代理人のB弁護士が、Yに回答し、事業契約上の義務の履行を怠っているのはB社だとしてその履行を催告した。　その後、Yは、2008年5月24日、A社から、第三者に対する不当利得返還請求訴訟及び自己破産の申立てを受任した。	Yの行為が利益相反による職務禁止に該当しないとした原弁護士会の認定と判断に誤りはない。　（原弁護士会の議決）　2007年夏以降、B社の代表者Cが、A社の取締役会の主導権を獲得した結果、2008年5月の段階で、A社、B社及びYの3者間で、YがA社代理人として不当利得返還請求訴訟及び準自己破産申立てをすることが利益相反に該当しない旨の確認書を締結し、依頼者、又は依頼者と他の依頼者の「同意」を得た結果となっている。　YがA社の代理人として不当利得返還請求訴訟等をすることは、職27条3号や同28条3号に該当するが、依頼者等の「同意」があり、職務禁止は解除される。

類型／議決／出典	主文	関係条文等
❷相手方の別事件　日弁連懲戒委　2019.4.8　議決例集22−38	異議申出棄却　（原弁護士会：懲戒しない。ただし、他の懲戒事由を認める）	職27条3号　職28条3号

（職28条2号前段）		

	問題となった行為	争点に関する判断
D 18	（1）　Yは、高齢の母Aとその子Bから隣地との境界確定の依頼を受け、他の子X、Cの同意を得て、4名共有地につき境界確認訴訟を提起した。一審勝訴判決後、控訴審で2001年8月9日に和解が成立した。Xは9月11日頃和解成立を知った。 　　他方、XとCは、AとBが4名共有地上の増築工事につき8月7日に工事差止の仮処分を申請し、Yが8月10日にAとBの代理人を受任した。 （2）　Yは、2001年7月1日にXから、Bらが計画している増築が土地使用貸借の違反にならないかと電話で問合せを受け、母Aのための増築なので契約の許容範囲ではないかと回答した。	（1）　Yが、Xを相手方とする仮処分事件を受任した時期は、Xが訴訟事件の和解成立による終了を知る前であるから、倫26条3号の「受任している事件の依頼者を相手方とする他の事件」に該当すると一応解し得る。 　　しかし、訴訟事件の事案の内容、事実経過、和解の成立時期、和解の内容等に鑑みれば、Yが仮処分事件を受任したことにより、YとX間の実質的な信頼関係が損なわれたとまでみることはできないので、原弁護士会の決定は相当である。 （2）　Xの2001年7月1日の電話の問合せは、YがXの意向に反する回答をし、両者の信頼関係が存在したことを認めることができず、法25条に抵触しない。

類型／議決／出典	主文	関係条文等
❸依頼者を相手方 日弁連綱紀委 2005.2.16 議決例集8-300	異議申出棄却 　（原弁護士会：懲戒しない）	（1）倫26条3号 ※職28条2号前段と同じ （2）法25条1号・2号

問題となった行為	争点に関する判断
	原弁護士会及び日弁連綱紀委の認定及び判断に誤りはなく、原弁護士会及

び日弁連の決定は相当である。

（原弁護士会の議決）
　　XはB社からの借入れにつき分割で返済をしていたが、Yは、Xを被告とする貸金等請求事件でX社の代理人をしている一方で、B社の代理人となって自己破産申立をし、以後B社の代理人として行動していたことがうかがわれる。
　　他方、B社の社長CとXとは従来から大変親しく、貸金等請求事件の高裁で成立した和解の訴訟外での交渉にも尽力していた。その関係でYがB社の代理人となるについて、Xも熟知しておりXの承諾があった。
　　B社が破産宣告を受けた後、破産管財人からXに対し貸金請求訴訟が起こされたが、Xの代理人であったYが当時B社を代理して行動したことが特別にXに不利益をもたらした事情もない。
　　以上から品位を害するに値する利益相反行為があったとはいえない。

	問題となった行為
D19	Yは、Xの依頼を受けて、AからXに対する貸金等請求事件を処理していたが、Xの別件の債権者である信販会社Bの依頼を受けて、Bの自己破産を申し立てた。

類型／議決／出典	主文	関係条文等
❷相手方の別事件 日弁連綱紀審 2005.9.20 議決例集8-403	懲戒審査相当の議決を得られず （原弁護士会：懲戒しない）	

（職28条2号後段）

問題となった行為	争点に関する判断
	A理事の相談は、X法人の機関を構成する者の中で自己の立場を有利にす

Yは、X医療法人の顧問弁護士であり、1993年5月からX法人の理事A（1995年6月に代表者に就任）から社員Bらの退社に関する相談に応じ種々の助言をしていたが、同年12月末に顧問を解任された。その後1994年11月に、Y及び同じ事務所のC弁護士が、退社した社員Bらの代理人となり、X法人に出資持分返還の通知をし、1995年8月にC弁護士のみが代理人としてX法人に訴訟を提起した。

る側面もあり、X法人の機関としての相談か個人の相談か、相談料の負担が不明なこともあり明らかでなく、YとAとの間に信頼関係があったと積極的に認めるに足る証拠はない。

しかし、そうであっても、X法人の理事であるAがX法人の顧問であるYに協議したのであるから、全体としてみれば「相手方の協議を受けた事件で、その協議の程度及び方法が信頼関係に基づくもの」ということができ、原弁護士会が戒告処分に付したのは相当である。

※相談料に関して、紙袋の交付があるが、中身が100万円か商品券か食い違いがあり不明。

類型／議決／出典	主文	関係条文等
❹顧問弁護士 日弁連懲戒委 2000.5.15 議決例集8-14	異議申出棄却 （原弁護士会：戒告）	法25条2号

問題となった行為	争点に関する判断
D21	Y_1とY_2は、「Y_1・Y_2合同法律事務所」の名称で経費分担型の共同事務所を設営し、独立して法律事務を行い、Y_3はY_2の勤務弁護士である。 Y_1は、1996年夏頃までX_2医療法人（X_1が理事長）の顧問弁護士をし、同年10月までに理事に就任していた。その間、Y_1は、X_1の	Y_1とY_2は、内部の実体の如何を問わず、双方が共同して法律事務に当たっている旨の事務所名称を外部に表示している以上、依頼者に対しては共同受任している場合に準じて判断すべきである。 Y_2が、X_1が提起した訴訟の被告Aから委任され訴訟活動を行った行為は、X_1が、Y_1が顧問弁護士等をしていたX_2法人の理事長でY_1とも懇意に

妻からも妹婿A名義の本物件の保全に関する相談にのったが、1995年 1 月にAにより本物件が処分された。

そこで、X₁が、1997年 4 月、Aを被告とする損害賠償請求訴訟を提起したところ、Y₂とY₃がAからこの訴訟を受任し、上告審まで訴訟活動をした。

し、訴訟の争点にX₂法人所持の証拠も関係する恐れがあることも予想し得るので、倫 5 条（品位及び信用の保持）、27条（職務の公正の保持）に違背するが、Xらに不利益はなく、懲戒を相当とすべきとまではいえない。

Y₃は、立場上雇い主のY₂の言を信用せざるを得ず、調査する方法もないので、特に非難すべき過失があるとはいえない（懲戒事由がない）。

類型／議決／出典	主文	関係条文等
❹顧問弁護士 日弁連懲戒委 2002.4.8 議決例集 8 -87	異議申出棄却 （原弁護士会：懲戒しない）	倫 5 条、27条

	問題となった行為	争点に関する判断
D 22	YはX社の顧問弁護士で、X社は代表者がAで、株主はA、B（Aの兄）のほか過半数株式を有する母Cである。Bの招集請求により、Aの取締役解任を求める臨時株主総会が開催され、Cの成年後見人D弁護士が賛成したため、Aは解任された。Yは、これを契機に顧問契約を終了した。 （1）　その後、Aは、E弁護士を代理人として、A解任の決議取消訴訟を提起したが、Yは、Aから相談を受けてE弁護士を紹介した。 （2）　また、Aは、定時総会での新任役員選任の決議取消訴訟を提起し、Yが代理人に加わり、訴訟追行をした。	（1）　Yは、顧問弁護士を辞任後、Aから解任決議の問題につき相談を受け、その助言の一環としてE弁護士を紹介したが、それは主として解任決議におけるCの成年後見人Dの議決権行使の当否に関するもので、実質的に、顧問であったX社との利益相反と招くものではなく、非行とまではいえない。 （2）　Yは、X社に対する訴訟でAの代理人として訴訟追行しているが、顧問契約終了後に発生した事実に関するものであり、しかも訴訟の主たる争点はCの成年後見人Dの議決権行使の当否に関するもので、実質的に、顧問であったX社との利益相反を招くものではなく非行とまではいえない。

類型／議決／出典	主文	関係条文等
❹顧問弁護士 日弁連綱紀委 2005.9.21 議決例集8－345	異議申出棄却 （原弁護士会：懲戒しない）	法25条

問題となった行為	争点に関する判断
D 23	（1）　Yは、2000年11月27日から預託金会員制ゴルフ場を経営するA社と顧問契約を締結し、A社の預託金償還対策の事務の委嘱を受けていたが、2001年6月分までの顧問料支払がある。Yは、同年1月頃、B社のA社に対する預託金返還請求に関し、C弁護士を紹介し、Cに、A社経営者らの特別背任等の刑事告訴状、債権者破産の申立書等を作成し、A社への送付を教示した。顧問契約終了後、Yは、2002年にB社のA社に対する預託金返還請求訴訟の控訴審等の訴訟行為をした。 （2）　Yは、2001年5月、B社代理人のC弁護士から10万5,000円の送金を受けて受領した（1か月後に返還）。	（1）　Yは、顧問料を授受している時は事件を受任している時に準じて考えるべきであり、更にA社から預託金償還対策の協議を受けていた場合は、具体的に個別案件の相談を受けていなくても、預託金返還請求事件一般についてA社と信頼関係に基づくと見られる程度の協議を受けて賛助していたとみられる。Yが、A社と利害相反するB社及びその代理人C弁護士と協議する行為は、法25条1号・2号、倫26条1号・2号に違反する。 　顧問契約終了後でも、B社の控訴審等の代理人として行動する行為は、信頼関係に基づくと認められる程度の協議を受けていたA社を相手方とする事件を受任したものであり、法25条1号・2号、倫26条1号に違反する。 （2）　C弁護士からの送金は紹介料及び指導料と見るべきで、返金しているとはいえ、顧問契約が存在していた時に相手方から利益を受けたものであり、法26条、倫51条に違反する。

類型／議決／出典	主文	関係条文等
❹顧問弁護士 日弁連綱紀委 2005.12.22 議決例集8－354	懲戒審査相当 （原弁護士会：懲戒しない） ※その後、原弁護士会で業務停止3月	（1）法25条1号・2号、倫26条1号・2号 （2）法26条、倫51条

	問題となった行為	争点に関する判断
D 24	A町の住民Xが、A町のB町長らを被告として、違法な事業費を支出したとして提起した地方自治法242条の2第1項4号の住民訴訟（4号住民訴訟）において、A町の顧問弁護士であるYがB町長らの訴訟代理人となって訴訟行為をした。	4号住民訴訟の実質的な利害対立が、行政行為の違法を主張する原告住民Xと、当該行為の適法妥当を主張するA町との間にあるとしても、B町長らとA町の利害が常に一致し、両者の利害が相反する可能性はないと断定できない。したがって、A町の顧問弁護士がB町長らの代理人として受任することは、依頼者の利益擁護、職務の公正さの確保の見地から適切妥当なものではない。 　しかし、有力な反対見解も存し、日弁連でも現在までこれに関する公式見解が出されているわけではない。上記判断を前提としても、直ちに倫26条、法25条に違反し、懲戒手続をもってしてまで禁止されるべき重大かつ明白な違反行為と断定することは現時点では困難である。 ※有力意見（付言） 　4号住民訴訟は、A町のB町長らに対する権利を住民が代位行使する形式をとるので、B町長らとA町には利益相反がみられる。これまで類似事案で

	利益相反の疑いがあるものの、個別的検討を加えて懲戒しない結論を採ってきたが、日弁連で、明白な姿勢を公式に示すことが適切であり、必要とされる。	

類型／議決／出典	主文	関係条文等
❹顧問弁護士 日弁連懲戒委 2001.10.9 議決例集8－63	異議申出棄却 （原弁護士会：懲戒しない）	倫26条2号「受任している事件と利害相反する事件」

	問題となった行為	争点に関する判断
D 25	A社は金融機関の不良債権処理を目的に国費を投じて設立された会社である。Yが弁護士としてA社代表取締役に就任することは、代表者となることの外、不良債権回収業務について受任した関係になる。 　Yは、A社の不良債権回収先であるB社と顧問契約を締結していたが、B社との顧問契約の継続がそれだけで利益相反となるものではないが、YがB社のC社長と面会し、A社の債権回収のやり方につき強い不満を聞いたが、B社との顧問契約を継続した。	Yは、C社長と面会し、A社の債権回収のやり方につき強い不満を聞いた以後は、A社とB社の利益相反が顕在化し、Yもその状況を認識したので、A社の性格とその社会的責任の重さを考慮すれば、B社との顧問契約について、A社の同意を得るか顧問契約を解消するかの措置をとるべきであったのに、いずれの措置もとらずにB社の顧問契約を継続したことは法25条3号、倫26条4号に反する。 ※少数意見 　法25条3号、倫26条4号の受任禁止は、弁護士の裁量の行使にあたり、一方の利益を重視し他方の利益をないがしろにするとの疑惑を生むからである。Yは、A社代表取締役としてもB社顧問弁護士としても、A社のB社に対する債権回収に関与し裁量を行使する余地はなく、Yの職務執行に疑念の生じる余地はなく、法25条3号、倫26条4号の違反を問えない。

類型／議決／出典	主文	関係条文等
❹顧問弁護士 日弁連懲戒委 2009.10.26 議決例集12-114	審査請求棄却 5名の少数意見あり （原弁護士会：戒告）	法25条3号 倫26条4号

	問題となった行為	争点に関する判断
D 26	Yは、2005年10月からA医療法人の顧問弁護士であったが、2006年3月24日の社員総会に出席した。総会では、予定した事業計画や予算の承認が、Xらの反対で否決され、Xらから理事長Bの社員除名の動議が提出されたため、議長Bはその上程を拒否し閉会を宣言した。 　その後、Yは、同月29日付けでBの理事長退任、Xの理事長就任の登記がされていることを知り、急遽、X及びA法人に対し、Bの依頼を受けて職務執行停止等の仮処分及び本案訴訟をした。 　また、Yは、仮処分に際して、A法人の創業者の妻Cから1,500万円の振込を受け、同人宛に預り証を発行したが、数か月後にA法人の要請で預り証をA法人宛に差し替えた。	仮処分申立ては、A法人の経営をほしいままにさせてはならないとの判断から緊急な事態と受け止めての行動であり、Yが総会の経過に自らが通暁しており、自ら事件を処理することが必要かつ適切と判断した経緯は理解できること、仮処分等は、事件の性質上A法人を相手としなければならず、実質上の利害対立はないこと等から、Yが顧問先であるA法人を相手に仮処分等をしたことでA法人の利益が害されておらず、職務執行の公正らしさが害されたとしてもその程度は低い。 　仮処分等の報酬がA法人の負担となったことは、仮処分等がA法人のための行為であり、A法人はYの行為により利益を受ける者であるから法26条の「相手方」に当たらない。 　Yの顧問の実態は、A法人の創業者の妻Cの顧問であり、仮処分等に実質的な利益相反はないこと、報酬も当初はCが支出し、その後A法人の負担となったが、A法人側から返還請求等も出されていないこと、Yは対応のあり方につき反省していること等を鑑みると、非行に該当するとはいえない。

| | | ※反対意見 |
| | | 　Yの行為は、顧問先を相手方とする訴訟行為をした点で懲戒に値する。 |

類型／議決／出典	主文	関係条文等
❹顧問弁護士 日弁連懲戒委 2009. 6. 8 議決例集12-55	異議申出棄却 反対意見あり （原弁護士会：懲戒しない）	職28条2号 法26条

	問題となった行為	争点に関する判断
D 27 -1	AはX社の創業者で代表者であり、BはAの長男で専務、CはBの知人でX社の経営につきBに助言等をしていた。 　Yは、Cの紹介でX社の顧問弁護士となり、かつ、X社、B、Cの脱税の刑事事件の弁護人を受任した。刑事事件終了後、X社の顧問を辞任し、X社とBC間の多数の民事事件においてBCの代理人として訴訟活動をした。	法25条1号・2号の「事件の同一性」は、訴訟物だけでなく、事件の基礎をなす紛争の実体等によって判断されるべきで、民事事件相互だけでなく、刑事事件相互、刑事手続と民事手続との間にも妥当する。 （1）　Yが受任した民事事件の1つはX社の弁護人として協議を受けた事件と同一事件といえるので、法25条1号・2号、職27条1号・2号に違反する。 （2）　他の民事事件は、同一の事件とはいえないが、Yが、X社とBCとの潜在的利害対立を意識してX社の顧問を辞任し、利害対立が顕在化した後に受任したもので、刑事事件の事実関係と密接に関連していること、利害対立が顕在化した場合には忠実義務や守秘義務の衝突等からいずれのためにも職務を行うべきでないこと（職42条の趣旨）等から、非行に該当する。

類型／議決／出典	主文	関係条文等
❹顧問弁護士 日弁連綱紀委 2009.8.25 議決例集12-167	懲戒審査相当 （原弁護士会：懲戒しない）	（1）法25条1号・2号 職27条1号・2号

問題となった行為	争点に関する判断
	D27-1と同じ判断。 ただし、（1）につき法25条1号、職27条1号違反とする。

類型／議決／出典	主文	関係条文等
日弁連懲戒委 2011.3.14 議決例集14-26 ※D27-1と同一事案	審査請求棄却 （原弁護士会：業務停止1月）	（1）法25条1号 職27条1号

問題となった行為	争点に関する判断
AはX社の創業者で代表者であり、BはAの長男で専務、CはBの知人でX社の経営につきBに助言等をしていた。 　Yは、Cの紹介でX社の顧問弁護士となり、かつ、X社、B、Cの脱税の刑事事件の弁護人を受任し、情状として脱税の動機がAのX社に対する貸付金の返済で個人的利得でない旨を強調した。Yは、刑事事件終了後、X社の顧問を辞任し、Bを代理してAに対し、株主代表訴訟を提起し、Aの貸付金不存在を主張した。	Yが受任した刑事事件と民事事件の代表訴訟は、AのX社に対する貸付金の存否に関する紛争を基礎とする事件で、事件の同一性が認められる。 　Yは、刑事事件でAの弁護人でないが、AがX社の創業者で、X社とAの貸付金の存在を協議し、脱税にAが関与せずBとCが無断で行ったとの弁護方針であり、実質的にはAの利益をも守る弁護活動をしていたこと等から、Aから協議を受けて貸付金の存在を情状として主張立証したものであり、職27条1号・2号及び法25条1号・2号に違反する。

D27-2

D28

類型／議決／出典	主文	関係条文等
❹顧問弁護士 日弁連綱紀委 2012.2.15 議決例集15−135 ※D27−1と一連案件	懲戒審査相当 （原弁護士会：懲戒しない） ※その後、原弁護士会で戒告	職27条1号・2号 法25条1号・2号

問題となった行為	争点に関する判断

	問題となった行為	争点に関する判断
D 29 −1	Yは、1986年以降X社と顧問契約関係にあったが、2011年1月A社がB社を被告として約200億円の損害賠償請求訴訟を提起したところ、B社の代理人となった。 　X社は、商号にA社の略称を冠するA社の100％子会社（2008年以降）で、資本金10億円、従業員約400名の会社である。	X社はA社からの独立性が強いこと、会社の規模もかなり大きいこと、A社と業務内容の大部分を異にしていることからすると、基本的には職28条2号の相手方にはあたらない。 　しかし、100％子会社であること、商号にA社の略称を冠することからすると、両社は経済的、社会的に同一の存在と認識せざるを得ない面があり、職28条2号に抵触する可能性がある。 　とはいえ、X社の独立性が高く、X社から親会社A社の意思決定等を左右できず、X社が事前に訴訟に関して協議等した事実もない等からして、X社の利益を具体的に害するおそれまではなく、事案の審査を求めるのが相当とまではいえない。

類型／議決／出典	主文	関係条文等
❹顧問弁護士 日弁連綱紀委 2013.5.15 議決例集16−138	異議申出棄却 （原弁護士会：懲戒しない）	職28条2号

	問題となった行為	争点に関する判断
D 29 -2		原弁護士会及び日弁連綱紀委の認定及び判断に誤りはない。 　なお、100％子会社であること、商号にA社の略称を冠することからすると、両社は経済的、社会的に一体とみなされる存在であるが、職28条2号が「相手方」とのみ規定され、「経済的、社会的に一体の存在」を含むとされていない以上、懲戒とすることは相当でない。同規程の改正が強く望まれる。

類型／議決／出典	主文	関係条文等
日弁連綱紀審 2014.3.11 議決例集17-156 ※D29-1と同一事案	審査請求相当の議決を得られず	職28条2号

	問題となった行為	争点に関する判断
D 30 -1	Yは、X法人と顧問契約を締結していたが、2015年6月、X法人の元職員Aの代理人として、X法人に対して損害賠償を請求する通知書を送付した。	2007年4月分以降の顧問料支払がないが、同年3月の合意解除を裏付ける証拠はなく、Yは2010年7月の報酬請求書で顧問割引と表示し、2013年6月のX法人側との面談時に自らを顧問弁護士と称しており、2015年6月当時、顧問契約は存続していたと認められ、Yの通知書の送付は職28条2号に該当する。

類型／議決／出典	主文	関係条文等
❹顧問弁護士 日弁連綱紀審 2017.11.14 議決例集20-167	懲戒審査相当 （原弁護士会：懲戒しない）	職28条2号

D 30 -2	問題となった行為	争点に関する判断	
		原弁護士会の決定（懲戒しない）は相当。 ※上記綱紀審が事実認定を修正して覆した。	
	類型／議決／出典	主文	関係条文等
	日弁連綱紀委 議決例集20-172	異議申出棄却	

D 31 -1	問題となった行為	争点に関する判断	
	医療法人Aの社員は理事長BとXであるが、Bは、A法人の監事C名義の監査報告書を偽造し、知事に提出したことを被疑事実として、有印私文書偽造罪及び同行使罪で検察庁に書類送検された。 　Yは、A法人の顧問弁護士であるが、A法人の同意を得ることなく、複数回にわたり、Bの被疑者取調べのために警察署に同行し、Bとともに取調室に入り、取調べ中同席していた。	Yは、弁護人選任届を提出していないが、Bの取調べに立ち会ったのは、単なる付添いにとどまらず、弁護人あるいは弁護人になろうとする者としての立場で行われたものであり、実質的にBの刑事弁護活動に携わったものと認められる。 　本件では、監事Cが監査を行っていないのに、C名義の監査報告書が偽造されたことにより、A法人の適正な運営が阻害されたのであって、A法人の利益とBの利益とが相反する状況にある。A法人の顧問弁護士であるYが、A法人の監査報告書の偽造が疑われている刑事事件について、被疑者Bの刑事弁護活動を行ったことは、A法人と利益の相反する事件につき職務を行ったものである。	
	類型／議決／出典	主文	関係条文等
	❹顧問弁護士 日弁連綱紀審 2018.12.11 議決例集21-234	懲戒審査相当 （原弁護士会：懲戒しない）	職28条3号

	問題となった行為	争点に関する判断
D 31 -2		原弁護士会の決定（懲戒しない）は相当。 ※上記綱紀審が事実認定を修正して覆した。
	類型／議決／出典	主文	関係条文等
	日弁連綱紀委 議決例集21-243	異議申出棄却	

3　その他型

	問題となった行為	争点に関する判断
D 32 -1	社会福祉法人C会は、Xの子Aの寄付により設立され、特別養護老人ホームを運営しているが、2010年5月25日、市から改善措置命令を受けた。Yは、同月31日、理事長X、前理事長A、現理事Bから、約70分間、C会の改善措置命令に関して相談を受け、C会の使途不明金問題も相談対象となった。Yは、同年6月6日、C会との間で、改善措置計画策定、使途不明金の解明・回収等に関する委任契約書を締結した。 　その後、理事長Xが解任され、Yは、同年11月に、C会を代理してX及びAらを被告として、使途不	（1）　5月31日の相談は、主としてC会の相談であったが、相談の趣旨には単にC会の利益だけではなく、XやAらの創業者一族としての利益擁護の趣旨も含んでいた。相談には、改善措置命令への対応問題として、使途不明金問題が相談対象となったことは明らかであり、使途不明金問題は、YがC会を代理してX及びAらを被告として提起した訴訟の内容そのものである。 　Yは、X及びAからC会内の使途不明金問題につき信頼関係に基づくと認められる程度の協議を受けたにもかかわらず、これらの者を被告とする訴訟を提起したもので、法25条2項に違反する。しかも、Yの行為は、信頼して頼ってきた者の期待と信頼を強く裏切るもので、これを正当化するべき事情はない。 （2）　Yは、5月31日の相談の趣旨はXやAらの創業者一族としての利益

明金問題に関する損害賠償請求訴訟を提起した。	擁護の趣旨も含んでおり、職５条、29条１項、32条及び34条の趣旨により、C会とのみ委任契約を締結するに当たって、X及びAらに対し、その側には必ずしも立たず、受任するC会とX及びAらとの間に利害対立が生じる可能性があることを説明すべきであった。

類型／議決／出典	主文	関係条文等
❺依頼者間 日弁連綱紀委 2014.5.21 議決例集17－115	懲戒審査相当 （原弁護士会：懲戒しない）	（1）法25条２号 （2）職５条、29条１項、32条、34条

	問題となった行為	争点に関する判断
D 32 －2	（原弁護士会の議決） （1）　Yは、2010年５月31日、C会の理事長X、前理事長A、現理事Bから、C会に対する市の改善措置命令への対応について相談を受け、同年６月３日のC会役員会において、Xら創業者一族の退任を要求されていることを知り、C会と創業者一族との利害が対立する可能性を認識したが、同月６日、C会と委任契約を締結するに際し、Xらに、Xら創業者一族とC会とで利害対立する可能性があるこ	（1）　Yは、５月31日に初めて相談を受け、受任の可否を判断するため６月３日に役員会に出席した。C会から受任するに際し、C会とXらとに利害相反の可能性がある場合は、職５条、29条及び32条の趣旨に鑑み、Xらに利益相反の可能性を説明すべきだが、Yは、上記役員会で、創業者一族の退任が求められ、創業者一族以外の役員から依頼者の確認を一度ならず受け、依頼者はC会と明言しており、C会とXらとの利害対立の可能性は、Xらを含む出席者全員が認識しており、Yが６月６日の受任の段階で利益相反の可能性の説明をしなくても、説明義務、誠実義務に違反しない。 （2）　Yは、６月６日締結のC会との委任契約では使途不明金に関する刑事

とを説明しなかった。これは職5条、29条、32条に違反する。

（2）　Yは、2010年6月8日、Aの要請で、Yの事務所で行われたC会の使途不明金に関する警察との話合いに立ち会っており、法25条2号の関係に入っていながら、同年11月18日、C会を代理してX及びAに対し、使途不明金に関する損害賠償請求訴訟を提起した。これは法25条2号に違反する。

事件への対応も含まれており、YはC会の代理人として警察との話合いに立ち会ったとみるべきである。C会への改善措置命令は、法人の運営や施設内での虐待、使途不明金等7項目の是正措置が求められており、5月31日の70分間の初回の相談で、使途不明金を含め是正措置を求められた事項につき具体的な相談があったとは考え難く、相談は改善措置命令に対するC会としての対応で創業者一族の利益擁護の依頼があったとは認められない。使途不明金問題は、「相手方の協議を受けた事件で、その協議の程度及び方法が信頼関係に基づくと認められるもの」ではなく、Yの訴訟提起は法25条2号に違反しない。

類型／議決／出典	主文	関係条文等
日弁連懲戒委 2018.8.21 議決例集21−42 ※D32−1と同一事案	原処分取消・懲戒しない （原弁護士会：戒告）	（1）職5条、29条、32条 （2）法25条2号

	問題となった行為	争点に関する判断
D 33 −1	兄Bと弟X間の同族会社A社の主導権争いについて、1991年4月に複数弁護士の関与の下に協定書が作成されたが、有効期間12年の経過後の2003年7月の株主総会で、共同代表取締役Xが議長として総会を延会とした。これを不服とする共同代表取締役Bが総会を開催した。Yは、Bに対し、この総	協定書は、兄弟間の争いを止めさせA社が平和に維持される事を目的としたもので、Yはこれを遵守することにつきA社のアドバイザーとしての義務を負い、協定書が失効してもA社のアドバイザーの地位にあったことは消えない。協定書が失効したからといって、Yが一方当事者のためにのみ助言

会開催について既に招集されているためBが議長になって総会を開催できる旨アドバイスした。	をすることは法25条の法意に照らして許されない。	

類型／議決／出典	主文	関係条文等
❺依頼者間 日弁連綱紀審 2006. 2 .21 議決例集 9 － 203	懲戒審査相当 （原弁護士会：懲戒しない） ※その後、原弁護士会は再度懲戒しないとする。	法25条

	問題となった行為	争点に関する判断
D 33 －2	A社には協定書により指名されたC弁護士が監査役に就任し報酬を得ており、A社のアドバイザーはC弁護士である。 　アドバイザーの1人のD弁護士はXのための調停申立の代理人を務め、X個人のアドバイザーとして行動している。 　Yは、A社のためのアドバイザーの具体的な職務をしたことはなく、A社から対価の支払を受けたこともない。	Yは、協定書の締結に関与したが、B個人のアドザイザーの地位にあり、XないしA社の利益をも図るべき立場にあったものではない。 　原弁護士会の懲戒しないとした決定は相当である。

類型／議決／出典	主文	関係条文等
日弁連懲戒委 議決例集 9 － 207 ※D33－1と同一事案	再度の原弁護士会決定（懲戒しない）に対し異議申出棄却	

	問題となった行為	争点に関する判断
		遺産分割調停事件は、Yの作成した遺産分割協議書の内容となった三者間

	問題となった行為	争点に関する判断
D34-1	Yは、2012年1月、亡Aの相続人であるB、C、Xから相談・依頼を受け、遺産分割協議書を作成した。 その後、分割協議書記載の未登記建物が遺産かにつき争いが生じ、Yは、同年6月、B及びCの代理人としてXを相手方とする遺産分割調停を申立てた。	協議が事実上完全合意に至らずに再燃したものと評価すべきであり、YがXを相手方として調停を申立てた行為は、職28条3号に違反する。 調停申立て後にXから懲戒請求が申立てられ、Yが共同相続人の一部の代理人となることの適否が問題となったのに、その後Xが提起した当該建物の所有権確認訴訟において、YがB、Cの代理人に就任した経緯をも考慮すると、懲戒に値する非行と評価せざるを得ない。

類型／議決／出典	主文	関係条文等
❺依頼者間 日弁連綱紀審 2014.10.14 議決例集17－201	懲戒審査相当 　（原弁護士会：懲戒しない） ※その後、原弁護士で戒告	職28条3号

	問題となった行為	争点に関する判断
D34-2		別事件で職28条3号に該当しないとした原弁護士会の決定について、同一事件で職28条3号に抵触するものの情状により懲戒しないとした結論は相当。 ※上記綱紀審が懲戒に値するとして覆した。

類型／議決／出典	主文	関係条文等
日弁連綱紀委 議決例集17－210	異議申出棄却	

問題となった行為	争点に関する判断	
Yは、亡Aの相続問題に関し、二男C及び三男Xから、長男Bとの紛争解決を受任した。国税局の税務調査で、AからCの妻らの韓国口座への約27億円の送金が判明した。国税局は、送金分も相続財産として追徴課税を求めたが、Yは、国税局に送金分を贈与で相続財産でないと終始主張した。Xは、当初は贈与の意向を示したが、その後YにXの税務上の不利益等をCが負担することを要望した。 　国税局の更正・賦課決定がされ、Yが異議申立てをするに先立ち、Xは、Yに対し、送金額の内Xの法定相続分（9億円）をCからXに支払うことを求める書面を送付した。Yは、半年以上経過し、Cから支払がないことをXから問い詰められた後、CXの代理人を辞任した。	（1）　Yが韓国送金分をCの妻への贈与と主張することは、Xにとって不利益な主張となる（利益相反）。YがXとCから国税局との交渉を受任するにあたり、それぞれに辞任の可能性その他不利益を及ぼすおそれのあることを明確に説明した事実が認められないので、職32条に違反する。 （2）　XがYに送金額のうち法定相続分の支払を要求した段階で、XとCの利益相反が現実化しており、Yは、速やかに両名にこれを告げ利害調整に努め、調整ができない場合には最終的には両名を辞任すべきであるのに、漫然と両名代理人として異議申立て等をし委任関係を継続したことは職42条に違反する。	

類型／議決／出典	主文	関係条文等
❺依頼者間 日弁連綱紀委 2011.8.26 議決例集14-168	懲戒審査相当 （原弁護士会：懲戒しない）	（1）職32条 （2）職42条

問題となった行為	争点に関する判断
Xの亡夫Bの金融機関Aからの	XのYに対する委任状の記載は「相手方A、保証債務弁済交渉事件」というもので、法律の素人であるXが、X固有の保証債務の整理も委任したと考

D
35

借入れについて、X及びXの父Cが連帯保証人であったが、Cが死亡した。Cの相続人はX、D、E、Fである。

Yは、Cの保証債務につきAとの交渉を受任していたが、Cの死亡により、Cの長男で遺言執行者のDを通じて、Xらからも亡Cの保証債務の整理を受任したが委任契約書を作成しなかった。

Yは、Aとの間で、亡Cの保証債務につき一部支払により残額免除の合意を成立させた。

その後、Aは、Xに対し、X保証人分につき支払を求める訴訟を提起した。

えても無理はなく、Xの一方的な思い込みと評価すべきではない。

Yは、XがAに対しX固有の保証債務と亡Cの保証債務の相続分との二重の地位を有すること、及び、Yの受任範囲が亡Cの保証債務の交渉に限られることを説明する義務があった。委任契約書を作成していれば、本件のような紛争を回避できた可能性が十分にあった。

Yは、固有の保証債務を負うXと亡Cの相続人らとの間に、共同保証人間の求償権（民法465条）が問題となる可能性があり、潜在的な利益相反関係の状況にあったことを説明する義務があった。

これらは職30条1項、32条、36条に違反する。

D 36-1

類型／議決／出典	主文	関係条文等
❺依頼者間 日弁連綱紀審 2015.10.13 議決例集18-193	懲戒審査相当 （原弁護士会：懲戒しない）	職36条 職30条1項 職32条

D 36-2

問題となった行為	争点に関する判断
	原弁護士会の決定（懲戒しない）は相当。 ※上記綱紀審がこれを覆した。

類型／議決／出典	主文	関係条文等
日弁連綱紀委 議決例集18-199	異議申出棄却	

問題となった行為	争点に関する判断	
D 37 Yは、Aの委任を受け破産手続開始の申立てをし、2009年９月、同決定により破産管財人Xが選任された。Aは、2009年２月に妻Bと協議離婚したが、2008年４月にBに自宅持分を贈与し、2009年３月には離婚による慰謝料名目での贈与をした。XがBに対し否認権訴訟を提起したところ、YがBの代理人となった。 ※原弁護士会で懲戒を求める理由は、YがAに対し破産管財人Xへの口頭説明拒絶を助言したとし、これに付随して、Yが否認権訴訟でBの代理人となれば、Aへの指導義務と矛盾するとして利益相反が指摘された。	Yが、離婚及び財産分与の相手方であるBの代理人となったが、本件ではこれが破産者Aの代理人と利益相反に当たるとはいえない。 （YのAへの助言の点は、AはXに数回口頭説明もしており説明拒絶を助言していないとし、非行に該当しないとした。） （原弁護士会の議決） 　否認権訴訟でAとBの言い分に食い違いはなく、利益相反が生じておらず、また、ABともに、Yが否認権訴訟でBの代理人となることを同意しており、職28条３号に反しない。	
類型／議決／出典	主文	関係条文等
❺依頼者間 日弁連懲戒委 2015. 1 .19 議決例集18－3	異議申出棄却 　（原弁護士会：懲戒しない）	職28条３号
問題となった行為	争点に関する判断	
建物賃借人Bは、看板テントを設置して販売店を営む計画であったが、管理規約に違反するとして看板テントの撤去を求められ、営業を断念せざるを得なくなったとして、賃貸人X及び仲介会社C社		

	問題となった行為	争点に関する判断
D 38	を共同被告として損害賠償請求訴訟を提起した。Yは、C社の顧問弁護士で、XとC社から受任した。 　Yは、2015年4月25日、Xに、Bに100万円を支払う和解案を提案したが、それに先立ち、C社から、現時点で和解ができるかも不明であり、負担割合の言及は控えてほしいと伝えられていた。Xは、4月27日、Yに、Xの責任でなく和解金を支払うのは現実不可能とのメールを送信した。Yは、5月6日、Xに、負担割合はC社が主になるが現時点で明確に提案できない旨のメールを送信した。 　Xは、9月4日、Yに、利益相反なので、XとC社の双方同時辞任をお願いする旨のメールを送信した。Yは、9月8日、Xに、C社の保険審査結果が出るまで時間がかかるので、次回期日は辞任せずに出頭する旨のメールを送信し、9月11日の期日に出頭した後、9月18日に辞任した。	Yが、Xが責任分担をすることを前提に、和解金の負担割合について明確に提案できない旨のメール（5月6日）をXに送信した時点で、遅くともXとC社との利益相反関係が顕在化していたにもかかわらず、直ちに辞任しなかったこと、及び、Xから辞任を求められても（9月4日）辞任せず、期日に出頭したことは、職42条に違反する。 ※原弁護士会は懲戒しないとし、日弁連綱紀委も異議申出を棄却。

類型／議決／出典	主文	関係条文等
❺依頼者間 日弁連綱紀審 2021.6.8 議決例集24-179	懲戒審査相当 　（原弁護士会：懲戒しない）	職42条

第2　弁護士と事件ないし当事者との間に特別の関係がある類型

問題となった行為	争点に関する判断
A市の顧問弁護士であるYは、	A市の顧問弁護士であり、A市から本件事態への対応につき何度か相談を

2013年6月13日、A市立中学校の生徒が自死した本件事態につきA市担当者から相談を受けて助言し、調査委員会委員への就任を承諾した。

Yは、生徒の両親Xらに対するA市の回答書案の確認作業等を行った後、同年7月6日に発足した調査委員会の委員に就任し、同月29日に辞任するまで、委員会の唯一の弁護士委員として活動した。

（原弁護士会の議決）

Yの行為は信義誠実義務に反せず非行自体に該当しない。

受け、都度具体的なアドバイスをしたYが、調査委員会の委員に就任したことは、委員としての職務の中立性に疑念を抱かせる行為と言わざるを得ず、職5条、6条及び27条5号の趣旨に照らし、軽率な行為である。Yには真摯な反省を求める。

しかし、①Yが委員として実際に活動した期間が短期であること、②Y自ら辞任をしている、③2013年7月以降実質的に顧問契約を解消していること、④新調査委員会の報告書でA市及びYの対応が非難され、Yが既に一定の社会的制裁を受けたと同様の状態にあることからすれば、非行と直ちに断ずることはできない。

D39-1

類型／議決／出典	主文	関係条文等
❻特別関係 日弁連綱紀委 2017.11.15 議決例集20-98	異議申出棄却 （原弁護士会：懲戒しない）	職5条 職6条 職27条5号

問題となった行為	争点に関する判断
D39-2	原弁護士会及び日弁連の決定は相当。 ※反対意見／出席10名中6名 YはA市の顧問弁護士としてA市と密接な利害関係を有し、A市が訴訟提起された場合の対応策も視野に入れて調査活動にも着手していた。XのA市長に対する調査委員会設置の申入れに

対する回答は、YがA市の代理人として起案し、YはなおA市の顧問の地位にあり、到底、公正、中立な立場の第三者とはなり得なかった。

Yは、調査委委員会委員に就任後1か月内に辞任しているが、遺族のXらから強い抗議を受けたためであり、自発的に辞任したわけではない。委員の活動が短期間であっても責任を軽減できず、非行に当たる。

類型／議決／出典	主文	関係条文等
日弁連綱紀審 2018.11.13 議決例集21-232 ※D39-1と同一事案	懲戒審査相当の議決を得られず	

問題となった行為	争点に関する判断
A弁護士の子であるYは、亡Bの遺産の横領の加害者亡Cからの受贈者Dの代理人であるAの紹介により、横領の被害者である亡Bの相続人Eらの代理人に就任した。	A弁護士及びYの行動は、利益相反行為に関する疑いを招くものであり、問題がないとはいえない。しかし、紹介の時点では、亡Bの相続人Eらの利益とAの経済的利益との間に相反性があったものではなく、Yに品位を欠く非行があったとまでは認められない。

D40

類型／議決／出典	主文	関係条文等
❻特別関係 日弁連綱紀審 2011.5.17 議決例集14-185	懲戒審査相当の議決を得られず （原弁護士会：懲戒しない）	

第3章　直接の規定がない利益相反に関する懲戒の状況と分析

第1節　懲戒の状況（自由と正義）

1　遺言執行者　【類型❼】

（1）　実質的な判断

弁護士が遺言執行者となった場合において、遺留分減殺請求（相続法改正後は遺留分侵害額請求）など相続人間に遺言や相続財産等に関して紛争が生じた場合、遺言執行者となった弁護士が一部の相続人の代理人となれるかが問題となる。この問題は、大別すると、職5条及び6条の問題としてとらえる見解と利益相反の問題として捉える見解に分かれる（解説第3版98頁）。

そして、いずれの問題とするにせよ、「直ちに弁護士の非行とするのではなく、当事者の利益や遺言執行者の公正性や信頼が害されたかについて、実質的に判断されるべきであり、具体的には、ⓐ遺言執行が終了しているかどうか、ⓑ遺言の内容について遺言執行者に裁量の余地があるかどうか、ⓒ相続人間の紛争の内容や、ⓓ当事者間に深刻な争いがあり話合いによっては解決することが困難な状況にあったかどうか、ⓔ代理人となるにつき相手方の同意（黙示の同意を含む）があったかどうか、ⓕ遺言執行者になった経緯等の事情を考慮しながら判断されるべきである。」とされている（解説第3版99頁。ⓐ～ⓕの記号は引用者が追加）。

そこで、これらの考慮事情（以下「実質的判断要素」という。）を踏まえて検討を行った[1]。

（2）　各事例の検討

ア　E①は、Yが亡Aの遺言執行者としての任務終了後（実質的判断要素ⓐ）、Aの妻Bの代理人として、Aの子であるXらを相手方とする遺産分割調停を申し立て、調停手続を続けたという事例である。

職5条及び6条の問題と捉えた上で、紛争の危険性に関するYの認識の程

---

[1]　以下の文中の下線は、この問題は大別すると職5条及び6条の問題としてとらえる見解と利益相反の問題としてとらえる見解があるとされていることから（解説第3版98頁）、各事例がいずれによるかを示すものである。

度、遺産の額の多寡、Xのそれまでの対応等からみて、XとBとの間にAの遺産分割に関して深刻な争いがあり、話合いによる解決が困難な状況であることを認識していたという事情（実質的判断要素ⓓ）から、非行に該当するとした。

　イ　E②は、Yは、亡Aの遺言執行者に就任し、預貯金債権に関する遺言執行が完了していなかったにもかかわらず（実質的判断要素ⓐ）、相続人であるBの代理人として、取引履歴、領収書等を収集・整理して相続人であるXに説明し、Xに対して相続財産である不動産を処分して売却代金を分配することを提案し、また、Bらの訴訟代理人として、Xに対して上記不動産に関する共有物分割訴訟を提起したという事例である。

　職5条及び6条の問題と捉えた上で、非行に該当するとした。

　ウ　E③は、Yは、亡Aの遺言執行者に就任したが、亡Aの遺言は内容自体に相続人間の紛争、利益対立を十分に予想させるものであり、当事者間に深刻な争いがあり話合いによって解決することが困難な状況（実質的判断要素ⓓ）があったにもかかわらず、遺産分割調停申立事件において亡Aの相続人Bの代理人に就任してXらを含む他の相続人らを相手方として行動し、また、亡Aの遺言執行者でありながら（実質的判断要素ⓐ）、亡AからE社の全株式の遺贈を受けたFの代理人として、Xらが取締役を務めるE社取締役会宛てに株主総会招集の請求の通知書を発送し、FがE社の代表取締役に就任した後、E社の代表取締役Fの代理人として、X₁代理人弁護士に対し部屋の明渡し等に関する通知書を発送して法律的な主張を含む交渉を行い、さらに、亡Aの遺言執行者でありながら（実質的判断要素ⓐ）、Bの代理人として、亡Aが所有していた不動産の地代等の精算に係るX₂を被告とする訴訟事件において訴訟活動を行ったという事例である。

　職5条及び6条の問題と捉えた上で、非行に該当するとした。

　エ　E④は、Yは、亡Aの遺言執行者に選任されたが、亡Aの相続人であるXが求めた遺留分減殺請求に関する価額弁償の額をめぐる紛争において、亡Aの相続人である妻Bらの代理人として、また、亡A名義の貸金庫の開披後に発見されたB名義ほかの預金債権についての遺留分に関する紛争において、Bらの代理人兼遺言執行者として（実質的判断要素ⓐ）、Xの代理人弁護士と交渉したという事例である。

　どの問題として捉えているかは明らかでないが、非行に該当するとした。

　オ　E⑤は、Yは、亡Aの遺言執行者に就任中の時期に（実質的判断要素
ⓐ）、亡Aの相続人であるXの代理人B弁護士宛ての書面等において、受遺者
であるCらの代理人として自己を表示し、また、Xが申し立てた遺留分減殺請
求調停申立事件において、Cらの代理人として行動したという事例である。

　職5条及び6条の問題と捉えた上で、非行に該当するとした。

　カ　E⑥は、Yは、Aが全財産を次男Bに相続させる旨の遺言の遺言執行
者に就任したところ、Aの長男Xから遺留分減殺請求の通知を受け、また、X
とBとの間でX名義の金融資産がAの遺産であるか否かが紛争となっている
にもかかわらず（実質的判断要素ⓓ）、BをYの事務所の勤務弁護士Dととも
に代理して、Xに対する上記金融資産がAの遺産であるかを主要な争点とす
る損害賠償請求訴訟を提起し、Yが辞任した後もD弁護士に上記訴訟を担当
させたという事例である。

　職5条、6条の問題及び28条3号の利益相反の問題と捉えた上で、非行に
該当するとした。

　キ　E⑦は、Yは、Xの母Aの死亡後、遺言執行者に就任し、その旨の通
知を発したが遺言執行業務が終了していないにもかかわらず（実質的判断要
素ⓐ）、相続人の一人であるBの代理人として、同じく相続人であるXを直接
の相手方として、Aの相続財産の範囲を拡張すること及びB固有の利益の実
現を図るために訴訟等の手続を行ったという事例である。

　職5条及び6条の問題と捉えた上で、非行に該当するとした。

　ク　E⑧は、Yは、XとAとの間で両者の父であるBの財産の管理等につ
いて対立がある状況において（実質的判断要素ⓓ）、Aが申し立てたBの扶養
義務者指定の調停申立事件等でAの代理人として活動していたところ、Bの
死後に遺言執行者に選任された後、XがA及び遺言執行者Yを被告として提
起したBの遺言無効確認請求訴訟において、Yと同一事務所に所属するC弁護
士とともにAの訴訟代理人に就任して活動し、後に辞任したもののCが訴訟
代理人として活動することを黙認したという事例である。

　職5条、6条の問題及び28条3号の利益相反の問題と捉えた上で、非行に
該当するとした。

　ケ　E⑨は、E⑧の事例のYと同一事務所所属弁護士Cが懲戒対象者とな
った事例であり、職5条、6条、57条等の問題と捉えた上で、非行に該当す
るとした。

　コ　E⑩は、YがAの遺言執行者であったが、Aの相続人X₁及びX₂に職務終了の通知をした後（実質的判断要素ⓐ）、Aの相続人B及びCの代理人としてX₁が代表取締役を努めるD社及びE社に対し、AがD社らに賃貸していた倉庫等の賃料請求をし、また、X₁及びX₂がB及びCに対して提起したAの遺言無効確認訴訟等においてB及びCの代理人に就任した事例である。

　職5条及び6条の問題と捉えた上で、非行に該当するとした。

2　他の財産管理人　【類型❽】

　E⑪は、Yは、Aの成年後見人に選任され、A死亡後、A及び既に相続が生じていたBの各相続財産について遺産分割を受任し、相続人全員の代理人であったところ、相続関係処理の方針をめぐって相続人間に意見の対立があり、相続人の一部から代理人を解任された段階では共同相続人間の利益相反が顕在化したにもかかわらず、全相続人の代理人を辞任しなかったという事例であり、非行に該当するとした。

　本事例は、相続人全員の代理人に就任した際の利益相反顕在化の事例であり（解説第3版93頁）、後見事務終了後に一部相続人の代理人に就任したという事例とは異なる。

3　刑事事件の共犯者　【類型❾】

　（1）　E⑫は、Yは、傷害致死被告事件についてBとCが共犯であることを認識していながら、Cから、自己の単独犯として処理しようとするBの刑事弁護人となることを要請されてBの刑事弁護人を受任したが、詳細な事実関係の確認、共犯者との主従関係やその他の事情がBの量刑判断において有利となる可能性についてのBに対する説明、共犯者の存在を隠すことによって生ずるBの利益、不利益についてのBとの協議、Bに対する翻意の促しをせず、途中から加わった共同弁護人に対してもCが共犯であることについては話さず、Bの単独犯として進められている捜査及び裁判手続を黙認したという事例である。

　法25条2号の利益相反の問題及び職5条の問題のほか、14条（違法行為の助長）、21条（正当な利益の実現）、46条（刑事弁護の心構え）、74条（裁判の公正と適正手続）及び75条（偽証のそそのかし）に違反するとして、非行に該当するとした。

（2）　E⑬は、Yは、弁護人になろうとする者として、詐欺事件についてA
との共謀の被疑事実で通常逮捕されたBに接見したが、Bに対して自分の関
与を否定する供述をするようAから依頼されていたことから、Aが自分の名
前を出さないでくれと言っているなどとAの伝言をBに伝え、後日接見した
際にも同様の伝言を繰り返し伝えた上で、Bから弁護人選任届を受領して検
察庁に提出したという事例である。

　実質的にはB独りに詐欺事件の刑事責任を負わせようとするAとBとの間
で利益の相反が顕在化していたという事情を挙げ、職28条3号の利益相反の
問題のほか46条（刑事弁護の心構え）に違反するとして、非行に該当すると
した。

【一覧表E】　直接の規定がない利益相反に関する懲戒事例（自由と正義）

※Y：被懲戒者、X：懲戒請求者、A・B・C…：関係者
※法：弁護士法、職：弁護士職務基本規程、倫：(旧) 弁護士倫理

	類　型	関係条文	処　分	非行内容
第3章　直接の規定がない類型（及び刑事事件）　　第1節　懲戒の状況				
1　遺言執行者				
E1	❼遺言執行者	職5条、6条	戒告	Yは、亡Aの遺言執行者として、2013年8月1日までに遺言執行の任務を終了したが、紛争の危険性に関するYの認識の程度、遺産の額の多寡、Aの子であるXのそれまでの対応等からみて、XとAの妻であるBとの間にAの遺産分割に関して深刻な争いがあり、話合いによる解決が困難な状況であることを認識しながら、同年9月13日、Bの代理人として、Xらを相手方とする遺産分割調停を申し立て、同年12月10日から2014年11月4日までの間、合計7回の調停期日において、調停手続を続けた。 　Yの行為は、職5条及び6条に違反し、法56条1項に定める弁護士としての品位を失うべき非行に該当する。
E2	❼遺言執行者	職5条、6条	戒告	Yは、2012年3月3日に死亡したAの遺言執行者に就任したが、預貯金債権に関する遺言執行が完了していなかったにもかかわらず、相続人であるBの代理人として、取引履歴、領収書等を収集し、整理して、相続人であるXに説明したり、2013年2月18日付け書面にて、Xに対し、相続財産である不動産を処分して売却代金を分配することを提案し、また、Bらの訴訟代理人として、Xに対し、2014年

				12月9日、上記不動産に関する共有物分割訴訟を提起した。 　Yの行為は、職5条及び6条に照らし、法56条1項に定める弁護士としての品位を失うべき非行に該当する。
E3	❼遺言執行者	職5条、6条	戒告	Yは、2012年7月には亡Aの遺言執行者に就任したが、亡Aの遺言は内容自体に相続人間の紛争、利益対立を十分に予想させるものであり、当事者間に深刻な争いがあり話合いによって解決することが困難な状況があったにもかかわらず、遺産分割調停申立事件において亡Aの相続人Bの代理人に就任し、X₁及びX₂を含む他の相続人らを相手方として行動した。Yは、亡Aの遺言執行者でありながら、同年9月6日、亡Aから株式会社Eの全株式の遺贈を受けたFの代理人として、X₁及びX₂が取締役を務めるE社取締役会宛てに株主総会招集の請求の通知書を発送し、FがE社の代表取締役に就任した後である2013年5月7日に、E社の代表取締役Fの代理人として、X₁の代理人弁護士に対し部屋の明渡し等に関する通知書を発送し、法律的な主張を含む交渉を行った。また、Yは、亡Aの遺言執行者でありながら、Bの代理人として、亡Aが所有していた不動産の地代等の精算に係るX₂を被告とする2件の訴訟事件において、訴訟活動を行った。 　Yの行為は、職5条及び6条に違反し、法56条1項に定める弁護士としての品位を失うべき非行に該当する。
				Yは、2014年6月6日、亡Aの遺言執行者に選任されたが、同年8月以降、亡

E 4	❼遺言執行者		戒告	Aの相続人であるXが求めた遺留分減殺請求に関する価額弁償の額をめぐる紛争において、亡Aの相続人である妻B、娘C及び受遺者である亡Aの孫Dの代理人として、また、亡A名義の貸金庫の開披後に発見されたB及びC名義の預金債権についての遺留分に関する紛争において、B、C及びDの代理人兼遺言執行者として、Xの代理人弁護士と交渉した。 　Yの行為は、法56条1項に定める弁護士としての品位を失うべき非行に該当する。
E 5	❼遺言執行者	職5条、6条	戒告	Yは、亡Aの遺言執行者に就任中の時期に、亡Aの相続人であるXの代理人のB弁護士宛ての2014年11月21日付けご連絡と題する書面等において、受遺者であるC及びDの代理人として自己を表示し、また、Xが2015年7月31日に申し立てた遺留分減殺請求調停申立事件において、Cらの代理人として委任状を提出する等Cらの代理人として行動した。 　Yの行為は、職5条及び6条に違反し、法56条1項に定める弁護士としての品位を失うべき非行に該当する。
E 6	❼遺言執行者	職5条、6条、28条3号	戒告	Yは、Aが全財産を次男Bに相続させる旨の自筆証書遺言書を作成した際、上記遺言において遺言執行者に指名され、Aが2010年8月27日に死亡した後、遺言執行者に就任したところ、Aの長男であるXから遺留分減殺請求の通知を受け、また、XとBとの間でX名義の金融資産がAの遺産であるか否かが紛争となっているにもかかわらず、2016年5月11日、BをYの事務所の勤務弁護士Dと共に代理して、Xに対する上記金融資産がAの遺

				産であるかを主要な争点とする損害賠償請求訴訟を提起し、Yが辞任した後もD弁護士に上記訴訟を担当させた。 　Yの行為は、職5条、6条及び28条3号に違反し、法56条1項に定める弁護士としての品位を失うべき非行に該当する。
E7	❼遺言執行者	職5条、6条	戒告	Yは、Xの母Aの死亡後、公正証書遺言に基づき遺言執行者に就任し、2015年9月13日付けでその旨の通知を発したが、遺言執行業務が終了していないにもかかわらず、相続人の一人であるBの代理人として、同じく相続人であるXを直接の相手方として、Aの相続財産の範囲を拡張すること及びB固有の利益の実現を図るために訴訟等の手続を行った。 　Yの行為は、職5条及び6条に違反し、法56条1項に定める弁護士としての品位を失うべき非行に該当する。
E8	❼遺言執行者	職5条、6条、28条3号	戒告	Yは、XとAとの間で両者の父であるBの財産の管理等について対立がある状況において、Aが申し立てたBの扶養義務者指定の調停申立事件等で、Aの代理人として活動していたところ、Bの死後、その相続に関し、Yと同一事務所に所属するC弁護士がAの代理人として行った遺言執行者選任審判申立事件において、遺言執行者に選任された後、2013年10月23日に、Xが、A及び遺言執行者としてのYを被告として提起したBの遺言無効確認請求訴訟において、C弁護士とともにAの訴訟代理人に就任して活動し、2014年4月16日に辞任したものの、2015

				年10月29日にC弁護士が辞任するまで、C弁護士がAの訴訟代理人として活動することを黙認した。 　Yの行為は、職5条、6条及び28条3号に違反し、法56条1項に定める弁護士としての品位を失うべき非行に該当する。
E9	❼遺言執行者	職5条、6条、57条	戒告	Yは、XとAとの間で両者の父であるBの財産の管理等について対立がある状況において、同一事務所に所属するC弁護士が、Aが申し立てたBの扶養義務者指定の調停申立事件等で、Aの代理人として活動し、また、Bの死後、その相続に関し、YがAの代理人として行った遺言執行者選任審判申立事件において、C弁護士が遺言執行者に選任された後、2013年10月23日にXが、A及び遺言執行者としてのC弁護士を被告として提起したBの遺言無効確認請求訴訟において、C弁護士とともにAの訴訟代理人に就任し、C弁護士が2014年4月16日に辞任した後も、2015年10月29日に辞任するまでAの訴訟代理人として活動した。 　Yの行為は、職5条、6条、57条等に違反し、法56条1項に定める弁護士としての品位を失うべき非行に該当する。
E10	❼遺言執行者	職5条、6条	戒告	Yは、Aの遺言執行者であったが、2018年8月22日、Aの相続人であるX₁及びX₂の代理人に対して遺言執行者職務終了の通知をした後、同年9月13日、Aの相続人であるB及びCの代理人として、X₁が代表取締役を務めるD株式会社及びE株式会社に対して、AがD社らに賃貸していた倉庫等についての賃料を請求し、また、同時期にX₁及びX₂がB及びC

				に対して提起したAの遺言無効確認訴訟等において、B及びCの代理人に就任した。 　Yの行為は、職5条及び6条に違反し、法56条1項に定める弁護士としての品位を失うべき非行に該当する。
	2　他の財産管理人			
E 11	❽その他の財産管理人（成年後見人）		業務停止3月 （他に3つの非行）	Yは、2001年12月21日、Aの成年後見人に選任され、Aが死亡した後、A及び既に相続が生じていたBの各相続財産について遺産分割を受任し、相続人全員の代理人であったところ、相続関係処理の方針をめぐって相続人間に意見の対立があり、遅くともCから代理人を解任された2017年1月20日、またDから代理人を解任された同月25日の段階で共同相続人間の利益相反が顕在化したにもかかわらず、全相続人の代理人を辞任しなかった。 　Yの行為は、法56条1項に定める弁護士としての品位を失うべき非行に該当する。 （他にも、Bの相続財産を適正に管理しない、委任契約書を作成しない、委任契約解除後資料返還に応じないなどの非行事実あり）
	3　刑事事件の共犯者			
				Yは、2014年4月9日、Xの息子Bと同人の勤務先の代表者Cが共犯であった傷害致死被告事件について、BとCが共犯であることを認識していながら、Cから、共犯であることを秘し自己の単独犯として処理しようとするBの刑事弁護人となることを要請され、同月10日、Bと接見

E12	❾刑事事件の共犯者	法25条2号 職5条、14条、21条、46条、74条、75条	業務停止2月	した後、Bの刑事弁護人を受任した。 　また、Yは、Bが事件を起こした経緯やCがどのように事件に関与していたのか詳しく事実関係を聞くことをせず、さらに、共犯者が存在する場合、共犯者との主従関係やその他の事情により、Bの量刑を判断する情状に有利となることがあることなどの説明をしたり、Cが共犯者であったことを隠すことによって生ずるBの利益、不利益につき、Bと協議をしたりすることをせず、Bに対して翻意するよう促すことをせず、途中から加わった共同弁護人2名に対してCが共犯であることについては話さず、Bの単独犯として進められている捜査及び裁判手続を黙認した。 　Yの行為は、法25条2号、職5条、14条、21条、46条、74条及び75条に違反し、法56条1項に定める弁護士としての品位を失うべき非行に該当する。
				（1）　Yは、2015年10月14日、弁護人になろうとする者として、詐欺事件についてAとの共謀の被疑事実で通常逮捕されたBと接見し、Aから預かったAの関与を否定する供述をするよう依頼する手紙を示すとともに、Aは自分の名前を出さないでくれと言っているなどとAの伝言を伝えた。 （2）　Yは、Aが上記（1）の詐欺事件についてBとの共謀の被疑事実で通常逮捕され、Bに対して勾留決定がされた上で接見等禁止決定がされた後、2015年10月17日にBと接見し、Aから預かったAの関与を否定する供述をするよう依頼する

| E 13 | ❾刑事事件の共犯者 | 職28条3号、46条 | 業務停止1年6月 | 手紙を示した上、Aは自分の名前を出すなと言っているなどとAの伝言を繰り返し伝えた。
（3）　Yは、AがYを通じてBに対し上記（1）の詐欺事件への自分の関与を否定する供述をするよう依頼などをしており、実質的にはB独りに上記（1）の詐欺事件の刑事責任を負わせようとするAとBとの間で利益の相反が顕在化していたにもかかわらず、上記（2）の接見において、Bから弁護人選任届を受領し、2015年10月19日、これを検察庁に差し出した。また、Yは、同年11月5日、起訴後の接見等禁止決定がなされている勾留中のBに接見し、現場での引き当たりの対応について「誰かが窃盗して、たまたま落としたものを拾ったということでいいんじゃないですか。それでいって下さい。」などと述べたり、Aは自分の名前を出すなと言っているとAの伝言を伝えるなどした。
　Yの（3）の行為は、職28条3号及び46条に違反し、各行為は、いずれも法56条1項に定める弁護士としての品位を失うべき非行に該当する。 |

第2節　懲戒の分析（議決例集）

1　遺言執行者　【類型❼】

【関連する事例】

×Ｆ①遺言執行終了前に一部相続人から遺留分減殺事件を受任

×Ｆ②遺言執行終了前に同一事務所弁護士が一部相続人から遺産分割事件を受任

○Ｆ③遺言執行終了後に一部相続人から遺留分減殺事件等を受任

×Ｆ④遺言執行終了後に一部相続人から遺言無効確認訴訟を受任

×Ｆ⑤一部相続人から相続関係事件を受任しながら遺言執行者に就任

○Ｆ⑥同一事務所弁護士が一部相続人から受任した相続関係事件終了後に遺言執行者に就任

×Ｆ⑦遺言執行終了前に一部相続人から遺留分減殺事件を受任

○Ｆ⑧同一事務所弁護士が受任した相続人間の貸金請求事件終了前に遺言執行者に就任

×Ｆ⑨遺言執行終了前に一部相続人から訴訟や遺産分割事件を受任

○Ｆ⑩遺言執行終了後に一部相続人から遺言無効に関する訴訟を受任

×Ｆ⑪一部相続人から受任した共有物分割事件終了前に遺言執行者に就任、その後代理人を辞任したが同一事務所弁護士が代理人就任

×Ｆ⑫一部相続人から受任した株主確認・賃料増額訴訟等の終了前に遺言執行者に就任

×Ｆ⑬遺言執行終了前に一部相続人から遺言無効確認訴訟を受任

○Ｆ⑭同一事務所弁護士が遺言執行者終了後一部相続人からの調停を復代理受任

○Ｆ⑮一部相続人から受任した遺留分減殺事件終了後に遺言執行者に就任

△Ｆ⑯遺言執行終了前に同一事務所弁護士が一部相続人から遺言無効事件を受任

（1）　各事例の検討

遺言執行者となった弁護士が一部の相続人の代理人となれるかに関しては、当事者の利益や遺言執行者の公正性や信頼が害されたかについて、実質的に判断されるべきであるとされる。そして、具体的には、ⓐ遺言執行が終了しているかどうか、ⓑ遺言の内容について遺言執行者に裁量の余地があるかどうか、ⓒ相続人間の紛争の内容や、ⓓ当事者間に深刻な争いがあり話合いによっては解決することが困難な状況にあったかどうか、ⓔ代理人となるにつき相手方の同意（黙示の同意を含む）があったかどうか、ⓕ遺言執行者になった経緯等の事情（実質的判断要素ⓐ〜ⓕ）を考慮しながら判断されるべきであるとされる（解説第3版99頁）。

以下の各事例の検討においては、実質的判断要素ⓐ〜ⓕのほか、それ以外のⓖその他の事情を踏まえて検討をした[*1]。

　ア　F①は、Yが遺言執行者に就任し、銀行等に対し被相続人の預貯金等の存否の照会をして遺言執行業務を行ったところ、遺言執行者でありながら、相続人Xが他の相続人Bらに対して行った遺留分減殺調停の申立事件に関し、Bらの代理人に就任したという事例である。

日弁連懲戒委は、<u>遺言執行者が遺言執行事務を公正中立に行うことは</u>、特にその遺言によって不利益を受ける相続人らが強く求めるところであり、とりわけ、弁護士である遺言執行者により一層そのような要請が強いと判断されるとして、非行に該当するとした。

　イ　F②は、Yが遺言執行者の地位にありながら、Xらと他の相続人ら（相手方）との間の遺産分割調停事件において、同一の法律事務所で執務するB弁護士を相手方の代理人にさせたという事例である。

日弁連懲戒委は、相続人全員の代理人の地位にある遺言執行者は、遺言執行中は、相続人相互間の訴訟において特定の相続人の代理人となることは、<u>倫26条2号（受任している事件と利害相反する事件）に違反する場合があり、同一事務所の弁護士が代理人となった場合は倫27条が問題となる</u>とし、遺言執行者としての職務の公正さを疑わしめ、遺言執行に対する信頼を害するおそれがあるので、Yの行為は倫27条に違反するとした。

[*1]　以下の文中の下線は、この問題は大別すると職5条及び6条の問題としてとらえる見解と利益相反の問題としてとらえる見解があるとされていることから（解説第3版98頁）、各事例がいずれによるかを示すものである。

　ウ　F③は、Yが遺言執行者に就任し、遺言執行業務を完了した後、Xが遺留分減殺請求の調停申立て、さらに訴訟提起をしたところ、Yは、当該訴訟事件を被告から受任して遂行したという事例である。

　日弁連懲戒委は、<u>法25条1号の「相手方の協議を受けて賛助し」た場合、同2号の「相手方の協議を受けた事件で、その協議の程度及び方法が信頼関係に基づくと認められる」場合に該当して許されないかどうか</u>は、具体的事実に即して検討すべきであり、本件の場合、遺言公正証書及び遺言執行完了報告によれば遺言執行において「相手方との協議」が必要であったとは考えられず、現にそのようなことはなかったと認められるので、いずれも該当せず許されるとした。

　エ　F④は、遺言執行者であるYが相続人に財産目録を交付して遺言作成の経緯等と相続財産の内容等について説明したところ、Xらが現金がないことについて疑問を呈し、現金調査をして財産目録を再調整することを求めたが、Yが応じず、一方、遺言執行業務が完了後にXらが提起した遺言無効確認請求訴訟について、Yは、被告らの訴訟代理人に就任したという事例である。

　日弁連懲戒委は、<u>倫26条2号の問題ではなく、倫4条（信義誠実）、5条（信用の維持）の問題</u>として捉えた上で、実質的判断要素としては、ⓓの事情（当事者間に深刻な争いがあり話合いによる解決困難性）を挙げ、「遺言執行が終了していると否とに関わらず」として、ⓐの事情（地位の兼併）が存在しても代理人就任を慎むべきであるとした。

　オ　F⑤は、亡Aが特定財産についての相続人の指定と長男の相続人廃除を内容とする遺言をし、XがYに対し、遺産の調査とその分割の協議（長男については相続放棄を求める交渉）を依頼したところ、家庭裁判所がYを遺言執行者に選任したが、Yは、Xとの委任関係を継続したという事例である。

　日弁連懲戒委は、実質的判断要素としてⓐの事情（地位の兼併）を挙げ、<u>依頼者であるXと他の相続人等との利益相反であることは明らか</u>であるとした上で、ⓔと類似の事情（遺言執行者就任を承諾）があっても、正当化できないとした。

　カ　F⑥は、Yと同一事務所の弁護士Cが、相続人の代理人として自筆証書遺言の検認申立て及びXが申し立てた遺留分減殺請求調停の相手方代理人に就任したが、調停不成立後、Yは、遺言執行者に就任して遺産目録を相続

人及び受遺者に送付したという事例である。

　F⑥－1の日弁連綱紀審が、<u>弁護士に期待されるべき「公正さ」の問題とし</u>て捉えて懲戒審査相当としたのに対し、F⑥－2の日弁連懲戒委は、<u>職57条</u><u>の利益相反の問題</u>として捉えた上で、実質的判断要素としては⑥の事情（裁量の余地なし）及び①の事情（遺言執行者に就任時点で調停不成立後相当の期間が経過）を挙げ、非行に該当しないとした。

　　キ　F⑦は、Yが被相続人の妻Bの代理人として遺言書検認期日に出頭し、また、家庭裁判所から遺言執行者に選任されたが、その一方で、Xが申し立てた遺留分減殺請求調停事件についてBの代理人に就任して地位を兼併した（後に家庭裁判所から指摘を受けてBの代理人を辞任し、さらに家庭裁判所に対し、辞任許可の届出をした）という事例である。

　日弁連懲戒委は、職5条、6条（倫4条、5条）の問題と捉えた上で、実質的判断要素としては、⑥の事情（当事者間に深刻な争いがあり話合いによる解決困難性）及び⑥と類似の事情（遺言執行者就任に反対）を挙げ、「遺言執行の終了のいかんを問わず」として、⑧の事情（地位の兼併）が存在しても非行に該当するとした。

　　ク　F⑧は、Y及び同一事務所の弁護士Bが、Aの代理人としてXに対する貸金請求を受任し、また、Yが、Xの母による「一切の財産をAに相続させる」旨の遺言書の遺言執行者に就任して貸金請求の代理人は辞任した（Bは代理人を継続）ところ、XのAに対する遺留分減殺請求がなされ、また、BがAの代理人として提起したXを被告とする貸金請求訴訟において、遺言執行に伴い作成された相続財産の資料を提出する等した事例である。

　F⑧－1の日弁連綱紀委が、<u>職27条3号及び28条3号の利益相反の問題で</u><u>あるとともに職務の中立性・公平性の問題</u>と捉えているが、F⑧－2の日弁連綱紀審は、<u>職務の中立性・公平性の問題</u>と捉えている。そして、F⑧－1の日弁連綱紀委は、実質的判断要素に関し、⑥の事情（裁量の余地なし）、⑥の事情（代理事件が相続と無関係）を挙げ、⑧その他の事情（同一事務所所属弁護士の辞任及び訴訟経過等の事情）も加味して非行に該当しないとしたのに対し、F⑧－2の日弁連綱紀審は、⑥及び⑥の事情には触れずに、上記の⑧その他の事情を挙げて非行には該当しないとした。

　　ケ　F⑨は、亡Aの生前からXとの間で土地明渡しに関する紛争が存在し、妻Bの遺産分割調停も不調となっていたところ、亡A作成の全財産を二女

Cが相続する旨の遺言書及び相続人廃除の遺言書についてYが遺言執行者に就任し、廃除の調停申立てをし、同事件係属中、Yと同一事務所所属のH弁護士がCの代理人となってXらに対して建物収去土地明渡の訴訟を提起し、H辞任後Yが代理人に就任し、さらに、Yは、Cの代理人としてBの遺産分割調停を申し立てるなどした事例である。

　F⑨－1の日弁連綱紀委は、<u>職務の中立性・公平性の問題</u>として捉えているのに対し、F⑨－2の日弁連懲戒委は、<u>職28条3号の利益相反と職務の中立性・公平性の問題</u>として捉えている。いずれも非行とするが、実質的判断要素としては、綱紀委も懲戒委も同様に、ⓑの事情（裁量の余地あり）及びⓓの事情（相続人間で紛争が発生・予想）を挙げ、「遺言執行業務の終了の有無を問わず」として、ⓐの事情（地位の兼併）を重視していない。

　なお、ⓑの事情に関し、相続人廃除の遺言が遺言執行者に裁量の余地があるとしている点が参考となる（F⑨－2の日弁連懲戒委の反対意見は、裁量の余地はないとする。）。

　　コ　F⑩は、Aの所有財産全てを甥Bに相続させる旨の遺言書につき、Yは、遺言執行者に就任し、A名義の預貯金解約・Bへの引渡し等を行った後、Aの相続人XからのAの遺言の内容、遺産明細、遺言執行内容の開示請求を拒絶したところ、その後、XらがBを被告として提起した遺言無効を原因とする共有持分移転登記等請求訴訟でBの訴訟代理人に就任したが、Xらから異議が出なかったという事例である。

　日弁連懲戒委は、実質的判断要素として、ⓐの事情（遺言執行業務終了後1年以上経過）及びⓔの事情（代理人就任に対する黙示の同意）を挙げ、非行に該当しないとした。

　　サ　F⑪は、A、B、Xが土地を共有しており、Yは、A・Bからの依頼でXを相手方とする共有物分割の調停を申し立てた後、AがBに財産の全てを相続させる旨の遺言の遺言執行者に就任したところ、XからYに対する遺留分減殺請求がなされ、解決案を提示したがXの同意が得られなかったため、Bの代理人として、共有土地について、Xを被告として共有物分割請求訴訟を提起し、B代理人を辞任後は同一事務所の弁護士が代理人を承継し、共有土地について競売・売得金を分割する旨の判決が言い渡されてBの代理人として競売申立てを行ったという事例である。

　日弁連懲戒委は、<u>職5条、6条の問題</u>として捉えた上で、実質的判断要素

としては、ⓓの事情（当事者間に争いがあり話合いで解決できない事情）を挙げ、同条に違反するとした。

　シ　F⑫は、Yが亡Aの遺言（「相続させる」との文言）の遺言執行者に就任したが、Yは、Aの長男Xが提起したA創業の会社の発行済み全株式の株主であることの確認訴訟について、X以外の相続人らの代理人に就任した（その他にもXとそれ以外の相続人間等で賃料増額請求訴訟等を含む複数の訴訟があり、Yは、X以外の相続人側の訴訟代理人に就任している。）ところ、亡Aの妻Bによる全ての遺産を長女Cらに相続させてXには相続分なしとする遺言の遺言執行者に就任し、遺産の調査、預貯金の解約返戻、返戻金の相続人への交付等を行ったという事例である。

　日弁連懲戒委は、職5条、6条の問題として捉えた上で、実質的判断要素としてはⓐの事情（地位の兼併）及びⓓの事情（相続人間に激しい対立）を挙げ、ⓒの事情（賃料増額請求訴訟は遺言執行とは直接関係がないこと）があっても職務の中立公正さを害するとした。

　ス　F⑬は、亡Aが全財産を相続人の一人であるBに相続させる旨の遺言書を作成し、これに先立ち死亡したC（Aの夫）の遺産に関し、Yは、Bが提起したXら相続人に対するCの遺産の返還及び確認を求める訴訟においてBの代理人として活動し、また、Aの代理人として、Xらに対し、遺留分減殺請求訴訟を提起し、その後Aが死亡して遺言執行者に就任し、Xらが提起したBを被告とする遺言無効確認等請求訴訟についてBの代理人として移送申立てをしたという事例である。

　日弁連綱紀委は、遺言執行者の中立、公正性の問題と捉えた上で、ⓐの事情（地位の兼併）及びⓓの事情（相続人間の紛争が顕在化）を挙げ、ⓖその他の事情（遺言無効確認訴訟において本案についての実体的な主張立証等の訴訟活動をしていないこと、Bから辞任承諾書を取り付け、訴訟代理人辞任届を提出したこと）があっても、非行に該当するとした。

　セ　F⑭は、亡Aの全財産を妻Cに相続させる旨の遺言書についてYと同一事務所所属のB弁護士が遺言執行者に選任され、Bは、亡Aの法定相続人Xに対し、遺産である絵画の中から遺留分相当の号数分をXが取得することでの解決を打診したところ、X（D弁護士代理人）がCを相手方とする別件調停事件を申し立て、BがC代理人に就任したが、途中からYが復代理人として出頭（B弁護士は不出頭）し、同調停事件において、D弁護士から、遺留分減殺

請求がなされたが、同調停事件は不調となったという事例である。

　日弁連綱紀審は、共同事務所のYは、B弁護士が職務を行うことが相当でない本件においては、復代理人として受任することを避けるべきであったとした上で、実質的判断要素としては、ⓕと類似の事情（代理人就任時、同一事務所弁護士が遺言執行者であったことを知らなかったこと）、ⓖその他の事情（代理事件における行為が主として絵画の写真の撮り直しであったこと）から非行には該当しないとした（反対意見があり、同一事務所所属弁護士の遺言執行者就任について調査義務があり、これを怠ったとして非行に該当するとした。）。

　　ソ　F⑮は、亡BのC（Bの長男）に全財産を相続させる旨の遺言書に基づき、Cが不動産登記手続等の執行をし、Yは当初遺言執行者に就任しなかったところ、X代理人A弁護士がCに対して遺留分減殺の通知をし、また、Yに対して遺言執行者就任を打診したところ、Yは、執行手続が終了しているので就任しなくてもよいのではないかと回答したが、Aから財産目録を調整する義務が残っている旨指摘され、Aに対し、遺言執行者に就任することを受諾する旨通知したが、財産目録は交付せず、その後、C代理人として、Xの遺留分減殺請求に対して家事調停申立てをし、訴訟に移行しているという事例である。

　日弁連懲戒委は、<u>遺言執行者としての職務の公正さの問題</u>として捉える一方で、遺言執行者と各相続人との間に<u>実質的にみて利益相反の関係が認められないような特段の事情がある場合</u>には、非行に当たらないとした上で、実質的判断要素としては、ⓐの事情（地位の兼併）については執行行為の終了の前後を問わず非行に該当するとしつつ、特段の事情として、ⓑの事情（裁量の余地あり）及びⓕの事情（遺言に基づく相続は全て完了していたと理解しており、現に何らの執行行為をしていないこと）を挙げ、非行に該当しないとした。

　　タ　F⑯は、Yが家庭裁判所から亡Aの遺言の遺言執行者に選任され、X（Aの子）が遺言無効確認等請求訴訟を提起し、Yと同一事務所のB弁護士が被告らの代理人に就任したところ、Yについての遺言執行者解任申立てがなされたが、家庭裁判所は解任事由がないとして申立却下の審判を行い、前記訴訟は請求棄却となり、控訴審判決言渡しまでBが上記被告らの代理人として訴訟追行し、その間、Yは、遺言執行者としての職務を継続しているとい

う事例である。

日弁連綱紀審は、職58条が引用する職57条ただし書の「職務の公正を保ち得る事由」がない限り、職81条により、遺言執行者について辞任その他の適切な措置を採る必要があり、当該措置を採らず遺言執行者としての職務を継続していることは、職5条、6条及び81条に違反するとした上で、本件では、⑧その他の事情（情報遮断措置としては不十分であるが、家庭裁判所で遺言執行者解任申立てを却下する旨の審判がなされており、自身が遺言執行者を辞任することが事実上不可能になったと考えたことには、ある程度やむを得なかった面があること）を挙げ、非行とまでは認められないとした（反対意見があり、Yの所為は、職5条、6条、81条に違反し、Yは速やかに辞任その他の適切な措置を採るべきであったとした。）。

（2）　遺言執行者に関する弁護士の行動準則

遺言執行者となった弁護士が一部の相続人の代理人となれるか、逆に一部の相続人の代理人となった弁護士が遺言執行者となれるかは、当事者の利益や遺言執行者の公正性や信頼が害されたかについて、実質的に判断されるべきであるとされ、考慮される実質的判断要素が指摘されている（解説第3版99頁）。そこで、弁護士の行動準則の観点から、議決例における実質的判断要素の考慮状況を「一覧表G」に整理して検討してみる。

ア　まず、ⓓの事情（当事者間に深刻な争いがあり話合いによっては解決することが困難な状況にあったこと）が存する場合は、非行と認定されている。

この場合に、ⓐの遺言執行の終了の有無は問題とされていない。遺言執行終了後の事例としてF④があり、遺言執行終了の有無を問わないと明言するものとしてF④⑦⑨がある。

また、ⓑの遺言の内容について裁量の余地の有無も問題とされていない。「全遺産を甲に相続させる」旨の遺言であっても非行と認定されているものとしてF⑪～⑬がある。

イ　次に、ⓓの事情以外については、明確な行動準則を見いだし難い。

例えば、ⓐの事情（遺言執行が終了しているかどうか）に関しては、遺言執行が終了していない事例（地位の兼併ないし同一事務所内で遺言執行者と代理人弁護士の併存状態）であるが非行に該当しないとされたものとしてF⑧⑮⑯がある一方で、地位の兼併ないし併存状態ではないのに非行とされた

ものとしてF④がある。

　また、ⓑの事情（遺言の内容について遺言執行者に裁量の余地があるかどうか）に関しては、裁量の余地がなく非行に該当しないとされたものとしてF⑧⑩⑭⑮がある一方で、逆に裁量の余地がないのに非行と認定されたものとしてF⑪〜⑬がある。

　さらに、ⓔに類似の事情（遺言執行者となるにつき相手方の同意があったかどうか）に関しては、F⑤が同意があった事例であり、F⑦が反対した事例であるが、いずれも非行と認定された。

　ウ　かかる状況を踏まえると、ⓓ以外の事情は、いずれも単独で基準となるものではなく総合的な判断要素の一つとして機能しているが、他の事情との関係で結論を異にしており、非行となるか否かに関する弁護士の行動準則として予測が困難な状況にある。現在の懲戒実務の状況は、懲戒事例や議決例が相当に集積してきているものの、これを検討してもなお明確な弁護士の行動準則を見いだすことが難しい実情にある。

2　他の財産管理人　【類型❽】

> 【関連する事例】
> ×Ｆ⑰職務代行者となった会社の株式譲受人から受任
> ○Ｆ⑱成年後見人が被後見人死亡後の遺産分割を一部相続人から受任
> ○Ｆ⑲成年後見人が被後見人死亡後の遺産分割等を一部相続人から受任
> ○Ｆ⑳成年後見監督人が被後見人死亡後の相続に関し元後見人から受任

　他の財産管理人としては、（1）　職務代行者、（2）　成年後見人、（3）成年後見監督人に関する議決例が存する。

　成年後見人については、「遺言執行者と異なり、後見人の場合は、相続人の代理人とみなされるという民法1015条のような規定はなく（現在同規定は改正されている。引用者）、また、後見人の任務は被後見人の死亡によって終了するから、一部相続人の代理人と後見人が兼任となることは考えにくい。したがって、後見人の事例を遺言執行者と全く同列に議論することは妥当でない。後見人であった者が一部相続人の代理人となることが原則として非行に当たると解すべきではないであろう。もちろん、後見人の職務の公正に対す

る社会的信頼を確保するために後見人は行動すべきであって、公正さを害するような行為は慎むべきである。このような後見人の行為が非行に該当するかは、具体的な事案において判断されるべきである。」とされている（解説第3版100頁〜101頁）。

　これに対し、成年後見監督人については、F⑳において、後見人と後見監督人の関係は、後見人と相続人との関係よりも癒着を想起させてはならない関係にあるとし、職務の公正さがより強く要求されるべき関係であるとされているので、注意を要する。

　（1）　職務代行者

　F⑰は、A社の代表取締役Bについて成年後見開始の審判がなされ、C弁護士が成年後見人に選任された後、Bの長男でありA社株式のうち約3分の1を有するXの申立てにより、YがA社の代表取締役兼取締役の職務代行者に選任されたところ、Cは、Xらを被告として株主権確認請求事件を提起し、Yが、BがA社の全株式を所有するとの株主名簿を作成したため、これを踏まえ、Bの成年後見人として全株式をBの三男Dに譲渡し、その後新たに取締役等が選任されたため、Yは、任務終了報告書を裁判所に提出する一方で、上記株主権確認請求事件について、Dの代理人として、民訴法49条に基づく承継参加の申立てをして訴訟活動を行ったという事例である。

　日弁連綱紀委は、職5条の問題として捉えた上で、職務遂行としての会社株主の認定について当時既に会社株主の帰属につき訴訟係属中であったことから職務代行者就任の前後を問わず、その公正に疑いを抱かれる行為は慎むべきであること、Dの代理人としての訴訟活動が職務代行者としての任務終了後1か月も経過していないこと等の事情から、非行に該当するとしている。

　（2）　成年後見人

　ア　F⑱−1は、Yは、Aの成年後見人であり、BからAの金融資産（預貯金、株式など）について不明なものがあるとの申出を受けてXに照会したが、Xからは自分のものである旨の回答書が届き、提訴の要否について家庭裁判所からその必要はない旨の回答を受けていたところ、Aが死亡し、後見計算書を作成して残余財産である預金通帳と株券等を相続人に引き渡すべく保管していたが、相続人間で相続に関わる紛争が勃発し、引渡しが未了のままの状態において、相続人Bの代理人としてXらを相手方とする遺産分割事件を受任し、Xを被告とする相続登記の抹消登記手続請求訴訟を提起したという

事例である。

　日弁連綱紀委は、成年後見人の職務の公正さの問題ととらえた上で、成年後見人の職務と遺言執行者の職務との間には類似する面があるとして、遺言執行者の実質的判断要素ⓓ（Yが代理人となった相続人とXとの間には、相続開始前から対立があること）に加え、後見人の職務で知った事実がXの特別利益に関係し、成年後見人として知り得た事実を一部相続人の利益に利用して相続人間の紛争に関わることとなり、成年後見人の職務の公正さを疑わせるとした。

　F⑱－2の事例では、F⑱－1の日弁連綱紀委の懲戒審査相当との議決を受けて、YがBの代理人を辞任している。

　日弁連懲戒委は、成年後見人の職にあった者が相続人間の紛争について特定の相続人の代理人になることは、その段階においては成年被後見人が死亡して存在せず、形式的にみて関係者間の利益相反に該当するとはいえず、当然に遺言執行者に類似した中立性・公正さの侵害と捉えることはできないとした上で、非行に該当するか否かについて問題とされる場合は、（1）成年後見中の行為についての不正不備を隠匿する等の目的である場合、（2）相続人間で争いとなった内容について、成年後見人でなければ知り得なかった事実を、依頼相続人のために利用するような場合であるが本件はこれに該当しないとし、あわせて、YがBの代理人を辞任するなど成年後見人としての職務の公正さを確保するための一定の配慮をしているという事情をも考慮して、非行に該当しないとした（反対意見があり、成年後見を行っていたときに中立、公正ではなかったのではないかとの疑念を抱かせ、Bの代理人となった後、成年後見人であった時に知った、あるいは知り得た事情を活用していると疑われて当然であるとする。）。

　　イ　F⑲－1は、YがBの成年後見人に選任され、後見人としてX（Bの子）らを被告とし、横領金返還等請求訴訟を提起したが、その後Bが死亡したため却下となり、Yは、亡Bの口座を解約して解約金をA（Bの子）に手交し、Aらの代理人としてXらを相手方として遺産分割調停申立事件を提起し（一度も期日が開かれずに取下げで終了）、さらに、Aらの代理人としてXらを被告として遺言確認等請求事件を提起したという事例である。

　日弁連綱紀委は、後見人に求められる職務の中立性・公正性の問題と捉えた上で、相続財産を巡る紛争の被後見人の生前からの顕在化という事情を挙

げ、一方の相続人の代理人となって訴訟活動をすることは、特段の事情が認められないかぎり、原則として慎むべきであるとし、また、本件訴訟は、後見人の業務の引継ぎという面があるが、後見人として被後見人の資産を取り戻す行為と、被後見人死亡後対立する相続人の一方の側に立って代理人として活動する行為とは異なるとし、上記特段の事情は存しないとした。

　F⑲－2は、F⑲－1と同一の事例で、日弁連懲戒委は、民法1015条のような定めがないこと、後見人と一部相続人の代理人を兼ねるという地位の兼任はあり得ないことから、後見人であった者が一部の相続人の代理人になることは、原則として非行に当たらないが、後見人の職務の公正性やこれに対する信頼を害するような行為は慎むべきであるとした上で、本件では、Yが受任した本案訴訟は後見人として提起した訴訟と争点が同じであること、XによるBの預金の無断引き出し等の違法状態を解消しようとする行為であったこと、Yが相談をした同期の弁護士数名はYがAらの代理人になることに格別違和感を抱いていないこと、YがAらの代理人になったことによって、格別、財産的損害も生じていない等の事情を総合して考えると、軽率であるが非行があったとまではいえないとした。

（3）　成年後見監督人

　F⑳－1は、Bには売却が予定されている土地、所有不動産からの家賃収入などの資産の他に貸金業を営み死亡した亡夫Dの財産が多数あったところ、家庭裁判所がBの後見人にA（Bの姉Cの子）、後見監督人にYを選任したが、Bの死亡によりYの後見監督業務が終了した後、Yは、AからBの相続財産（不動産等）について相談を受けて助言し、その後、Xが申し立てた家賃の清算に関するAを相手方とする支払督促命令申立事件についてAの代理人となったという事例である。

　日弁連綱紀委は、後見人と後見監督人の関係は、後見監督人の職務が「後見人の事務を監督すること」、「後見人又はその代表する者と被後見人との利益が相反する行為について被後見人を代表すること」（民法851条）と定められていることから、両者は、後見人と相続人との関係よりも癒着を想起させてはならない関係にあるといえ、職務の公正さがより強く要求されるべき関係であるから、原則としてこのような受任関係に立つことは相当でないとした上で、本件においては後見監督人であったYが後見人であるAから相談を受けて指導した範疇に入る家賃清算の請求案件でありYが加わることに一応の

合理性があること、支払督促命令はXが印紙を納めなかったことにより却下終結になり、実質的には何も行われなかったこと、元々可分金銭債権であり相続人間の諸事情が関係する余地もなかった内容であったことなどの事情から、非行があったとまではいえないとした。

F⑳－2の日弁連綱紀審は、F⑳－1の日弁連綱紀委の判断を相当とした（反対意見があり、後見監督人であった弁護士が一部相続人の代理人となり遺産分割に関連した紛争に関与することは、後見監督人としての職務の公正さを疑わせるものであり、職5条、6条の観点から疑問があり、また、後見人と後見監督人の関係は、民法851条1号、4号からすれば、両者は、癒着を想起させてはならない関係にあり、その職務についてはより強く公正さが要求されるものとして、非行に該当するとした。）。

3　刑事事件の共犯者　【類型❾】

> 【関連する事例】
> ○F㉑刑事事件の共犯者間の利益相反

F㉑は、Xは監禁・強盗殺人罪で共犯者Aとともに起訴され、一審で死刑判決、控訴棄却、上告棄却となり、死刑判決が確定した者であるが、Yは、X及びAの逮捕後から同人らの私選弁護を受任したところ、起訴後Xが殺害についての共謀を否定し、Aはこれを認めなかったため、「Xは殺害の計画が消滅したと思い、Aはそうではないと思っていた」という弁護方針をとり、これに基づいて罪状認否をしたが、第3回公判において裁判長からXとAの利益相反を示唆され、Aの弁護人を辞任したという事例である。

日弁連懲戒委は、殺害の共謀に関し、Xが起訴後否認したため、捜査段階からこれを認める共犯者との間で利害相反の関係を生じていたが、Yは、利害関係が生じた後、刑事裁判の初期の段階でAの弁護人を辞任していること、その間に行われた弁護人の職務は罪状認否のみであること、Xは第1審公判の終結まで何ら不服を述べていないことから、Yの行動は懲戒事由に該当しないとした。

【一覧表F】　　直接の規定がない利益相反に関する議決例（議決例集）

※Y：被懲戒者、X：懲戒請求者、A・B・C…：関係者
※法：弁護士法、職：弁護士職務基本規程、倫：旧弁護士倫理

第3　直接の規定がない類型（及び刑事事件）　　第2節　懲戒の分析		
1　遺言執行者		
	問題となった行為	争点に関する判断
F1	1994年2月24日、亡Cは、公正証書遺言をし、同年11月14日、死亡した。 　1995年10月30日頃、Yは、遺言執行者に就任することを承諾し、銀行等に対し亡Cの預貯金等の存否の照会をし、遺言執行の任務に着手して、1996年8月まで遺言執行業務を行った。 　1995年11月7日、相続人Xは他の相続人Bらに対し、遺留分減殺調停の申立をしたところ、Yは、Bらから遺留分減殺調停事件の代理人の依頼を受け、1996年1月22日代理人に就任した。	遺言執行者が遺言執行事務を公正中立に行うことは、特にその遺言によって不利益を受ける相続人らが強く求めるところであり、とりわけ、弁護士である遺言執行者により一層そのような要請が強いと判断される。一般に、遺言者の遺産の明細が遺言書だけでは明らかでない場合などでは、遺言執行者が遺産の範囲、内容等を不利益相続人に秘匿し、若しくはその執行内容を明示しないこと等によっても、偏頗な遺言執行が可能である。弁護士である遺言執行者が、遺留分減殺請求事件において、不利益相続人の相手方当事者の代理人になることは避けるべきであり、非行に該当する。
	類型／議決／出典	主文	関係条文等
	❼遺言執行者 日弁連懲戒委 2000.10.10 議決例集8−27	審査請求棄却 （原弁護士会：戒告）	
	問題となった行為	争点に関する判断
		相続人全員の代理人の地位にある遺言執行者は、遺言執行中は、相続人相

互間の訴訟において特定の相続人の代理人となることは、倫26条2号に違反することとなる場合があるが、本件は、同一事務所のパートナー弁護士が代理人となったのであるから、倫27条が問題となる。

B弁護士は遺言執行者であるYと同一事務所で執務していたものであり、Yがこの弁護士を紹介したことは、利害が対立する他の相続人から見れば、遺言執行者としての職務の公正さを疑わしめ、遺言執行に対する信頼を害する虞があるので、Yの行為は倫27条に違反し、弁護士としての品位を失うものであるといわざるを得ない。

Xらの父親である被相続人亡Aの遺言執行者の地位にありながら、Xらと他の相続人ら（相手方）との間の遺産分割調停事件において、同一の法律事務所で執務するB弁護士を相手方の代理人にさせた。（F2）

類型／議決／出典	主文	関係条文等
❼遺言執行者 日弁連懲戒委 2003.3.10 議決例集8-121	原処分取消・戒告 （原弁護士会：懲戒しない）	倫26条2号、27条

問題となった行為	争点に関する判断
亡Aは、2001年10月3日に死亡し、Yは、遺言執行者に就任して、直ちに遺言執行に着手し、2002年2月21日遺言執行業務を完了した。 Xは、2002年9月13日遺留分減殺請求の調停申立をしたが不調となり、2003年2月15日訴訟を提起した。Yは、当該訴訟事件を他の相続人である被告らから受任して	遺言執行者として職務を行った者が、相続人の一部から委任を受けて他の相続人を相手に相続財産に関連する訴訟を提起遂行し、また、他の相続人から提起された遺留分減殺請求事件について被告訴訟代理人として活動することが、法25条1号の「相手方の協議を受けて賛助し」た場合、同2号の「相手方の協議を受けた事件で、その協議の程度及び方法が信頼関係に基づくと認められる」場合に該当して許されな

F3	遂行している。 　また、Yは、2003年3月12日、亡Aの相続人であるXに対し、同相続人であるB・Cの代理人として建物明渡請求事件の訴訟提起をした。	いかどうかは、具体的事実に即して検討すべきであり、本件の場合、遺言公正証書及び遺言執行完了報告によれば遺言執行において「相手方との協議」が必要であったとは考えられず、現にそのようなことはなかったと認められるので、いずれも該当せず、許される。

類型／議決／出典	主文	関係条文等
❼遺言執行者 日弁連懲戒委 2004.5.10 議決例集8－163	異議申出棄却 （原弁護士会：懲戒しない）	法25条1号2号

問題となった行為	争点に関する判断
 　亡Bは、遺産全体の約8割をAに相続させ、Xらを含む他の相続人には残りの遺産を相続させる旨の遺言を作成し、同人死亡後の1999年5月17日、遺言執行者であるYは、相続人に財産目録を交付して遺言作成の経緯等と相続財産の内容等について説明した。 　Xらは、現金がないことについて疑問を呈し、現金調査をして財産目録を再調整することを求めたが、Yは、応じなかった。 　Xらは、Yの遺言執行業務が完了した後に、他の相続人を被告として亡母Bの口授がなかったことを理由として遺言無効確認請求訴訟を提起したところ、Yは、被告	 　遺言執行者は、特定の相続人の立場に偏することなく、中立的立場でその任務を遂行することが期待されており、当事者間に深刻な争いがあり話し合いによって解決することが困難な状況があった場合は、遺言執行が終了していると否とに関わらず、遺言と相続財産を巡る相続人間の紛争について、特定の相続人の代理人となって訴訟活動をすることは慎まなければならない。

ら訴訟代理人として受任して活動
した。

類型／議決／出典	主文	関係条文等
❼遺言執行者 日弁連懲戒委 2006.1.10 議決例集9－3	原処分取消・戒告 （原弁護士会：懲戒しない） 取消訴訟（東京高裁）：請求棄却判決・確定	倫4条、5条

	問題となった行為	争点に関する判断
F5	2002年1月5日、Xの父Aが死亡した。Aは、特定財産についての相続人の指定と長男の相続廃除を内容とする遺言書を残していた。 　2002年2月14日、XがYに対し、遺産の調査とその分割の協議（長男については相続放棄を求める交渉）を依頼した。 　2002年7月5日、家庭裁判所はYを遺言執行者に選任したが、Xとの委任関係をそのまま継続し、遺言執行者としての業務とXの代理人としての依頼業務を兼併していた。 　Xは、Yが自己が依頼した弁護士であるのに、自己の立場は十分に考慮されていないとの不信感を持つようになり、信頼関係が壊れ、2003年1月18日、Yに対し、遺言執行者の辞任と着手金の返還を求めた。	Yが、地位の兼併を生じさせたこと、その後地位の兼併を継続させたことは、依頼者であるXと他の相続人等との利益相反であることは明らかというべきである。 　本件においては、Xは、Yが遺言執行者に就任して遺言執行者としての業務を行うことを承諾しており、また他の相続人も遺言執行者が相続人の一人であるXの代理人でもあることを知っていたとみられる事案ではあるが、そのことによってYが前記の地位の兼併を生じさせたことを正当化することはできないというべきである。

類型／議決／出典	主文	関係条文等
❼遺言執行者 日弁連懲戒委 2008.4.14 議決例集11-24	審査請求棄却 （原弁護士会：戒告）	

問題となった行為	争点に関する判断
Aは、1998年11月27日公正証書遺言（Yを遺言執行者として指定）を、2000年2月8日上記遺言に記載されていない財産の相続に関し、自筆証書遺言を作成し、2001年11月21日、死亡した。2002年1月21日、Yと同一事務所の弁護士Cが相続人Bの代理人として自筆証書遺言の検認申立てをした。 　2003年2月6日、Xが遺留分減殺請求調停を申し立て、相手方Bらの代理人に弁護士Cが就任したが、2003年10月29日、調停が不成立となった。 　2004年12月7日、X代理人弁護士DがYに対し、遺言執行者就任催告を行ったところ、Yは、就任を承諾する旨の回答をし、2005年7月1日、遺産目録を相続人及び受遺者に送付した。	法律事務所を共にする弁護士が、遺言執行者と相続人の一方当事者の代理人に就任したという事実は、弁護士に期待されるべき「公正さ」に対する相続人の信頼を裏切るものであり、弁護士の「品位を失うべき非行」に該当するものと判断すべきである。

（※ 左欄外に「F6-1」）

類型／議決／出典	主文	関係条文等
❼遺言執行者 日弁連綱紀審 2008.9.16 議決例集11-193	懲戒審査相当 （日弁連綱紀委：異議申出棄却）	職57条

	問題となった行為	争点に関する判断	
F6-2	原弁護士会による懲戒処分（戒告）に対しYから審査請求がなされた。 ※F6-1と同一事案	同一事務所所属の弁護士が一方相続人の代理人となったことは、Xに不信感を抱かせた点でYの配慮が足りなかったとはいえ、Yに懲戒に付すべきほどの職務の公正さを害する非行が存したとまではいえない。 　また、Yが遺言執行者に就職したのは2004年12月19日であり、その時点では、遺留分減殺請求調停事件が不成立により終了してから相当の期間が経過していること、Y自身も、当該遺留分に関する紛争は既に終了したものと考えていたことからして、Yが遺言執行者に就職したことについて懲戒に付すべきほどの非行性を認めることはできない。 　職57条にいう利益相反の関係が存するか否かは、具体的事案に即して実質的に判断すべきところ、本件公正証書遺言は、その内容からして遺言執行者に裁量の余地はなく、Yである遺言執行者とXを含む各相続人との間に実質的にみて利益相反の関係は認められない。	
	類型／議決／出典	主文	関係条文等
	日弁連懲戒委 2010.5.10 議決例集13-19	原処分取消・懲戒しない （原弁護士会：戒告）	職57条
	問題となった行為	争点に関する判断	
	亡Cは、2002年12月19日死亡した。 　Yは、2003年2月、亡Cの妻Bの	遺言執行者であるYとしては、遺産相続を巡って相続人間に深刻な対立が	

代理人として遺言書検認期日に出頭し、また、亡Cの二女Xの反対があったが、家庭裁判所から遺言執行者に選任された。

本件遺言書は、不動産、動産、有価証券等の財産についてその相続分を定めているが、その特定を欠いているため遺言書では登記申請できないものや、その他財産の帰属についても遺言執行者の行為を必要とする部分がある。

2003年3月、Xが遺留分減殺請求調停を家庭裁判所に申立て、Yは、Bの代理人に就任して地位を兼併した。

その後、2004年7月、家庭裁判所から指摘を受け、Yは、Bの代理人を辞任し、遺言執行者として同調停事件に出頭していたが、2005年4月7日、Yは、家庭裁判所に対し、辞任許可の届出をした。

あり、話合いによる解決が困難な上に、Xらの遺言執行者選任に係るYに対する反対があるという紛争の実情に鑑みれば、遺言執行者たるYが相続人Bらの代理人を兼務することは、遺言執行の終了のいかんを問わず、中立、公正さを求められる遺言執行者の職務、職責からいって、代理人としての訴訟活動は慎むべきである。

したがって、Yが遺言執行者に選任されてから家庭裁判所に対し、辞任許可の届出をするまでの約5年間、両者の地位の兼併問題を解消することをしなかった行為は、遺言執行者の職務の中立、公正さを疑わしめ、遺言執行者たる弁護士に対する信頼、信用を害する虞を引き起こしたものと認められ、職5条、6条（倫4条、5条）の規定に照らし、法56条1項の非行に該当するとされることもやむを得ない。

類型／議決／出典	主文	関係条文等
❼遺言執行者 日弁連懲戒委 2009.1.13 議決例集12-3	審査請求棄却 委員4名の反対意見あり （原弁護士会：懲戒） 異議申出棄却	職5条、6条

問題となった行為	争点に関する判断
Y及び同一事務所の弁護士Bが、Aの代理人としてXに貸金請求の受任通知を送付した。その後、Xの母が「一切の財産をAに相続さ	YがXの姉Aの代理人としてXを相手方として貸金請求をしているにもかかわらず、遺言執行者に就任したことは、遺言執行者が「相続人の代理人」とみなされる（民法1015条）としても、

せる」旨の遺言書を作成した。

2007年10月30日Xの母死亡後、Yは、遺言執行者への就任を承諾し、上記貸金請求の代理人は辞任したが、Bは引き続き貸金請求の代理人をしていた。

その後、XからAに対して遺留分減殺請求がなされ、弁護士Bは、2008年3月12日、Aの代理人としてXを被告とする貸金請求訴訟を提起し、その訴訟において、遺言執行に伴い作成された相続財産の資料を提出する等した。

2009年1月8日、Bは貸金請求の代理人を辞任した。同年1月15日、Xから遺言執行者解任の申立がなされ、Yは、同年2月12日家庭裁判所に対し、遺言執行者辞任の申立てをし、家庭裁判所がこれを許可した。

現に受任している事件の相手方本人から依頼を受けたものではなく、職27条3号に違反しない。

貸金請求事件における姉Eの利益は、相続財産をめぐる利益ではなく、遺言執行におけるXの利益とは相反するとはいえず、また遺言内容は遺言執行者に裁量の余地がなく、Yが遺言執行者に就任したことは職28条3号に違反しない。

Yが貸金請求事件の代理人を辞任した後も、同一事務所の弁護士が貸金請求事件の代理人にとどまり、貸金請求事件で相続財産の資料などが提出等されたことに関し、Xに遺言執行者としての職務の中立性、公平性につき不信感を抱かせた点で配慮に欠けるところがあったといえるが、その後辞任していること、訴訟経過等に鑑みると、懲戒処分に付するほどの職務の公正さに反する行為を認めることはできない。

類型／議決／出典	主文	関係条文等
❼遺言執行者 日弁連綱紀委 2011.1.19 議決例集14－151	異議申出棄却	職27条3号 職28条3号

問題となった行為	争点に関する判断
	姉弟間の貸金返還請求事件の貸主の代理人にYを含む同一事務所の複数の弁護士が就任した後、Yが姉弟の実母の遺言執行者に指定され、右代理人を辞任し遺言執行者に就任した後、その

F8-2	日弁連綱紀委員会の議決（異議申出棄却）に対し、綱紀審査の申出がなされた。 ※F8−1と同一事案	他の弁護士が代理人にとどまったことは、Yの遺言執行者としての職務の中立性、公平性についてXに不信感を抱かせた点で配慮に欠ける。 　しかし、その後に他の弁護士も代理人を辞任していることや訴訟経過等にかんがみると、懲戒処分に付するほどの行為があったとまでは認められない。

類型／議決／出典	主文	関係条文等
日弁連綱紀審 2011.6.21 議決例集14−201	懲戒審査相当の議決を得られず	

問題となった行為	争点に関する判断
亡Aは生前から三男XにA所有土地上の建物を取り壊して土地の明渡しを求めていた。また、妻Bの遺産分割調停も不調となっていた。 　亡Aは、1996年作成遺言で、全財産を二女Cが相続することとし、1997年作成遺言で、推定相続人F、Dらに対して廃除の意思表示を示していた。2004年9月5日、Aが死亡し、Yは遺言執行者に就任してDらに対して廃除の調停申立をし、調停が成立した。 　廃除の調停事件係属中、Yと同一事務所所属のH弁護士がCの代理人となってXらに対して建物収去土地明渡の訴訟を提起したが辞任し、Yが同訴訟の代理人に就任した（後日取下げ）。	遺言執行者となった弁護士は、遺言執行中も終了後も、相続人の代理人となって他の相続人を相手に訴訟行為を行うことを慎まなければならず、これに違反した場合は、弁護士の品位を失うべき非行となる。特に既に相続人間で紛争が発生していたり予想される場合には、遺言執行者と相続人の代理人の地位の兼併は、中立性公平性を損なうため慎まなければならない。 （遺言執行者の裁量について） 　遺言執行者には、客観的資料に基づき廃除の手続を中立公平に行うことが求められ、どのような廃除事由を考え、どの程度の成算を得るか、調停又は審判のいずれを選択するか、話し合いで解決する場合どのような条件を設定するか、それを誰がどのように負担するか、推定相続人の一人Fの廃除につい

（F9-1）

2006年7月26日、Yは、Cの代理人としてBの遺産分割調停を申し立てた（審判移行後取下げ）。

Xが1996年遺言の無効裁判を提起し、Yは、遺言執行者の地位に基づき、法定訴訟担当者として応訴したが、遺言無効の判決が確定した。

て手続がとられていないが、どのような書面を作成するか、作成しないままにするのか、このように、廃除の手続は、原議決書のいうような「裁量の余地のないもの」とはいえず、遺言執行者たる弁護士の裁量にかかる部分も大きい。

類型／議決／出典	主文	関係条文等
❼遺言執行者 日弁連綱紀委 2012.8.28 議決例集15-163	懲戒審査相当	

問題となった行為	争点に関する判断
原弁護士会による懲戒処分（戒告）に対しYから審査請求がなされた。 ※F9-1と同一事案	遺言執行者が特定の相続人の代理人となることは、遺言執行者の職務の中立・公正性が疑われるおそれのある行為であり、遺言執行業務が終了していると否とに関わりなく、避けるべきである。 　本件の経緯に鑑みると、Aの相続に関しては、遺産の内容及び遺言の効力に関する紛争が、Aの生前から相続人間に継続又は潜在しており、Yによる遺言執行開始後も、相続人間には相当の利害対立があったと認められる。しかるにYは、共同相続人間の訴訟、Bの共有物（遺産）分割審判・調停において、相続人の一人Cの代理人となり、Cの利益のために活動したものであって、職28条3号が規定する利益相反行為に当たり、遺言執行者の職務の中立

F9-2

性・公正性を損なうものである。

相続開始前から相続に関する各相続人の利害対立が存し、Yもその事実を認識していたし、Aの遺言の内容からして、遺言執行者であるYに裁量の余地がないということは、できない。

※反対意見

本件の遺言執行者には裁量の余地がないとして、遺言執行者の職務の公平性及び中立性を侵すものではないとする。

類型／議決／出典	主文	関係条文等
日弁連懲戒委 2014.8.18 議決例集17-40	審査請求棄却 反対意見あり （原弁護士会：戒告）	職28条3号

	問題となった行為	争点に関する判断
F 10	Aは、所有財産全てを甥Bに相続させる旨の遺言書を作成し、2009年9月10日死亡し、Yが遺言執行者に就任した。Yは、遺言執行者としてA名義の預貯金解約・Bへの引渡し等を行った。 その後、Aの相続人XがYに対し、Aの遺言の内容、遺産明細、遺言執行内容の開示を求めたが、Yは、これを拒絶した。 2011年3月3日、Xらは、Bを被告として、遺言無効を原因とする共有持分移転登記等請求訴訟を提起し、Yは、同年4月、Bの訴訟代理人に就任した。Yは、第1回口頭弁論で裁判所に対し、Bの代理	遺言執行者であるYが、遺言執行業務終了後、共同相続人の一部が、他の共同相続人に対して提起した訴訟において、被告である共同相続人の代理人となり、訴訟を追行した点については、原告である共同相続人Xらの黙示の同意の余地及び遺言執行業務終了後1年以上経過していたこと等の事情から非行に該当しない。 なお、遺言執行者であるYが、「相続させる」旨の遺言につき、相続財産目録の作成交付をせず、相続人に対して、

人となって訴訟追行することの是
非をたずねたが、裁判所は異論を
述べず、Xらからも最終口頭弁論
期日に至るまで異議が出ず、請求
棄却判決が言い渡された。

遺言執行の内容及び結果を報告しなか
ったことは非行に該当する。

類型／議決／出典	主文	関係条文等
❼遺言執行者 日弁連懲戒委 2013.8.20 議決例集16-64	審査請求棄却 （原弁護士会：戒告） ただし、報告義務違反に つき非行該当	

問題となった行為	争点に関する判断
Aは、Bに財産の全てを相続させる旨の遺言を行い、遺言執行者としてYを指定した。 　A、B、Xは土地を共有しており、YはA・Bから依頼を受け、2007年4月20日、Xを相手方として共有物分割の調停を申し立てた。 　2007年8月2日、Aが死亡し、Yが遺言執行者に就任した。同年9月6日、Xは、Yに対し、遺留分減殺請求の意思表示をした。同年10月18日、Yは、X・Bに対し、共有土地を売却処分して売却金を分配することを提案したが、Xの同意が得られなかった。Yは、同日付けでXに対し、財産目録を送付した。 　2008年10月17日、Yは、Bの代理人として、共有土地について、Xを被告として共有物分割請求訴訟を提起したが、後にB代理人を辞	Yは、A死亡前から、Xを相手方として遺産に係る共有土地について、A及びBの代理人として共有物分割調停の申立てをしているが、かかる経緯からは、YはXから遺言執行者としての中立・公正への信頼を受けがたい立場にあった。 　Yによる遺言執行者就任後の共有土地についての共同売却の提案をXが拒絶するなど共有土地の処分につき当事者間に争いがあり話合いでは解決できない状況にあった。X自ら拒否をしてきた任意売却を事実上強制されることになる共有物分割訴訟をYが提起することにより、Yの遺言執行者としての職務の中立・公正さについて、Xが疑念を持ちあるいは深めることとなることは当然予測されることである。 　遺言執行者であるYが、当該相続財産を巡る相続人間の紛争につき特定の相続人の代理人となり、本件訴訟を提

F11

任し、同一事務所の弁護士が代理人を承継した。

　2009年6月26日、共有土地について競売を命じ、売得金を分割する旨の判決が言い渡され、同年8月20日、Yは、Bの代理人として競売申立てを行った。

起したこと、原告訴訟代理人を辞任する旨の届出をなした後の共同事務所の他の勤務弁護士による訴訟追行、Yによる競売申立等の一連の行為は、中立・公正な立場であるべき遺言執行者の職務と相反するものであるから、職5条、6条に違反する。

類型／議決／出典	主文	関係条文等
❼遺言執行者 日弁連懲戒委 2013.9.9 議決例集16-74	異議申出棄却 （原弁護士会：戒告）	職5条、6条

問題となった行為	争点に関する判断
亡Aの遺言は「相続させる」との文言であったが、Yは、遺産をスムーズに取得させるため、遺言執行者に就任した。 　Aの長男Xは、2003年4月、XがA創業の会社の発行済全株式の株主であることの確認訴訟を提起し（当該株式の所有者がAとXのいずれかが争点）、Yは、X以外の相続人らの代理人に就任した（その他にもXとそれ以外の相続人間等で賃料増額請求訴訟等を含む複数の訴訟があり、Yは、X以外の相続人側の訴訟代理人に就任している。）。 　2004年5月、亡Aの妻Bは、全ての遺産を長女Cらに相続させ、Xには相続分なしとする遺言書を作成した。 　2008年4月21日、Yは、Bの死亡	遺言執行者は、特定の相続人の立場に偏することなく、中立公正な立場で任務を遂行することが要求され、弁護士である場合、弁護士は職5条、同6条の規定から、より一層職務の中立公正が求められる。 　YがBの遺言執行者に就任した時点では、既にXと他の相続人との間で激しい対立が存し、Yは全てXと対立する相続人側の代理人に就任していた。かかる状況下で、Yが、Bの相続の遺言執行者に就任することは、遺言執行者の職務の中立公正さに対する信頼が得られるはずもなく不適切である。 　賃料増額請求訴訟は、遺言執行とは直接関係がないが、代理人受任時点では、相続人間に激しい対立が存する状態であるから、一方当事者への代理人就任は、遺言執行者の中立公正さに対する不信感を増幅させ不適切である。

F
12

に伴って遺言執行者に就任し、遺産の調査、預貯金の解約返戻、返戻金の相続人への交付等を行った。

2012年4月24日、Yは、家庭裁判所の許可を得て、A及びBの遺言執行者を辞任した。

以上のとおり、Yが、遺言執行者及び特定の相続人の任意代理人たる地位を兼併することは、遺言執行者としての職務の中立公正さに対する信頼を害し、ひいては弁護士の職務の公正さを疑わしめ、弁護士に対する信頼、信用を害するおそれがあり、職5条及び6条に違反する。

類型／議決／出典	主文	関係条文等
❼遺言執行者 日弁連懲戒委 2014. 8 .19 議決例集17－47	審査請求棄却 反対意見あり 　（原弁護士会：戒告） 取消訴訟提起（東京高裁 平成27年（行ケ）第19号）	職5条、6条

問題となった行為	争点に関する判断

F13

亡Aは、全財産を相続人の一人であるBに相続させる旨の遺言書を作成した。

これに先立ち死亡したC（Aの夫）の遺産に関し、Yは、原告BがXら相続人に対して提起したCの遺産の返還及び確認を求める訴訟においてBの代理人として活動し、また、Aの代理人として、Xらに対し、遺留分減殺請求訴訟を提起した。

2011年1月11日、Aが死亡し、Yは、遺言執行者に就任して相続人らに対し、財産目録を送付した。

2012年2月17日、Yは、X代理人弁護士からの質問に対し、Bの代理人と明記して書面を送付し

相続人間の紛争が顕在化しているような場合には、遺言執行者の地位にありながら、相続人間の訴訟において特定の相続人の訴訟代理人に就任したことをもって遺言執行者の中立、公正性が侵害されているものと評価すべきであり、まして、本件の場合には、上記訴訟が提起される前から、複数回にわたって他の相続人の代理人弁護士からBへの質問に対する回答文書を、Bの代理人として送付しているのであるから、原議決書の理由（Yは遺言無効確認訴訟のBの訴訟代理人として本案についての実体的な主張、立証等の訴訟活動を行うまでには至っておらず、Bから辞任承諾書を取り付け、訴訟代理人辞任届を提出したことにより、地位の兼併関係を解消する行動をとったも

た。

　　2012年7月30日、XらがBを被告として、遺言無効確認等請求訴訟を提起し、同年8月23日、Yは、Bの代理人に就任し、移送申立てをした。

　　同年10月9日、Yは、Bから辞任承諾書を取り付け、2013年1月10日、裁判所に訴訟代理人辞任届を提出した。

のであり、Yの行為は遺言執行者の職務の中立公正さを疑わしめ、遺言執行者たる弁護士に対する信頼、信用を害する虞れを引き起こしたとまでは認められない）をもって、非行に該当しないとするのは適切とはいえない。

　　したがって、本件においてYがBの代理人名義で書面を送付したことや遺言無効確認等請求訴訟においてBの訴訟代理人となったことは、弁護士としての品位を失うべき非行に該当するものといえる。

類型／議決／出典	主文	関係条文等
❼遺言執行者 日弁連綱紀委 2014.2.19 議決例集17-97	懲戒審査相当	

	問題となった行為	争点に関する判断
F 14	2004年7月2日、亡Aが死亡した。同人には全財産を妻Cに相続させる旨の遺言書がある。 　2005年1月14日、B弁護士が遺言執行者に選任され、財産目録を作成した。 　2007年2月28日、B弁護士は、亡Aの法定相続人Xに対し、遺産内容を説明し、遺産である絵画の中から遺留分相当の号数分をXが取得することでの解決を打診した。	共同事務所のYは、B弁護士か職務を行うことが相当でない本件においては、復代理人として受任することを避けるべきであった。しかし、Yは、B弁護士が亡Aの遺言執行者であったことを知らなかったことが伺われ、当事者間の法律問題は、概ね決着がついたと認識しうる状況にあり、また、別件調停事件時においてYがなした行為は、主として、絵画の写真の撮り直しであった。 　したがって、Yは、復代理人受任時、Cの代理人となることに支障があることを認識することができず、また、別

同年10月29日、XはD弁護士を代理人として、Cを相手方とする別件調停事件を申し立てた。

B弁護士はC代理人に就任したが、途中の期日から、同一事務所所属Y弁護士が復代理人として出頭（B弁護士は不出頭）した。

2008年4月14日、同調停事件において、D弁護士から、遺留分減殺請求がなされたが、同調停事件は不調となった。

2009年、Xは、Bについて、遺言執行者であった者が相続人の1人の代理人についたことについて懲戒請求をし、Bは戒告となった。

件調停事件時のYの行為も、主として絵画の写真の撮り直しにとどまるものであった以上、復代理人として受任したことが、「品位を失うべき非行」に該当するとまで言うことはできない。

※反対意見

同一法律事務所に所属する弁護士は、他の所属弁護士が遺言執行者に就任したことを知らなかった場合でも、調査義務がある。

Yは、事件の内容を調査していれば、B弁護士が遺言執行者に就任していたことを把握できた可能性があったが、この義務を怠ったのであり、弁護士としての品位を失うべき非行に該当する。

類型／議決／出典	主文	関係条文等
❼遺言執行者 日弁連綱紀審 2014.9.9 議決例集17-176	懲戒審査相当の議決を得られず 委員4名の反対意見あり	

問題となった行為	争点に関する判断
亡Bは、C（Bの長男）に全財産を相続させる旨の遺言書を作った後、2011年3月9日、死亡した。Cは、同遺言に基づき、不動産登記手続等の執行をし、Yは、当初遺言執行者に就任しなかった。 2011年10月14日、X代理人A弁護士は、Cに対し、遺留分減殺の通知をし同年12月7日、Yは、Cの	相続人間の相続を巡る紛争において、遺言執行者たる弁護士が一部の相続人の代理人となることは許されず、遺言執行行為が終了した後であっても、遺言執行者としての職務の公正さを疑わしめ、遺言執行者に対する信頼を害するおそれ、ひいては弁護士の職務の公正さを疑わしめるおそれがある。しかし、具体的事案に即して実質

代理人として、A弁護士に対し、遺留分侵害に関する解決の提案を行った。

　A弁護士がYに対し、遺言執行者に就任するかどうか尋ねたところ、Yは、執行手続が終了しているので就任しなくてもよいのではないかと回答した。これに対し、A弁護士は、財産目録を調整する義務が残っている旨指摘し、Yに対し、就任を承諾するか否かについて書面で尋ねた。

　2012年2月10日、Yは、A弁護士に対し、遺言執行者に就任することを受諾する旨通知したが、財産目録は交付しなかった。

　Yは、その後、C代理人として、Xの遺留分減殺請求に対して家事調停を申し立てたが、同調停は不調となり、訴訟が係属している。

的に判断したときに、遺言の内容からして遺言執行者に裁量の余地がなく、遺言執行者と各相続人との間に実質的にみて利益相反の関係が認められないような特段の事情がある場合には、非行に当たらない。

　本件は、遺言は、全財産をCに相続させるというものであり、相続財産の範囲につき相続人間に争いがなく、遺言執行者Yには裁量の余地はない。また、Yは、遺言執行者への就任受諾時点で、遺言に基づく相続は全て完了していたと理解しており、現に何らの執行行為を行っていないのであるから、遺言執行者として行った職務の公正さが疑われる余地はない。

　以上から、YがCの代理人でありながら遺言執行者に就任した点は、実質的にみて利益相反の関係は生じさせておらず、また行った職務の公正さを疑わしめる点もないというべきである。

類型／議決／出典	主文	関係条文等
❼遺言執行者 日弁連懲戒委 2015.10.19 議決例集18-60	原処分取消・懲戒しない （原弁護士会：戒告）	

問題となった行為	争点に関する判断
2007年9月10日、Yは、家裁から亡Aの遺言の遺言執行者に選任	弁護士が遺言執行者に就任した後に同一事務所の他の所属弁護士が相続人の一部の代理人となった場合には、職58条が引用する職57条ただし書の「職務の公正を保ち得る事由」がない限り、

された。

　X（Aの子）は、亡Aの遺言に関し、遺言無効確認等請求訴訟を提起し、Yと同一事務所のB弁護士が被告ら（C、D、E）の代理人に就任した。

　2007年12月27日、Yについての遺言執行者解任申立てに対し、家裁は、解任事由がないとして、申立却下の審判を行った。

　2012年3月15日、前記訴訟について、遺言無効確認請求を棄却し、相続人らの有する共有持分権割合を確認する旨の判決が言い渡され、控訴審判決言渡しまで、B弁護士が上記被告らの代理人として訴訟追行した。その間、Yは、遺言執行者としての職務を継続している。

　Y・B所属事務所では、情報遮断措置を講じている旨主張している。

職81条により、遺言執行者について辞任その他の適切な措置を採る必要がある。

　本件で、Yと同一事務所に所属する別の弁護士が相続人間の訴訟において相続人の一部の代理人として訴訟追行した後も、Yが遺言執行者について辞任その他の適切な措置を採らず、現在に至るまで遺言執行者としての職務を継続していることは、職5条、6条及び81条に違反する。

　本件では、情報遮断措置としては不十分であるが、家裁で遺言執行者解任申立てを却下する旨の審判がなされており、Yが、自身が遺言執行者を辞任することが事実上不可能になったと考えたことには、ある程度やむを得なかった面があるものと考えられる。）。そのため、本件におけるYの所為について、ただちに懲戒処分を必要とするほどの非行とまでは認められない。

※反対意見
　Yの所為は、職5条、6条、81条に違反する。Yは、速やかに辞任その他の適切な措置を採るべきである。

類型／議決／出典	主文	関係条文等
❼遺言執行者 日弁連綱紀審 2018.11.13 議決例集21-215	懲戒審査相当の議決を得られず 反対意見あり	職5条、6条、57条ただし書き、58条、81条

F16

2　他の財産管理人		
	問題となった行為	争点に関する判断
F 17	2005年3月24日、A社の代表取締役Bについて成年後見開始の審判がなされ、C弁護士が成年後見人に選任された。 　その後、Bの長男であり、A社株式のうち約3分の1を有するXの申立てにより、YがA社の代表取締役兼取締役の職務代行者に選任された。 　2005年6月2日、C弁護士は、Xらを被告として、BがA社の全株式を有する株主であることの確認を求める株主権確認請求事件を提起した。 　Yは、BがA社の全株式を所有することを内容とする株主名簿を作成し、これを踏まえ、C弁護士は、Bの成年後見人として、2005年9月16日、全株式をBの三男Dに譲渡した。 　同年10月2日、臨時株主総会及び取締役会において、新たに取締役等が選任されたことから、同年10月20日、Yは、任務終了報告書を裁判所に提出した。 　他方、Yは、同日、上記株主権確認請求事件について、Dの代理人として、民訴法49条に基づく承継参加の申立てをし、訴訟活動を行った。	Yは、裁判所から選任された職務代行者であり、公正にその職務を遂行すべき立場であったことは明らかであるところ、その職務遂行としての会社株主の認定について、当時既に会社株主の帰属につき訴訟係属中であったのであるから、Yとしては、職務代行者就任の前後を問わず、その公正に疑いを抱かれるごとき行為は厳に慎むべきであった。 　しかるに、Yは、職務代行者としての任務が実質的に終了した後1か月も経過しない間に、職務代行者として会社株式全株の所有者として認定した株主からこれを取得したとする当事者から委任を受け、株主権確認請求事件に訴訟参加の申立をしたものであって、この受任行為は職務代行者としての職務遂行についての公正を疑わしめ、職務代行者に対する信頼を害するおそれがあり、ひいては弁護士の職務の公正を疑わしめるおそれがあるというべきであり、弁護士として品位を失うべき非行に該当するといわざるを得ない。

類型／議決／出典	主文	関係条文等
❽他の財産管理人 日弁連綱紀委 2008.10.14 議決例集11－120	懲戒審査相当	職5条

	問題となった行為	争点に関する判断
F 18 -1	Yは、Aの成年後見人であり、後見事務開始に当たりAの子X及びBと後見事務のやり方を相談しようとしたが、Xは、これに応じなかった。 　また、Yは、BからAの金融資産（預貯金、株式など）について不明なものがあるとの申出を受けて、Xに照会書を発送したが、Xからは自分のものである旨の回答書が届いた。Yが提訴の要否について家裁に問い合わせたところ、提訴の必要はない旨の回答を受けた。 　Aの死亡後、Yは、後見計算書を作成し、残余財産たる預金通帳と株券等を相続人に引き渡すべく保管している状態にあったが、相続人間で相続に関わる紛争が勃発し、引渡しが未了のままとなっていた。 　そのような状態にあったときに、Yは、相続人Bの代理人として、Xらを相手方とする遺産分割事件を受任し、Xを被告とする相続登記の抹消登記手続請求訴訟を提起	成年後見人の職務と遺言執行者の職務との間には類似する面があり、遺言執行者に課せられる規範は大筋で成年後見人にも妥当する。一部親族の意向に沿って行動することは、成年後見人の職務の公正性が疑われる場合がある。 　本件では、Yが代理人となった相続人とXとの間には、相続開始前から対立があり、後見人の職務で知った事実がXの特別利益に関係しているなど、成年後見人として知り得た事実を一部相続人の利益に利用して相続人間の紛争に関わることとなり、成年後見人の職務の公正さを疑わせる。

したところ、被告Xの欠席により認容判決がなされ確定した。	

類型／議決／出典	主文	関係条文等
❽他の財産管理人 日弁連綱紀委 2010. 9 .22 議決例集13－191	懲戒審査相当	

問題となった行為	争点に関する判断
F 18 －2	
	遺言執行者は相続人の代理人とみなすとされている（民法1015条）が、成年後見人は、成年被後見人に対して善管注意義務を負う立場である。成年後見人の職にあった者が、相続人間の紛争について特定の相続人の代理人になることは、その段階においては、成年被後見人は死亡して存在せず、形式的にみて関係者間の利益相反に該当するとはいえず、当然に遺言執行者に類似した中立性・公正さの侵害と捉えることはできない。 　非行に該当するか否かについて問題とされる場合は、（1）成年後見中の行為について、善管注意義務違反や後見報告書の内容の不正不備が存し、一部相続人からの受任が、それを隠匿する等の目的である場合、（2）相続人間で争いとなった内容について、成年後見人でなければ知り得なかった事実を、依頼相続人のために利用するような場合である。本件において、上記（1）及び（2）の事実は認められない。 　併せて、（3）Yは、日弁連綱紀委が
原弁護士会による2011年10月13日付け懲戒処分（戒告）に対する審査請求 　なお、Xを被告とする相続登記の抹消登記手続請求訴訟について認容判決確定後、Yは、Bの代理人として遺産分割審判申立てをしたが、日弁連綱紀委が、「原弁護士会	

の懲戒委員会に事案の審査を求めることを相当と認める。」との議決をしたことにより、Yは、Bの代理人を辞任した。

※F18－1と同一事案

「原弁護士会の懲戒委員会に事案の審査を求めることを相当と認める。」との議決後、Bの代理人を辞任するなど成年後見人としての職務の公正さを確保するための一定の配慮をしているという事情をも考慮した結果、本件の事実関係においては弁護士としての品位を失うべき非行に該当するとまでは認められない。

※反対意見
　遺産の範囲や特別受益を問題とする遺産分割事件を担当することは、成年後見を行っていたときに、中立、公正ではなく、Bに加担し便宜を図っていたのではないかとの疑念を抱かせる。また、Aの株券等についてX、B双方から事情を聴き、財産目録にX名義の株券が成年被後見人の財産であると記載していることから、Bの代理人となった後、成年後見人であった時に知った、あるいは知り得たXの事情を活用していると疑われて当然である。

類型／議決／出典	主文	関係条文等
日弁連懲戒委 2013.2.12 議決例集16－3	原処分取消・懲戒しない （原弁護士会：戒告） 反対意見あり	
問題となった行為	争点に関する判断	

2008年8月11日、Bについて成	XらとAらとの間の相続財産を巡る紛争は、被後見人の生前から既に顕在化しており、後見人に求められる職務の中立性・公正性の観点から、後見人	

年後見開始決定がなされ、Yが後見人に選任された。

2009年5月8日、Yは、後見人としてX（Bの子）らを被告とし、横領金返還等請求訴訟を提起したが、同年6月8日Bが死亡し、同年12月25日、却下となった。

同年7月9日、Yは、亡Bの口座を解約して解約金をA（Bの子）に手交した。

同年8月27日、Yは、Aらの代理人としてXらを相手方として遺産分割調停申立事件を提起したが、一度も期日が開かれずに取下げで終了した。

同年10月13日、Yは、Aらの代理人としてXらを被告として遺言確認等請求事件を提起した。

2010年2月22日、本件懲戒申立てがなされ、同年9月6日、Xらは、Y及びAらを詐欺、私文書偽造・変造、横領等で告訴した。

であったことと矛盾する行為をしたり、一部の相続人と不当に癒着する等、後見人としての公正公平性を疑わせるに足る行為をした場合に限定されることなく、後見業務の終了前であるにもかかわらず、対立する一方の相続人の代理人となって訴訟活動をすることは、特段の事情が認められないかぎり、原則として慎むべきである。

本件においては、Yは、XらがB名義の不動産の賃料収入を横領しているとして、その返還を求める訴訟を後見人として提起しており、その後の相続人間の紛争においてもAらの側に立って訴訟提起することは、Yが後見人に就任していたときに行っていた業務をそのまま引き継ぐという面がある。しかし、後見人として被後見人の資産を取り戻す行為と、被後見人死亡後対立する相続人の一方の側に立って代理人として活動する行為とは異なるものであるし、その他本件において、YがAらの代理人として遺産分割の調停の申立や遺言無効確認訴訟の提起等を行う特段の事情があるとは認められない。

類型／議決／出典	主文	関係条文等
❽他の財産管理人 日弁連綱紀委 2012.3.21 議決例集15-149	懲戒審査相当 その後、原弁護士会は懲戒しないとし、Xから異議申出。 →F19-2	

左欄ラベル：F19-1

	問題となった行為	争点に関する判断
F 19 -2	原弁護士会による懲戒しないとの議決に対しXから異議申出がなされた。 ※F19-1と同一事案	後見人は遺言執行者の場合と異なり、民法1015条のような定めはないし、後見人と一部相続人の代理人を兼ねるという地位の兼任はあり得ないから、後見人であった者が一部の相続人の代理人になることは、原則として、非行に当たると考えるべきではない。しかし、後見人の職務の公正に対する信頼を損なうような行動や、後見人の職務の公正性を害するような行為をすることは慎むべきである。 　本件では、Yが受任した本案訴訟は、後見人として提起した訴訟と争点が同じであるから、格別、Yに公正を疑わせると思われる事情があるとはいえないこと、本件は、XがBの預金を無断で引き出し、あるいは、Bの遺産である不動産を不法に占有するという違法状態を解消しようとする行為であったこと、Yが相談をした同期の弁護士数名は、YがAらの代理人になることに格別違和感を抱いていないこと、YがAらの代理人になったことによって、格別、財産的損害も生じていない等の事情も総合して考えると、軽率であったとのそしりは免れないが、Yに、所属弁護士会の秩序又は信用を害し、弁護士としての品位を失うべき非行があったとまで評することは相当ではない。

類型／議決／出典	主文	関係条文等
日弁連懲戒委 2014.1.14 議決例集17-3	異議申出棄却 （原弁護士会：懲戒しない）	

問題となった行為	争点に関する判断
2008年2月頃から、Bはアルツハイマー型認知症と診断された。Bには、売却が予定されている土地、所有不動産からの家賃収入などの資産の他に、貸金業を営み平成21年6月に死亡した亡夫Dの財産が多数あった。 　2009年12月21日、家裁がBの後見人にA（Bの姉Cの子）を選任し、Yを後見監督人に選任した。 　2010年8月16日、Bが死亡し、Yの後見監督業務は終了した。 　同年9月下旬頃、Yは、AからBの相続財産について相談を受け（当面不動産を処分しないで借家のままとし、その管理をAに任せること）、委任状の文面を作成してAに交付した。Aは、Xを含む相続人から委任を取り付けて家賃の管理業務を始めた。 　その後、Xは、家賃の清算に関し、Aを相手方とする支払督促命令申立を行い、YはAから受任して同人の代理人となって訴訟行為を行った。	後見人と後見監督人の関係は、後見監督人の職務が「後見人の事務を監督すること」、「後見人又はその代表する者と被後見人との利益が相反する行為について被後見人を代表すること」（民法851条）と定められていることから、両者は、後見人と相続人との関係よりも癒着を想起させてはならない関係にあるといえ、職務の公正さがより強く要求されるべき関係であるから、原則としてこのような受任関係に立つことは相当でない。 　しかし、本事案においては後見監督人であったYが後見人であるAから相談を受けて指導した範疇に入る家賃清算の請求案件でありYが加わることに一応の合理性があること、支払督促命令が申し立てられたものの申立人たるXが印紙を納めなかったことにより却下終結になり実質的には何も行われなかったこと、元々可分金銭債権であり相続人間の諸事情が関係する余地もなかった内容であったことなどの事情から、結果的および具体的な行為の評価においてYに非行があったとまではいえない。

類型／議決／出典	主文	関係条文等
❽他の財産管理人 日弁連綱紀委 2014.5.21 議決例集17-111	異議申出棄却 （原弁護士会：懲戒しない）	

問題となった行為	争点に関する判断	
※F20-1と同一事案	原弁護士会及び日弁連綱紀委の認定及び判断に誤りはなく、同弁護士会及び同連合会の決定は相当である。（認定及び判断内容の詳細不明） ※反対意見 　後見監督人の職にあったYが相続人の一部の代理人となり事実上遺産分割に関連した紛争に関与することは、後見監督人としての職務の公正さを疑わせるものであり、職務の公正の確保（職5条）、弁護士の信用と品位の保持（同6条）の観点から疑問がある。また後見人と後見監督人の関係について、民法851条1号、4号の定めからすれば、両者は、癒着を想起させてはならない関係にあり、その職務についてはより強く公正さが要求されるものといえ、本件のような受任関係に立つことは相当でない。Yの行為は、弁護士としての品位を失うべき非行に該当する。	
類型／議決／出典	主文	関係条文等
日弁連綱紀審 2015.1.20 議決例集18-147	懲戒審査相当の議決を得られず 反対意見あり	職5条、6条

3　刑事事件の共犯者

問題となった行為	争点に関する判断
Xは、監禁・強盗殺人罪で共犯者Aとともに起訴され、一審で死刑判決、控訴棄却、上告棄却とな	

F20-2

り、一審の死刑判決が確定した者である。

　Yは、X及びAの逮捕後から同人らの私選弁護を受任したが、控訴審、上告審では国選弁護人が選任され、刑事弁護を受任していない。

　Xは、捜査段階において、殺害についてAとの共謀を認める供述をしており、Aも共謀を認めていたが、Xは起訴後、殺害について共謀を否定する弁護方針を採用することをYに要請した。しかし、YがAに確認したところ、AはX要請の弁護方針を認めなかった。そこで、Yは、「Xは殺害の計画が消滅したと思い、Aはそうではないと思っていた」という弁護方針をとることとし、これに基づいて罪状認否をしたところ、第3回公判において裁判長からXとAの利益相反を示唆され、Aの弁護人を辞任した。

　殺害の共謀に関し、Xは起訴後否認し、共犯者Aは捜査段階から認めており、Yが弁護人に就任したXとAとは、利害相反の関係を生じていたが、Yは、利害関係が生じた後刑事裁判の初期の段階でAの弁護人を辞任していること、その間に行われた弁護人の職務は罪状認否のみであること、Xは第1審公判の終結まで何ら不服を述べていないことから、Yの行動は懲戒事由に該当しない。

F21

類型／議決／出典	主文	関係条文等
❾刑事事件共犯者 日弁連懲戒委 2009.8.17 議決例集12-65	異議申出棄却 （原弁護士会：懲戒しない）	倫26条2号

【一覧表G】　実質的判断要素の考慮状況　※下線は議決例において言及されている事項を示す。

議決例		F1	F2	F3	F4	F5	F6-1	F6-2	F7
就任形態 (網掛は兼併等)		執行終了前代理人就任（兼併）	執行終了前同一事務所弁護士代理人就任	執行終了後代理人就任	執行終了後代理人就任	代理終了前遺言執行者就任（兼併）	同一事務所弁護士代理終了後後遺言執行者就任		執行終了前代理人就任（兼併）
遺言内容 (網掛は裁量余地なし)					遺産全体の約8割をAに相続させ、Xらを含む他の相続人には残りの遺産を相続させる	特定財産についての相続人の指定と長男の相続廃除	不動産や出資持分は特定の相続人に相続させ、金融資産は換価して指定割合で分配		不動産、動産、有価証券等の財産についてその相続分を定めているが、その特定を欠いている
実質的考慮要素	ⓐ遺言執行終了の有無(兼併)				<u>終了の有無を問わず</u>	兼併			<u>終了の有無を問わず</u>
	ⓑ裁量の余地の有無							<u>無</u>	
	ⓒ相続人間の紛争の内容								

F8-1	F8-2	F9-1	F9-2	F10	F11	F12	F13	F14	F15	F16
同一事務所弁護士代理終了前遺言執行者就任	執行終了前代理人就任（兼併）	執行終了前代理人就任（兼併）		執行終了後代理人就任	代理終了前遺言執行者就任（兼併）、代理人辞任後同一事務所弁護士代理人就任	代理終了前遺言執行者就任（兼併）	執行終了前代理人就任（兼併）	同一事務所弁護士執行終了後代理人就任	代理終了前遺言執行者就任（兼併）	執行終了前同一事務所弁護士代理人就任
一切の財産をAに相続させる		推定相続人F、Dらに対して廃除の意思表示		所有財産全てを甥Bに相続させる	Bに財産の全てを相続させる	全ての遺産を長女Cらに相続させ、Xには相続分なし	全財産を相続人の一人であるBに相続させる	全財産を妻Cに相続させる	C（Bの長男）に全財産を相続させる	
		終了の有無を問わず	終了の有無を問わず	執行終了後1年以上経過		兼併	兼併		終了の有無を問わず	
無		有	有						無	
貸金請求（相続財産をめぐる利益でない）						賃料増額請求（遺言執行と直接の関係なし）ただし、他に株主確認訴訟				

ⓓ深刻な争いの有無				<u>有</u>				<u>有</u>
ⓔ代理人就任の同意の有無				遺言執行者就任同意				遺言執行者就任反対
ⓕ遺言執行者になった経緯						<u>調停不成立後相当期間経過して就任</u>		
ⓖその他								
処分内容（網掛は懲戒）	戒告	戒告	懲戒しない	戒告	戒告	懲戒審査相当	懲戒しない	戒告

		有	有		有	有	有			
				黙示の同意						
								代理人就任時同一事務所弁護士が遺言執行者であったこと不知	相続は完了したと理解、執行行為なし	
同一事務所弁護士の辞任、訴訟経過	同上				実体的訴訟活動なし、訴訟代理人辞任	実体的な活動なし		情報遮断措置不十分、遺言執行者解任申立却下		
懲戒しない	懲戒しない	懲戒審査相当	戒告	懲戒しない	戒告	戒告	懲戒審査相当	懲戒しない	懲戒しない	懲戒しない（情状）

弁護士懲戒の状況と分析
－守秘義務と利益相反－

令和5年8月22日　初版発行

共　著　溝　　口　　敬　　人
　　　　清　　水　　俊　　順
　　　　藤　　川　　和　　俊
発行者　新日本法規出版株式会社
　　　　代表者　星　　謙　一　郎

発　行　所　**新日本法規出版株式会社**

本　　　社
総轄本部　　（460-8455）　名古屋市中区栄1－23－20

東京本社　　（162-8407）　東京都新宿区市谷砂土原町2－6

支社・営業所　札幌・仙台・関東・東京・名古屋・大阪・高松
　　　　　　　広島・福岡

ホームページ　https://www.sn-hoki.co.jp/

【お問い合わせ窓口】
新日本法規出版コンタクトセンター
📞 0120-089-339（通話料無料）
●受付時間／9：00～16：30（土日・祝日を除く）

5100291　弁護士懲戒　　　　ISBN978-4-7882-9234-5
©溝口敬人 他 2023 Printed in Japan